HISTOIRE

DE

SAINT - JUST

DÉPOSÉ AUX TERMES DE LA LOI

BRUXELLES. — TYPOGRAPHIE DE VEUVE J. VAN BUGGENHOUDT
Rue de Schaerbeek 12

PHILIPPE LE BAS.

MEMBRE DE LA CONVENTION

HISTOIRE

DE

SAINT-JUST

DÉPUTÉ A LA CONVENTION NATIONALE

PAR

ERNEST HAMEL

AVEC UN PORTRAIT DE SAINT-JUST D'APRÈS LE PASTEL
APPARTENANT A M. PHILIPPE LE BAS
MEMBRE DE L'INSTITUT ET UN PORTRAIT DU CONVENTIONNEL
PHILIPPE LE BAS D'APRÈS UNE ESQUISSE
DE LOUIS DAVID GRAVÉS TOUS DEUX PAR FLAMENG

—

TOME SECOND

—

BRUXELLES

MELINE, CANS ET C°, LIBRAIRES-ÉDITEURS
Boulevard de Waterloo, 35

HISTOIRE

DE

SAINT - JUST

LIVRE TROISIÈME

(SUITE)

CHAPITRE IV

État des armées dans le département du Bas-Rhin. — Saint-Just et le Bas à Strasbourg. — Proclamation aux soldats. — Mesures extraordinaires. — La redoute d'Hohenheim. — Destitution de l'adjudant général Perdieu. — Les troupes vêtues et soignées. — La discipline rétablie. — Affaire de Reschfeld. — Héroïque réponse des représentants à un parlementaire prussien. — Précautions prises à l'intérieur. — Emprunt sur les riches. — Arrestation des administrateurs du Bas-Rhin et de Strasbourg. — Le maire Monet. — Lettre à la société populaire. — Nouveaux commissaires nommés par la Convention. — Fondation des écoles primaires dans le département du Bas-Rhin. — Succès de nos armes. — L'ennemi contraint de lever le siége de Bitche. — Lettre de le Bas à sa femme. — Voyage à Paris.

Vers la fin de l'année 1793, c'est-à-dire au mois de brumaire an II, au moment où Saint-Just et le Bas furent envoyés dans le département du Bas-Rhin, notre frontière de l'Est était dans la situation la plus déplorable.

Sur les bords de la Sarre et du Rhin, les troupes républicaines, abandonnées et trahies, étaient en proie au plus amer découragement; une infâme perfidie avait livré à l'Autriche les lignes de Wissembourg, et, depuis le fort Vauban jusqu'à Saverne, depuis Landau jusqu'à Strasbourg, le territoire français était inondé de hordes ennemies.

Il y avait déjà, dans ce département et près des armées du Rhin et de la Moselle, un assez grand nombre de représentants en mission. Milhaud, Guyardin, Ruamps, Soubrany et quelques autres faisaient de leur mieux afin de réprimer l'audace des contre-révolutionnaires, qui, enhardis par les succès faciles de Wurmser, ne dissimulaient plus leurs projets et mettaient tout en œuvre pour livrer l'Alsace à l'étranger. Mais le défaut d'unité et de centralisation paralysait les efforts des commissaires de l'Assemblée, et le mal était au comble, quand la Convention jugea à propos d'investir Saint-Just et le Bas de pouvoirs extraordinaires et illimités.

Dès lors, tout changea de face en peu de jours. « Saint-Just, dit M. Michelet, apparut, non comme un représentant, mais comme un roi, comme un dieu. Armé de pouvoirs immenses sur deux armées, cinq départements, il se trouva plus grand encore par sa haute et fière nature (1). »

Le fait est que les deux nouveaux commissaires frappèrent de suite les imaginations par leur gravité, par leurs manières exemptes de faste et d'affectation et par la rigide austérité de leur mœurs. Les autorités constituées s'empressèrent de leur rendre visite. A l'accueil sévère des représentants, elles durent comprendre que les

---

(1) Michelet: *Histoire de la Révolution française*, t. VII, p. 16.

choses allaient prendre une autre tournure, qu'il était temps de mettre fin à l'anarchie démagogique ou réactionnaire, et qu'il fallait assurer le triomphe de la République ou périr à l'œuvre.

D'un coup d'œil, Saint-Just et le Bas embrassèrent les périls et les embarras de la situation. A peine arrivés, le 3 brumaire, ils adressèrent la proclamation suivante aux soldats de l'armée du Rhin :

« Nous arrivons et nous jurons, au nom de l'armée, que l'ennemi sera vaincu. S'il est ici des traîtres et des indifférents même à la cause du peuple, nous apportons le glaive qui doit les frapper. Soldats, nous venons vous venger et vous donner des chefs qui vous mènent à la victoire. Nous avons résolu de chercher, de récompenser, d'avancer le mérite et de poursuivre tous les crimes, quels que soient ceux qui les aient commis. Courage, brave armée du Rhin, tu seras désormais heureuse et triomphante avec la liberté !

» Il est ordonné à tous les chefs, officiers et agents quelconques du gouvernement de satisfaire dans trois jours aux justes plaintes des soldats. Après ce délai, nous entendrons nous-mêmes ces plaintes, et nous donnerons des exemples de justice et de sévérité que l'armée n'a point encore vus. »

Cette énergique proclamation produisit le meilleur effet dans l'armée ; les soldats se sentirent encouragés et soutenus ; l'enthousiasme de la liberté et l'espérance de la victoire se réveillèrent dans leurs cœurs ; et le même jour, Saint-Just et le Bas purent écrire à leurs collègues :

« Nous adressons à la Convention nationale un drapeau prussien, pris par le brave capitaine du 11ᵉ régiment de dragons, qui le remettra lui-même. Nous espérons que l'avantage que vient de remporter l'armée du Rhin sera suivi de plus considérables. Nous partons pour l'armée; nous enverrons demain un courrier à la Convention nationale, avec les détails de cette affaire. Nous ferons ici notre devoir. »

Ce capitaine, qui fut admis aux honneurs de la séance, au milieu des applaudissements de l'Assemblée, était le citoyen Donadieu; devenu lieutenant général sous la Restauration, il se fit remarquer, à la chambre des députés, par le plus ardent royalisme.

Les plans indiqués par Saint-Just pour repousser l'invasion dénotent en lui un véritable génie militaire. Prévoyant l'intention où était l'ennemi de se fortifier dans les gorges de Saverne, pour dominer la Lorraine et l'Alsace, il conseille de combiner les mouvements des deux armées de la Moselle et du Rhin, de façon à l'en chasser peu à peu, et à reprendre le terrain jusqu'à Landau. Il cherche, avant tout, pour mettre à la tête des troupes, un général habile et qui croie à la victoire. Apprenant la présence de Pichegru à Huningue, il lui dépêche un courrier et lui mande de venir en toute hâte. Pour renforcer les armées, appauvries par la désertion et le feu de l'ennemi, il incorpore dans les camps les jeunes gens de la première réquisition et demande au Comité de Salut public de faire passer de puissants renforts à Sarrebruck et à Saverne. « Faites partir en poste, écrit-il, des sabres, des pistolets, des carabines pour les dépôts de cavalerie, et que, dans douze jours, deux mille hommes de cavalerie soient rendus à Strasbourg... Déployez dans ce moment-ci toute l'énergie dont vous êtes capables. Il n'y aura pas de seconde campagne si l'Alsace est sauvée (1). »

La prise des lignes de Wissembourg était due à la désorganisation des troupes, au défaut d'ordre et de discipline qui s'était glissé dans leurs rangs; l'indiscipline des soldats tenait à la mauvaise conduite des chefs; mille abus déplorables avaient envahi les diverses administrations de l'armée. Le mal était arrivé à un tel point, qu'il devait paraître sans remède. Saint-Just et le Bas vinrent à bout de ce qui était considéré comme impossible. « La situation des affaires n'est pas belle, à cette armée, écrivait le Bas à sa femme, nous ferons notre possible pour qu'elle change promptement. » Tout céda bientôt à leur inflexible volonté. Une commission militaire extraordinaire, composée de cinq membres, fut établie par eux au sein même de l'armée, à Saverne, où était le quartier général, « jusqu'à ce que l'ennemi soit repoussé, » dit l'arrêté, afin de réprimer les crimes, les désordres, les abus de toutes sortes; et l'arrêté suivant avertit les traîtres, les dilapidateurs et les malveillants que le jour de l'inexorable justice était arrivé :

« Les représentants du peuple envoyés extraordinairement à l'armée du Rhin, convaincus que la mauvaise administration, l'impunité des vols et les intelligences de l'ennemi avec les mauvais citoyens ont été l'une des causes des désastres de l'armée du Rhin; convaincus en même temps de la nécessité de punir promptement et sur les lieux, arrêtent ce qui suit :

---

(1) Presque toutes les lettres et arrêtés que nous citons sont tirés soit des archives de la guerre, soit des archives nationales.

» Art. I. Les agents prévaricateurs des diverses administrations de l'armée du Rhin et les agents ou partisans de l'ennemi seront fusillés en présence de l'armée.

» Art. II. Le tribunal militaire près l'armée du Rhin est érigé en commission spéciale et révolutionnaire pour la punition de ces sortes de délits ; il ne sera, dans ce cas, astreint à aucune forme de procédure particulière.

» Art. III. Il pourra se faire représenter, sans les déplacer, les registres des administrations et les autres pièces qui seront nécessaires à la connaissance du délit.

» Art. IV. Il ordonnera la détention des prévenus qui ne seront que suspects et les fera conduire dans les maisons d'arrêt de Mirecourt.

» Art. V. Le tribunal ne sera pareillement astreint à aucune forme de procédure particulière pour l'exécution de la proclamation des représentants du peuple, du troisième jour de ce mois ; mais, lorsque les chefs militaires paraîtront être dans le cas de la destitution prononcée par cette proclamation, ils en référeront aux représentants du peuple.

» Art. VI. Le tribunal continuera d'exercer ses autres fonctions conformément aux lois existantes.

» Fait à Strasbourg, le cinquième jour du deuxième mois de l'an second de la République une et indivisible.

» Le Bas, Saint-Just. »

Ces mesures, si rigoureuses qu'elles fussent, étaient d'une nécessité absolue, et les résultats ont pleinement donné raison aux envoyés extraordinaires de la Convention. Que la postérité leur sache gré de cette excessive sévérité, sans laquelle la France républicaine eût été infailliblement démembrée. De terribles exemples sanctionnèrent bientôt les arrêtés des commissaires et apprirent qu'il fallait s'y soumettre, bon gré mal gré. Le colonel, un capitaine et l'adjudant du 12ᵉ régiment de cavalerie, ayant suscité la désorganisation parmi les troupes, et tenu des propos offensants contre la République, furent condamnés à mort par la commission militaire et fusillés à la tête de l'armée (1). Le commandant Lacour, chef du 1ᵉʳ bataillon des grenadiers de Saône-et-Loire, fut dégradé et incorporé comme simple fusilier dans un régiment de l'avant-garde, pour s'être trouvé en état d'ivresse lors de l'attaque du pont de Kehl, et avoir frappé un de ses hommes.

L'ineptie des généraux parut un crime, tant on redoutait la trahison qui s'infiltrait partout. Le général Eisenberg s'étant laissé, par une imprévoyance impardonnable, surprendre et battre à Bischwiller, et s'étant soustrait par la fuite, avec quelques officiers supérieurs, à la poursuite des Autrichiens, il fut cité, par Saint-Just indigné, devant la Commission militaire, condamné à mort et exécuté, ainsi que ses compagnons, dans la redoute d'Hohenheim.

Pour prévenir de semblables surprises, Saint-Just et le Bas imposèrent l'obligation à toute l'armée, sous peine de mort, de coucher tout habillée ; ils contraignirent les généraux et les chefs à manger et à dormir sous la tente, et défendirent expressément à tout militaire d'entrer en ville sans en avoir la permission. La proclamation suivante fit voir qu'ils entendaient faire respecter leurs décisions :

---

(1) *Moniteur* du 25 brumaire an II, n° 57.

« Les représentants du peuple près l'armée du Rhin, informés que le 5 du présent mois, plusieurs officiers ont été arrêtés à la comédie de Strasbourg, au nombre desquels était Perdieu, adjudant général, servant à l'avant-garde ;

» Considérant que l'avant-garde fut attaquée le même jour et bivaqua la nuit suivante pendant laquelle Perdieu était à la comédie ;

» Considérant aussi que la discipline qui défend de sortir du camp est égale pour les soldats et pour les chefs ; que ceux-ci surtout doivent aux premiers le bon exemple, et que des hommes assez lâches pour se rendre dans les théâtres quand l'armée bivaque et quand l'ennemi est aux portes, sont indignes de commander des Français ;

» Arrêtent ce qui suit :

» Perdieu est destitué du titre d'adjudant général, et servira quinze jours à la garde du camp, à peine d'être considéré et traité comme déserteur.

» Le présent arrêté sera imprimé et distribué à l'armée.

» A Strasbourg ; le huitième jour du deuxième mois.

» SAINT-JUST, LE BAS. »

La sévérité de Saint-Just, touchant la discipline militaire, était passée, dans l'armée, à l'état de légende ; on en citait complaisamment un mémorable exemple. Le jeune représentant, qui ne se reposait guère et qui, par sa présence, cherchait sans cesse à animer le courage des troupes, visitait, par une froide nuit de brumaire, les hauteurs de Brumpt, où, la veille, avait eu lieu une glorieuse affaire. Apprenant qu'un jeune officier de Noyon, son compagnon d'études, se trouve à peu de distance, il se fait conduire, dit la légende, à la tente de son ami, c'est-à-dire à l'un de ces trous que les soldats creusaient péniblement dans la terre, à la pointe du sabre, pour se garantir du froid. Il appelle son ami : celui-ci vient se jeter dans ses bras sans avoir pris le temps de revêtir le moindre vêtement ; il avait ainsi, en se déshabillant, contrevenu à l'arrêté formel des commissaires. Saint-Just le presse contre son cœur et lui dit : « Le ciel soit loué doublement, puisque je t'ai revu et que je puis donner, dans un homme qui m'est si cher, une leçon mémorable de discipline et un grand exemple de justice, en t'immolant au salut public. » Puis il ordonne aux soldats de son escorte de passer par les armes le malheureux officier qui, l'embrassant de nouveau, profère un dernier vœu pour la République, donne le signal du feu et tombe mort.

Ce conte, dont nous n'avons pas besoin de faire ressortir toute l'invraisemblance, fut, dit-on, adroitement répandu parmi les troupes, sur le moral desquelles il influa très-avantageusement. Charles Nodier, qui le rapporte dans ses *Souvenirs de la Révolution*, ajoute qu'une anecdote exactement semblable se trouve dans la *Vie de Frédéric le Grand*, et il pense que l'une et l'autre ne sont que d'habiles mensonges ; c'est ce dont nous sommes parfaitement convaincu, quant à nous.

Au reste, cette sévérité à l'égard des officiers coupables ou négligents ne rendit pas les commissaires plus indulgents envers les simples soldats oublieux de leurs devoirs. Il fallait sauver la discipline, avant tout, pour assurer la victoire. Leurs rigueurs n'étaient cependant pas entièrement inflexibles, comme l'atteste le fait suivant, bien mal à propos cité en exemple de l'inflexibilité de Saint-Just, par un écrivain (1) qui a précisément prouvé ainsi le contraire de ce qu'il prétendait démontrer. Un soldat du 7ᵉ régiment de cavalerie, nommé Deschamps, ayant perdu son cheval dans une rencontre, reçut de son colonel l'ordre de se rendre au dépôt pour y être remonté. Ce brave homme, désolé de quitter son corps au moment où des engagements journaliers avaient lieu entre les troupes républicaines et l'ennemi, refusa d'obéir et alla réclamer auprès des représentants. Saint-Just, sentant qu'il ne pouvait donner tort au colonel en cette circonstance sans affaiblir la discipline, enjoignit à Deschamps de se désister de ses prétentions, et lui remit l'ordre, écrit de sa main, d'avoir à se rendre au dépôt. L'imprudent cavalier, oubliant le respect dû aux commissaires de la Convention, s'emporta en invectives et déchira l'ordre qu'il venait de recevoir. Saint-Just, irrité à bon droit, voulait le faire fusiller ; mais, sur l'intercession de le Bas, qui lui rappela les services rendus par Deschamps, il se départit de sa rigueur et pardonna (2). Il s'agissait d'une insulte personnelle; peut-être aurait-il été inflexible si l'intérêt public eût été en jeu.

Comment, d'ailleurs, les soldats se seraient-ils plaints d'une sévérité qui atteignait leurs chefs aussi bien qu'eux-mêmes, et à laquelle présidait la plus stricte justice? Ils en estimaient plus Saint-Just et le Bas, et les aimaient parce qu'ils les voyaient prendre part à leurs dangers et s'occuper, avec une rare sollicitude, de procurer à l'armée un bien-être dont elle était complètement privée. Les troupes se trouvaient, en effet, dans le plus

---

(1) M. Éd. Fleury : *Saint-Just et la Terreur*, p. 84, t. II.
(2) Buchez et Roux : *Histoire parlementaire*, t. XXXV, p. 347.

déplorable dénûment. L'avidité des comptables, le brigandage des fournisseurs, le mauvais vouloir des riches, hostiles à la Révolution, avaient empiré la situation au dernier point. Les fourrages avariés faisaient périr les chevaux en grand nombre; les soldats, malades par suite de la mauvaise qualité des vivres, encombraient les hôpitaux, où la malpropreté et l'incurie, jointes à la maladie, ajoutaient encore aux chances de mortalité; les hommes valides, découragés, commençaient à désespérer d'une république qui les laissait dans un tel abandon; ils méritaient bien le nom de sans-culottes, qu'ils ont gardé comme un titre de gloire. Des soldats vendaient leurs uniformes, et la désertion causait, dans les rangs de l'armée, plus de ravages que la mort.

Tel était l'état de choses lorsque Saint-Just et le Bas arrivèrent à l'armée du Rhin. Ils engagèrent aussitôt le maire de Strasbourg à exciter tous les citoyens à fournir aux troupes des souliers, des habits et des chapeaux; ils arrêtèrent ensuite que les biens de ceux qui auraient acheté des effets d'un soldat seraient confisqués au profit de la République. Mais les appels à la générosité publique ne furent guère entendus; force fut bientôt aux commissaires de procéder par voie de réquisition. Tous les manteaux des citoyens de la ville de Strasbourg durent être déposés dans les magasins de l'État, pour le service des troupes. En même temps, Saint-Just et le Bas envoyèrent aux officiers municipaux l'invitation suivante, dont la forme laconique et brusque témoigne de la pressante nécessité à laquelle on était réduit.

« Dix mille hommes sont nu-pieds dans l'armée, il faut que vous déchaussiez tous les aristocrates de Strasbourg et que demain, à dix heures du matin, dix mille paires de souliers soient en marche pour le quartier général. »

Le lendemain, ils rendirent l'arrêté suivant :

« Sur le compte rendu de la malpropreté des hôpitaux, les représentants du peuple arrêtent que la municipalité de Strasbourg tiendra deux mille lits prêts dans vingt-quatre heures, chez les riches de Strasbourg, pour être délivrés aux soldats ; il y seront soignés avec le respect dû à la vertu et aux défenseurs de la liberté. Il sera fourni aux chirurgiens des chevaux pour faire leurs visites. »

Quand les commissaires eurent ordonné toutes les mesures indispensables pour assurer le bien-être du soldat, ils résolurent de pousser activement les opérations de la guerre, et de prendre l'offensive sur toute la ligne, afin de chasser au plus vite du territoire français les Prussiens et les Autrichiens. Aux généraux commandant les diverses divisions de l'armée, ils adressèrent cette énergique circulaire :

« Général, jusqu'à présent nous nous sommes occupés de l'administration de votre armée ; maintenant il s'agit de vaincre ; vous voudrez bien mettre à l'ordre du jour que toutes les troupes désormais s'exercent aux évolutions militaires, que les soldats demeurent sous les armes et se préparent à la victoire, et que tous les chefs restent près des soldats. »

Les proclamations de Saint-Just et de le Bas à l'armée sont, à bon droit, demeurées célèbres. Elles sont le modèle original d'autres proclamations, tant admirées depuis, et qui n'ont pas plus d'éloquence martiale et d'énergie militaire. Les unes comme les autres ont électrisé les troupes et les ont forcées au triomphe.

La Convention commençait alors à recueillir les fruits de son indomptable fermeté. Au Midi, dans l'Ouest et au Nord, les armes de la République avaient le dessus; l'Europe voyait ses efforts s'épuiser en pure perte; et, à l'intérieur, la rébellion, si menaçante en juillet, rentrait dans l'ombre, frémissante et subjuguée. Saint-Just et le Bas ne manquèrent pas de mentionner, dans leurs proclamations, ces grands événements si bien de nature à exciter l'émulation de l'armée du Rhin.

« Soldats, disaient-ils, les Espagnols sont en fuite. Les 24 et 25 du mois dernier, l'armée du Nord a délivré Maubeuge et mis en déroute les Autrichiens. L'armée du Nord doit cet avantage à sa discipline.

» Chollet et Mortagne sont en notre pouvoir; partout la République et la liberté triomphent.

» Soldats de l'armée du Rhin, méprisez l'ennemi que vous avez devant vous. Il ne vous a point vaincus; il vous a trahis. De faux déserteurs vous ont tendu les bras. Vous les avez embrassés. On n'embrasse pas les tyrans, on les tue.

» Soyez donc sur vos gardes. Aimez la discipline qui fait vaincre. Exercez-vous au maniement des armes; demeurez dans vos camps et préparez-vous à vaincre à votre tour... »

Les troupes, enthousiasmées par de telles paroles, ne tardèrent pas à prendre la revanche des revers subis avant l'arrivée des commissaires généraux. Attaquées les 5 et 6 brumaire, non loin de Saverne, par un ennemi de beaucoup supérieur en nombre, elles accomplirent des merveilles, quoique n'ayant que des pièces de quatre et de huit à opposer à de la grosse artillerie ; l'infanterie française, mal armée, soutint sans reculer d'un pas le choc d'une puissante cavalerie ; et l'armée austro-prussienne, culbutée et rompue, fut forcée de fuir, en laissant sur le terrain plus de cinq cents cadavres.

Saint-Just et le Bas annoncèrent en ces termes ce succès à la Convention :

« L'ennemi a attaqué les troupes de la République près Saverne, et les a chassées du bois de Reschfeld ; mais nos braves républicains sont revenus à la charge, ont chassé l'ennemi à leur tour, et lui ont tué cinq cents hommes. Notre perte a été très-peu considérable. Le général qui doit commander cette armée est arrivé. De cet instant, les affaires iront beaucoup mieux. Nous nous occupons sans relâche à épurer les officiers ; le nombre des patriotes est bien petit parmi eux. Si cet épurement eût eu lieu avant l'affaire de Wissembourg, l'ennemi n'aurait pas passé les lignes. »

Quelques jours après cet engagement, un parlementaire prussien fut envoyé à Strasbourg auprès des commissaires extraordinaires pour demander une suspension d'armes. Il n'obtint de Saint-Just et de le Bas que cette fière et héroïque réponse : « La République française ne reçoit de ses ennemis et ne leur envoie que du plomb (1). » Il apparut, dès lors, à l'ennemi qu'il n'avait

---

(1) Voyez *le Moniteur* du 15 brumaire an II, n° 45.

plus à compter sur les trahisons et les infamies auxquelles étaient dus ses premiers succès, et les représentants du peuple dont les actes avaient amené ce changement, reçurent les félicitations enthousiastes du Comité de Salut public.

Les mesures prises par eux, à l'intérieur, pour rétablir la tranquillité et assurer le triomphe de la République, furent tout aussi nécessaires et aussi énergiques. Les émigrés étaient rentrés en foule à la suite de Wurmser, et les nobles de l'Alsace, la plupart du moins, car il y eut de généreuses exceptions, ne songeaient à rien moins qu'à livrer Strasbourg à l'ennemi. Partout ils essayèrent de restaurer l'ancien régime, sous la protection des baïonnettes étrangères. Ils soumirent aux plus indignes traitements les citoyens connus comme patriotes ; les mariages et les baptêmes durent être renouvelés, et l'on vit les couleurs nationales disparaître pour faire place à la cocarde blanche. Qu'on s'étonne donc des représailles !

Saint-Just et le Bas ordonnèrent des visites domiciliaires dans toute la ville, et invitèrent le comité de surveillance de Strasbourg à se concerter avec le commandant de la place, Dietche, pour l'arrestation des citoyens suspects, sans que la tranquillité publique en fût troublée. Il y avait, en effet, à Strasbourg, un grand nombre d'étrangers et d'individus aux allures douteuses, que la plus simple prudence commandait de surveiller de près. En conséquence, on arrêta une certaine quantité de personnes, dont le chiffre a été exagéré à plaisir par les historiens ennemis de la Révolution. Beaucoup, d'ailleurs, furent bientôt relâchées par ordre du comité de surveillance et avec l'approbation des représentants, examen fait des motifs qui avaient donné lieu à leur arrestation (1). Assurément, c'est une chose malheureuse quand un pays en est arrivé à un tel état de crise, que, pour le sauver, il faille absolument employer des moyens de rigueur; mais la responsabilité en doit remonter à ceux qui les ont provoqués, et lorsque des hommes chargés du salut commun ont su concilier les droits de l'humanité avec les devoirs de leur mission, il faut leur en savoir un immense gré. La postérité n'oubliera jamais que, durant le proconsulat de Saint-Just et de le Bas, pas une tête ne tomba, à Strasbourg, sous le couteau de la guillotine.

Que si, au milieu des émotions de la lutte et des fureurs de parti, quelques innocents furent atteints, si, parmi les incarcérés, se trouvèrent des citoyens sortis des rangs du peuple, cela prouve que les magistrats chargés de dresser les listes de suspects se trompèrent, sciemment ou non, et que, dans toutes les causes, il y a des apostats; mais cela ne prouve rien contre les commissaires de la Convention, qui, ne connaissant, pour ainsi dire, personne à Strasbourg, étaient obligés de laisser aux officiers municipaux le soin de rechercher les ennemis de la République. A qui fera-t-on croire de bonne foi que Saint-Just et le Bas aient pris, de gaieté de cœur, des mesures contraires à l'intérêt général ou à l'intérêt des classes populaires et laborieuses, à l'amélioration du sort desquelles tendaient tous leurs efforts?

C'est ainsi que, pour venir au secours de l'armée et soulager les indigents réduits à la dernière extrémité par le manque de travaux et le prix excessif des denrées, ils se virent dans la nécessité de lever un emprunt forcé sur les riches. Comme il arrive toujours en pareille

---

(1) Voyez le *Recueil des pièces authentiques*, p. 69 et suiv., t. I.

circonstance, comme nous en avons été témoins à une époque moins éloignée de nous, certaines familles opulentes, les unes mues par un véritable sentiment de patriotisme, les autres cédant à la pression de la peur, s'empressèrent d'offrir des avances à la République. Mais ce généreux élan ne fut pas suivi, et, le 10 brumaire, Saint-Just et le Bas rendirent l'arrêté suivant :

« Les représentants du peuple, informés de la bonne volonté des citoyens du Bas-Rhin pour la patrie; convaincus par les démarches et les sollicitations faites auprès d'eux pour provoquer les moyens de repousser l'ennemi commun, que la patrie n'a point fait d'ingrats dans ces contrées ; touchés de la sensibilité avec laquelle les citoyens fortunés de Strasbourg ont exprimé leur haine des ennemis de la France et le désir de concourir à les subjuguer; frappés des derniers malheurs de l'armée que les riches de cette ville se sont offerts de réparer; plus touchés encore de l'énergie de ces riches qui, en sollicitant un emprunt sur les personnes opulentes, ont demandé des mesures de sévérité contre ceux qui refuseraient de les imiter;

» Voulant, en même temps, soulager le peuple et l'armée, arrêtent ce qui suit :

» Il sera levé un emprunt de neuf millions sur les citoyens de Strasbourg dont la liste est ci-jointe.

» Les contributions seront fournies dans les vingt-quatre heures.

» Deux millions seront prélevés sur cette contribution pour être employés aux besoins des patriotes indigents de Strasbourg. Un million sera employé à fortifier la place. Six millions seront versés dans la caisse de l'armée.

» Le comité de surveillance est chargé de l'exécution du présent arrêté. »

Le comité de surveillance, chargé d'établir la répartition de l'emprunt, choisit parmi les riches ceux dont le civisme et l'attachement à la République étaient douteux. L'ancien maire Diétrich, qui jouissait d'une grande fortune, et dont la conduite avait déjà été l'objet d'un blâme public en 1790, sous la Constituante, fut taxé à la somme de trois cent mille livres. Sur les fonds provenant de cet emprunt, six cent mille livres furent immédiatement employées à soulager les patriotes indigents, les veuves et les enfants orphelins des soldats morts pour la cause de la liberté.

La contribution ne fut pas perçue sans résistance; beaucoup cherchèrent à s'en affranchir; d'autres essayèrent de se libérer au moyen d'assignats démonétisés. En conséquence, le 16 brumaire, l'ordre de n'accepter en payement qu'une monnaie ayant cours fut enjoint aux receveurs par Saint-Just et le Bas, qui, le lendemain, pour effrayer les récalcitrants par un exemple, firent afficher cette proclamation :

« Les représentants du peuple arrêtent que le particulier le plus riche imposé dans l'emprunt des neuf millions, qui n'a point satisfait dans les vingt-quatre heures à son imposition, sera exposé demain, 18 du deuxième mois, depuis six heures du matin jusqu'à une heure, sur l'échafaud de la guillotine. Ceux qui n'auront point acquitté leur imposition dans le jour de demain, subiront un mois de prison par chaque jour de délai, attendu le salut impérieux de la patrie. »

Le comité de surveillance, dans la répartition de l'emprunt, put, sans doute, commettre quelques erreurs, mais il est juste de dire qu'il admit les réclamations qui lui parurent fondées; des citoyens sur la fortune desquels on s'était trompé, furent entièrement déchargés de la taxe; d'autres obtinrent une réduction considérable (1). Ajoutons que les mesures réparatrices, prises par le comité de répartition, le furent sur l'ordre même de Saint-Just.

Tous les arrêtés et proclamations de Saint-Just et de le Bas reçurent la consécration légale de la Convention. Plus tard, après thermidor, aux plus beaux jours de cette sanglante réaction dont les contre-révolutionnaires surent tirer un si déplorable profit, les citoyens de Strasbourg imposés en vertu de l'arrêté des commissaires généraux, eurent l'idée d'adresser une réclamation à l'Assemblée. Leurs prétentions, soutenues, dans la séance du 21 nivôse an III, par Dentzel et Enguerrand, furent vivement combattues par Charlier, et surtout par Duhem, qui s'éleva avec force contre ces demandes, chaque jour renouvelées, de reviser tous les actes de la Révolution « *pour ramener le peuple à l'esclavage.* » Ehrmann, faisant une petite concession, répondit qu'on ne réclamait pas contre les taxes révolutionnaires, mais contre leur inégale répartition. Il raconta alors qu'un aubergiste, taxé à quarante mille livres, avait offert sur une assiette les clefs de sa maison à Saint-Just, en le priant de se charger de ses créances. Cette absurde allégation, à l'appui de laquelle aucune preuve n'était apportée, fut dédaigneusement accueillie par l'hilarité générale, et l'Assemblée,

---

(1) Voyez le *Recueil des pièces authentiques pour servir à l'histoire de la Révolution à Strasbourg*, t. I, p. 51 et suiv.

sur la proposition de Clauzel, décréta la question préalable, donnant ainsi gain de cause à la mémoire des deux illustres députés, qu'à une autre époque elle avait proclamés les sauveurs du département du Bas-Rhin (1).

Grâce à cet emprunt forcé sur les riches, grâce à ces assignats auxquels leurs mains ne touchèrent point, Saint-Just et le Bas donnèrent du pain à des milliers d'indigents que le désespoir aurait soulevés d'un moment à l'autre et portés à de déplorables extrémités; vêtirent les soldats qui, pieds nus ou chaussés de mauvais sabots, étaient incapables de supporter de longues fatigues, et rendirent aux troupes ce bien-être si nécessaire au maintien de l'ordre et de la bonne discipline. Ils n'avaient qu'un but, but glorieux et atteint : faire triompher la cause républicaine à l'intérieur et au dehors, et le Bas pouvait écrire à sa femme ces lignes, dignes de son grand cœur :

« ... Si, comme je l'espère, nous rendons d'importants services à la patrie dans ce pays, je retournerai à toi avec une double satisfaction, et tu m'en aimeras mieux... Je suis très-content de Saint-Just; il a des talents que j'admire et d'excellentes qualités. Il te fait ses compliments... On te dira que nous prenons toutes les mesures nécessaires pour forcer promptement l'ennemi à quitter l'Alsace, et faire triompher la cause du patriotisme. Voilà ce qui me console d'être éloigné de toi. Prends du courage, chère amie; embrasse ma sœur pour moi. Je vous aime toutes deux pour la vie. Saint-Just te fait ses compliments; il espère t'apaiser. »

---

(1) Voyez le *Moniteur* du 24 nivôse an III, n° 114.

Ces derniers mots ont singulièrement intrigué certain biographe, et il n'a pas manqué de bâtir là-dessus des hypothèses fantastiques. En voici l'explication bien simple : c'était sur la demande expresse de Saint-Just que son collègue le Bas avait été désigné pour l'accompagner dans sa mission. Ce ne fut donc pas Robespierre qui le lui fit adjoindre, afin de tempérer son trop de fougue, comme on l'a écrit sans aucune espèce de preuve. Saint-Just était assez calme, assez maître de lui-même pour n'avoir pas besoin de modérateur. La femme de le Bas, enceinte de deux mois à cette époque, fut désespérée du départ de son mari ; elle en garda contre Saint-Just une petite rancune, que celui-ci n'eut pas de peine à effacer entièrement, et madame le Bas a conservé jusqu'à ce jour, pour la mémoire du fidèle ami de son mari, le culte le plus profond et la plus touchante affection.

Il y avait alors à Strasbourg, comme nous l'avons dit, une foule d'émigrés rentrés à la suite de l'invasion. Nous avons dit aussi quelle y fut leur conduite. Aux premiers succès des armes républicaines, ils reprirent précipitamment le chemin de l'Allemagne, en laissant dans la ville des agents et des complices. Il était de notoriété publique que l'ennemi entretenait des intelligences dans la place. Des lettres saisies aux avant-postes compromirent gravement plusieurs administrateurs du département, entre autres un artiste distingué nommé Edelmann, grand ami du trop fameux Schneider, dont nous nous occuperons bientôt (1). Les accusations portées contre l'auteur d'*Ariane dans l'île de Naxos*, qui avait été lui-même un des plus acharnés accusateurs de l'ancien

---

(1) Voyez Buchez et Roux : *Histoire parlementaire de la Révolution française*, t. XXXI, p. 31.

maire Diétrich, ont été, depuis, attribuées à l'ancien pasteur de Gries, connu pour être son ennemi personnel, et condamné plus tard à quatre ans de fers avoir fabriqué la lettre dont il va être question. Toujours est-il que, déjà produites avant l'arrivée des commissaires généraux, ces accusations se renouvelèrent après. L'arrestation d'un neveu du général autrichien Wurmser, à Strasbourg, aggrava encore les soupçons et les défiances. Enfin une lettre d'un marquis de Saint-Hilaire, émigré combattant dans les rangs ennemis, fut surprise aux avant-postes et envoyée, par le général Michaud, aux représentants du peuple Milhaud et Guyardin ; elle donna la certitude d'un complot formé pour livrer la ville à l'étranger.

Cette lettre était adressée à « Monsieur, monsieur le citoyen en c D. 17. 18., place d'Armes, à Strasbourg, » et commençait ainsi :

« Tout est arrangé, mon ami ; ils danseront, suivant leur expression, la Carmagnole ; Strasbourg est à nous dans trois jours au plus tard ; j'espère vous y embrasser ; tenez bon, n'épargnez ni or ni argent, ni adresse, enfin employez tout pour gagner du monde... »

Puis on lit ces lignes caractéristiques :

« Vous avez dû voir hier le marquis de la Vilette et le comte de Sône. Ils ont trouvé singulièrement le moyen d'entrer dans Strasbourg (Dieu les y maintienne sains et saufs !), ils vous aideront de tout leur possible. Comme j'ignore si vous les avez vus, je vais vous conter comment ils ont pu tromper la vigilance de vos *crapauds*. Nous savons, et vous savez de même, qu'il faut une permission signée de leur général pour entrer à Strasbourg ; eh bien, nous avons trouvé le moyen de vous faire passer au moins deux cents hommes, petit à petit, sans qu'ils puissent s'en apercevoir. Vous savez qu'il entre journellement des caissons en ville ; nos deux amis, habillés en gardes nationaux, ont feint d'être blessés, et ont demandé à y entrer en donnant la pièce aux conducteurs ; ces derniers y ont consenti et nos gens sont chez notre trésorier. En partant, nous leur avons recommandé de ne point se montrer et d'être prudents. Retenez-les tant que vous pourrez ; sans votre prudence, je vois notre projet échoué ; vous êtes notre espérance. Ces maudits Jacobins veillent, tenez-les en haleine ; faites-leur faire des bévues tant que vous pourrez ; ils se fient à vous, moyen de plus pour les tromper... »

Et plus loin :

« Deux mille hommes, habillés en nationaux (nous en avons déjà 1,200) se présenteront à la porte de Strasbourg, environ quatre heures du soir ; vous pouvez compter sur eux. C'est tout ce que nous avons de meilleur, c'est l'élite de la noblesse française. Leur costume seul les fera entrer. Ils ne s'empareront que des derniers postes. Je veux dire dans la dernière enceinte. S'ils éprouvaient quelque retard, n'oubliez pas un jour, un instant, de nous envoyer le mot d'ordre : c'est d'une grande ressource. Deux cents d'entre eux se porteront chez les commissaires de la Convention et les égorgeront sans coup férir, ainsi que tous leurs suppôts. Tous vos honnêtes gens n'auront pour cri de ralliement que le nom du Roi et une cocarde blanche, seul signe qui sera respecté. Les municipaux dont nous avons les noms seront poignardés; les autres, nos amis, seront respectés. Ils mettront leur écharpe blanche sur-le-champ...

» Une bonne partie de nos camarades sont dans la forêt d'Haguenau; ils y sont retranchés; ils y tiendront bon. La taxe qui a lieu met notre projet plus à même d'être exécuté. Il y a, suivant les rapports, deux mille mécontents de plus.

» Nous sommes surpris, nous recevons toujours leur mot d'ordre toujours tôt ou tard; le plus tôt est à trois heures; tâchez que nous puissions, par ce moyen, le surprendre de meilleure heure. Le prince vous promet tout. Employez contre ces monstres tous les moyens. Regardez-les comme des animaux plutôt que comme des hommes.

» J'oubliais de vous demander des nouvelles de grand nombre de nos prêtres qui se sont rendus chez vous. Je crois que c'est le seul des moyens, et le meilleur qu'on pût employer; ils sont de Strasbourg et le connaissent parfaitement. Faites trotter ces *bougres-là* et sans relâche; ils ont la finesse du diable, ils vous seconderont infiniment. Il nous paraît que nous sommes sûrs de votre ville. Décriez tant que vous pourrez les assignats; les treize millions que vous avez sont destinés pour cela, ou plutôt prodiguez l'or, c'est une grande ressource. Notre bon ami Pitt vient de nous faire passer par la Hollande dix-huit millions pour compléter le discrédit; notre victoire est assurée... »

Cette lettre (1) se terminait ainsi :

« Vous ferez donner au porteur trente mille livres;

---

(1) Elle est citée en entier dans le *Recueil des pièces authentiques pour servir à l'histoire de la Révolution à Strasbourg*. Voyez t. I, p. 130.

nous le croyons encore à bon compte. Il sacrifie sa vie pour nous; vous le reconnaîtrez à ses lunettes; il est bègue et il vous dira 19, 27, 1, 32, 7, 28, 22, 54, 68 (1). Vous savez ce que je veux dire. Ne leur dites pas le domicile du trésorier; ne nous fions à personne.

» Que tous vos agents se tiennent prêts au signal. .On me charge de vous demander ce que c'est que cette armée révolutionnaire dont on parle tant; tonnez aux Jacobins contre le poids qu'elle pourrait avoir, ce mot seul pourrait intimider nos gens.

» Adieu, mon cher ami, je suis pour la vie.

» *Signé* le marquis de SAINT-HILAIRE. »

Et en post-scriptum :

« Réponse prompte, *à quel prix que ce soit;* vous reconnaissez mes pieds de mouche, mais je suis pressé. On me recommande de vous demander des renseignements sur celui qui commandait ces *gueux*-là à Brumpt; donnez-nous-en des plus clairs.

» Enveloppez, comme de coutume, vos dépêches dans des chiffons.

» *Pour copie conforme à l'original resté entre nos mains,*

» *Signé* : J.-B. MILHAUD et GUYARDIN, représentants du peuple. »

Ces lignes dépeignaient exactement la situation de la ville à cette époque. On ne peut donc aucunement s'étonner que Saint-Just et le Bas n'aient pas songé à révoquer

(1) Edelmann était bègue et portait lunettes, c'est ce qui fit penser que ce signalement s'appliquait à lui.

en doute l'authenticité d'une lettre qui avait paru si grave au général Michaud et aux représentants J.-B. Milhaud et Guyardin.

Cette authenticité, un écrivain de nos jours l'a contestée, en se fondant uniquement sur quelques lignes d'une longue dénonciation, écrite et signée par un certain Blanié, et trouvée dans les papiers de Saint-Just. Cette dénonciation, dont Saint-Just et le Bas ne firent aucun usage, paraît être l'œuvre d'un ultra-révolutionnaire, sinon d'un traître; elle est entièrement dirigée contre le maire Monet. On y lit, en effet, ces lignes :

« Que Monet, maire de Strasbourg, ce patriote d'apparence, nous dise ce qu'il a fait depuis la Révolution, et ce qu'il est... On peut le regarder comme un de ces patriotes flottant entre le patriotisme et l'aristocratie, qui s'accrochent par hasard à un rameau de la liberté, de crainte de faire naufrage; mais qu'on ne croie pas pour cela qu'il en soit moins dangereux pour elle (1) »

Singulière destinée de cet homme! Il a été accusé de complicité avec l'aristocratie par les ultra-révolutionnaires, accusé de complicité avec la démagogie par les contre-révolutionnaires; voici maintenant le passage bien insignifiant dont on s'est servi pour prétendre que la lettre du chevalier de Saint-Hilaire était fausse ou supposée.

« Il faut savoir enfin si Monet, maire de Strasbourg, a fait son devoir envers les Comités de Sûreté générale et

---

(1) *Papiers inédits trouvés chez Robespierre, Saint-Just, Payen*, etc., t. II, p. 270 et 271.

de Salut public, s'il n'a pas voulu se soustraire à leur surveillance, et s'il a redouté la peine qui pouvait l'atteindre. A-t-il dressé procès-verbal de la lettre qu'il a reçue, signée du chevalier de Saint-Hilaire, ou a-t-il voulu faire une plaisanterie de la conspiration de Strasbourg? Qu'il ne pense pas nous endormir par ses paroles; quoique maire, il ne mérite pas moins notre scrupuleuse vigilance (1). »

En vérité, cet argument nous semble d'une valeur bien négative pour établir la fausseté d'une pièce qui motiva l'arrestation de plusieurs administrateurs du département.

D'un autre côté, et longtemps après les événements auxquels il avait pris part, Monet a raconté qu'étant allé trouver les commissaires généraux pour leur adresser des observations au sujet de cette arrestation, il avait reçu de Saint-Just la réponse suivante : « Vous pouvez avoir raison sur quelques individus, mais il existe un grand danger, et nous ne savons où frapper. Eh bien, un aveugle qui cherche une épingle dans un tas de poussière saisit le tas de poussière (2). » Je ne sais trop ce qu'il y a de vrai là dedans; quant à moi, je ne serais pas loin de penser qu'au moment où la réaction triomphait, l'ancien maire, en qui Saint-Just et le Bas avaient eu pleine confiance, et qui, hâtons-nous de le dire, s'était conduit en

---

(1) *Papiers inédits trouvés chez Robespierre, Saint-Just, Payen*, etc., t. II, p. 280.

(2) M. Édouard Fleury, en reproduisant ces paroles citées par les auteurs de l'*Histoire parlementaire de la Révolution française* (t. XXXI, p. 32), les applique, avec intention, à une toute autre circonstance. Voyez *Saint-Just et la Terreur*, t. II, p. 66. Aux lecteurs de bonne foi d'apprécier.

excellent patriote, essaya de décliner la responsabilité d'une mesure à laquelle il me paraît bien difficile qu'il n'ait pas contribué en toute connaissance de cause.

La fausseté de la lettre du marquis de Saint-Hilaire semble, en effet, résulter de la condamnation de l'ancien pasteur de Gries; mais, au moment où elle fut saisie aux avant-postes, il était impossible, en présence de ces termes si précis et si concluants, que la bonne foi de Saint-Just et de le Bas ne fût pas surprise.

Quoi qu'il en soit, en face des menées de toutes sortes dont le département du Bas-Rhin était le théâtre, les envoyés extraordinaires, qui n'avaient pas envie de laisser subir à la ville de Strasbourg le sort de Toulon, crurent devoir agir vigoureusement; ils rendirent, en conséquence, le 12 brumaire, l'arrêté dont voici la teneur :

« Les représentants du peuple, envoyés extraordinairement près l'armée du Rhin, informés que les ennemis ont pratiqué des intelligences dans Strasbourg parmi les autorités constituées, considérant l'imminence du danger, arrêtent ce qui suit :

» Art. I. L'administration du département du Bas-Rhin est cassée; les membres seront arrêtés sur-le-champ, à l'exception des citoyens Neumann, Didier, Mougeat, Berger, Telerel, et seront conduits de suite en arrestation à Metz.

» Art. II. Les citoyens Neumann, Mougeat et Telerel, formeront une commission provisoire pour l'expédition des affaires.

» Art. III. La municipalité de Strasbourg est également cassée, à l'exception du citoyen Monet, maire. La société populaire remplacera la municipalité par une commission de douze membres, pris dans son sein, dont le plus âgé remplira les fonctions de procureur de la Commune. Les membres de la municipalité seront conduits en arrestation à Châlons.

» Art. IV. L'administration du district de Strasbourg est également cassée ; cinq membres, élus par le comité de surveillance de ladite ville, en rempliront provisoirement les fonctions. Les membres du district de Strasbourg seront conduits en arrestation à Besançon.

» Art. V. Le commandant de Strasbourg et le comité de surveillance de ladite ville, sont chargés d'exécuter le présent arrêté, de manière à ce que les membres des autorités cassées soient hors de la ville demain, à huit heures du matin. »

Disons de suite que Saint-Just et le Bas recommandèrent expressément qu'on traitât les membres arrêtés avec tous les égards dus à l'humanité (1).

Cet arrêté causa quelque émotion dans la ville ; la société populaire, dont les administrateurs compromis faisaient partie, demanda leur appel et leur mise en liberté, en déclarant qu'elle ne les regardait point comme conspirateurs, mais en convenant, néanmoins, que les membres n'avaient pas le patriotisme nécessaire aux fonctions dont ils avaient été investis. Saint-Just et le Bas répondirent à cette réclamation par une lettre que nous reproduisons, d'après *le Moniteur*, qui l'inséra dans son numéro du 7 frimaire an II, en la faisant précéder de ces courtes réflexions : « Voici ce que ces deux représentants ont répondu. On trouve dans cette lettre l'in-

---

(1) Voyez l'arrêté à ce sujet, cité dans un de nos derniers chapitres.

struction jointe à la fermeté. Nous la publions ici, parce qu'elle donne une idée de l'état déplorable dans lequel l'égoïsme des riches, les trahisons et l'apathie criminelle des administrateurs avaient laissé cette frontière. »

« Strasbourg, le 24 brumaire an II.

» Frères et amis, nous sommes convaincus qu'il s'est tramé une conspiration pour livrer la ci-devant Alsace, comme il s'en est tramé pour livrer les autres parties du territoire de la République; nous sommes convaincus qu'après la prise de Wissembourg, l'ennemi a fait sur Strasbourg les mêmes tentatives pour s'y procurer des intelligences et surprendre la ville.

» Quand nous arrivâmes, l'armée semblait désespérée, elle était sans vivres, sans vêtements, sans discipline, sans chefs. Il ne régnait dans la ville aucune police; le pauvre peuple y gémissait sous le joug des riches, dont l'aristocratie et l'opulence avaient fait son malheur, en dépréciant la monnaie nationale et en disputant à l'enchère les denrées à l'homme indigent.

» Les portes de la ville se fermaient tard; le spectacle, les lieux de débauche, les rues étaient pleines d'officiers, les campagnes étaient couvertes de soldats vagabonds.

» Quand donc le peuple était malheureux, quand l'armée était trahie et périssait de misère, quand le crime et la contre-révolution marchaient en triomphe dans cette ville, que faisaient ses autorités constituées ? Le compte qu'elles ont à rendre au peuple français est terrible. Elles négligeaient les réquisitions des grains, celles des charrois, des bois de chauffage; elles passaient des marchés de chandelle à sept francs la livre; les soldats de la liberté pourrissaient dans les hôpitaux; elles négligeaient tellement leurs devoirs, qu'il est impossible de se procurer le témoignage d'aucun acte de surveillance et d'énergie patriotique de leur part. Quelle âme fut sensible dans un pays où tout est malheureux ?

» Cependant, on surprend des lettres qui annoncent les intelligences de l'ennemi, et cet ennemi est aux portes ! Nous bannissons, au nom du salut public, les autorités constituées; nous imposons les riches pour faire baisser les denrées. Le tribunal militaire fait fusiller plusieurs conspirateurs sur lesquels on trouve deux cocardes blanches. On surprend des postes où il manque jusqu'à vingt et un hommes de garde, par la faute du chef de légion, qui nous est conduit par le commandant de la place. On trouve dans les guérites des remparts des couronnes empreintes sur des étoffes. On arrête dans la ville des émigrés, des scélérats, des partisans du fédéralisme qui jusqu'alors y avaient vécu dans la plus profonde sécurité.

» Nous prenons diverses mesures de police ; le peuple rentre dans ses droits ; l'indigence est soulagée ; l'armée est vêtue; elle est nourrie; elle est renforcée; l'aristocratie se tait; l'or et le papier sont au pair.

» Pourquoi ce bien n'a-t-il pas été fait? De quels hommes publics peut-on dire qu'ils sont innocents du malheur du peuple? Or, étiez-vous heureux? Avait-on versé une larme, une seule larme sur la patrie?

» Tous les hommes se doivent la vérité; nous vous la dirons. Vous êtes indulgents pour des magistrats qui n'ont rien fait pour la patrie. Votre lettre nous demande leur retour; vous nous parlez de leurs talents administratifs; vous ne nous dites rien de leurs vertus révolutionnaires, de leur amour du peuple, de leur dévouement héroïque à la liberté !

» Nous avons eu confiance en vous; nous vous avons

demandé de vos membres pour veiller à la sûreté des portes, pour remplacer les autorités expulsées ; nous avons écouté, jour et nuit, les soldats et les citoyens ; nous avons soutenu le faible contre le fort. Ce sont les mêmes cœurs qui vous parlent en ce moment ; ce n'est pas du retour de vos magistrats indifférents que vous devez vous occuper, mais de l'expulsion d'un ennemi qui dévore vos campagnes, et de la découverte des conspirateurs cachés sous toutes les formes.

» Il a existé une conspiration pour livrer Strasbourg. Nous venons de recevoir la dénonciation qu'il existait deux millions en or entre les mains de l'administration du département ; ce fait doit vous surprendre. Nous en donnons avis à la Convention nationale.

» Frères et amis, c'est la patrie, c'est le peuple qu'il faut plaindre ; c'est l'ennemi qu'il faut poursuivre. La pitié pour le crime est faite pour ses complices, et non point pour nous. Le temps démêlera peut-être la vérité ; nous examinons tout avec sang-froid, et nous avons acquis le droit d'être soupçonneux.

» Notre devoir est d'être inflexibles dans les principes. Nous vous devons de l'amitié ; nous ne nous devons point de faiblesse. Nous devons tout à la patrie, nous persistons, jusqu'après le péril, dans notre arrêté.

» Salut et fraternité.

» *Les représentants du peuple, envoyés extraordinairement à l'armée du Rhin,*

» SAINT-JUST, LE BAS. »

Cependant Saint-Just, après plus ample examen, céda aux représentations qui lui furent faites, et modifia sa décision du 12 brumaire par l'arrêté suivant, signé de lui seul :

« Les citoyens de Strasbourg qui ont été nommés, depuis peu, à l'administration du département, à la municipalité, au district; ceux de l'administration ou département qui ont été nommés membres de la commission révolutionnaire de Saverne; Rosières, membre du département, Sarré, membre du district, ne sont point compris dans l'arrestation; Anstett, Nestlin, Jecki, Hamann sont adjoints à Teterel, Mongeat et Neumann pour la commission départementale; Schatz, officier municipal, Jung, aussi officier municipal, ne seront point compris dans l'arrestation. »

Il y avait aussi à Strasbourg, comme commissaires de la Convention, les représentants Milhaud et Guyardin, à qui la lettre du marquis de Saint-Hilaire avait été remise et qui ne négligèrent rien, de leur côté, pour déjouer les complots et les machinations des traîtres dont cette malheureuse ville était infestée. Tandis que Saint-Just et le Bas chargeaient la municipalité de faire arrêter, sous vingt-quatre heures, les présidents et secrétaires des sections lors du 31 mai, et tous ceux qui avaient manifesté quelques connivences avec les fédéralistes, ils déportaient à Dijon l'état-major de la garde nationale et ordonnaient l'arrestation de tous les individus contre lesquels s'élevait quelque suspicion. Rappelés à Paris par la Convention, ils ne quittèrent Strasbourg que lorsque les plus grands dangers furent passés, et partirent après avoir écrit à leurs collègues : « Nous nous empressons de retourner à la Montagne de la Convention nationale, et nous laissons à d'autres le plaisir du triomphe que nous partagerons tous en vrais républicains (1).

(1) *Moniteur* du 27 brumaire an II, n° 57.

Les commissaires Ruamps, Soubrani, Mallarmé, Borie et Cusset furent rappelés, en même temps, par un décret rendu dans la séance du 13 brumaire. La Convention devançait ainsi le désir de Saint-Just et de le Bas, qui, avant de pouvoir connaître cette décision, et pour des motifs dont nous n'avons pas à examiner ici la valeur, écrivaient, le 15, à Robespierre :

« Pourquoi ceux qui étaient ici lorsqu'on força les lignes de Wissembourg ne sont-ils pas remplacés, et pourquoi laisser ici des représentants forcés par la nature de leur mission à s'isoler de leurs collègues ? Je n'ai pas le temps de vous en dire davantage ; mais j'espère que vous voudrez bien nous écrire vos idées là-dessus. Je vous embrasse.

» *Signé* : LE BAS. »

Et plus bas, de l'écriture de Saint-Just :

« La confiance n'a plus de prix lorsqu'on la partage avec des hommes corrompus ; alors on fait son devoir par le seul amour de la patrie, et ce sentiment est plus pur. Je t'embrasse, mon ami. »

Pour remplacer les représentants rappelés, la Convention nomma Lémann et Baudot, et maintint Ehrmann et J.-B. Lacoste comme commissaires près les armées du Rhin et de la Moselle (1). Envoyés avec des pouvoirs moins étendus que ceux de Saint-Just et de le Bas, ils en conçurent contre leurs collègues une jalousie à laquelle il faut attribuer les petites divisions qui s'élevèrent entre

(1) *Moniteur* du 15 brumaire an II, n° 45.

eux et dont nous parlerons dans le chapitre suivant. Disons de suite que le succès de leur mission n'en fut pas compromis et qu'ils contribuèrent glorieusement, pour leur part, aux victoires de nos armées.

Chargés seuls désormais de surveiller l'administration intérieure, Saint-Just et le Bas eurent l'œil à tout. Malheur aux fripons et aux traîtres ! les commissaires étaient pour eux impitoyables. En revanche, ils se montraient doux et affables envers les patriotes sincères, les amis dévoués de la République, toujours prêts à les entendre et à accueillir leurs justes réclamations. Dans l'intérêt commun, ils tâchèrent d'établir l'équilibre entre les exaltés et les modérés qui se partageaient la ville. C'est ainsi qu'au moment où florissait l'*hébertisme* que Saint-Just devait plus tard contribuer à abattre, Saint-Just et le Bas, qui avaient horreur des saturnales dont le culte de la déesse Raison était le prétexte, ne voulant pas, cependant, irriter les Jacobins extrêmes, chargèrent la municipalité de faire entretenir un drapeau tricolore sur le temple de la Raison et abattre les statues qui l'entouraient. Mais ces statues ne furent point brisées ; par l'ordre même des représentants du peuple, elles furent couvertes de planches sur lesquelles on afficha les actes de l'autorité publique.

L'Alsace, quoique française depuis cent cinquante ans (1), avait, en grande partie, conservé les mœurs, le costume et la langue germaniques ; de nos jours encore, nous voyons les candidats à la députation obligés de publier leurs proclamations en allemand pour être compris des habitants des campagnes. N'est-il pas singulièrement triste d'entendre parler une langue étrangère

---

(1) **Traité de Munster.**

dans ces riches contrées, si françaises par le cœur? Saint-Just et le Bas résolurent de changer cet état de choses, contraire à l'unité de la République, et, pour arriver à leur but, ils ne reculèrent pas devant les plus petits détails. Par un arrêté en date du 28 brumaire, ils invitèrent les citoyennes de Strasbourg à quitter les modes allemandes. Quelques semaines après, ils prirent une mesure autrement féconde et autrement importante. Ce ne sera pas une des moindres gloires de notre Révolution que d'avoir généralisé l'instruction par toute la France et établi un instituteur dans chaque commune. Si le décret de la Convention obligeant, sous certaines peines, les parents d'envoyer leurs enfants à l'école primaire, eût été exécuté à la lettre, un Français ne serait pas exposé à n'être point compris dans son propre pays, et nous ne rencontrerions plus aujourd'hui tant de malheureux ne sachant ni lire ni écrire. Ceux qui préconisent cette ignorance vulgaire sont des égoïstes, des insensés et des impies. Le pain de l'intelligence est aussi nécessaire, aussi sacré que celui qui nourrit le corps. Combien plus nobles, plus généreux et plus grands étaient Saint-Just et le Bas, lorsque, en attendant l'établissement définitif de l'instruction publique, ils ordonnaient la formation d'une école gratuite de langue française dans chaque commune du département du Bas-Rhin (1)! Ils arrêtèrent, en même temps, qu'une somme de six cent mille livres, provenant de l'emprunt sur les riches, serait affectée à la prompte organisation de ces écoles; on ne pouvait employer ces fonds d'une manière plus avantageuse à la patrie. Quant aux dons patriotiques des citoyens et aux objets précieux dont les églises de Stras-

---

(1) Arrêté du 9 nivôse an II (Archives nationales).

bourg avaient été dégarnies, ils chargèrent la municipalité de choisir deux de ses membres pour aller les remettre à la Convention nationale.

Saint-Just et le Bas se multipliaient ; ils étaient partout. « Depuis huit jours, nous courons, écrivait le Bas à sa femme, nous ne nous reposerons plus guère jusqu'au moment de notre départ. Nous avons vu beaucoup de fripons et de gueux, mais aussi beaucoup de braves gens. » Grâce à leurs mesures énergiques et prévoyantes, grâce au plan de Saint-Just, l'ennemi commençait à être battu sur tous les points. L'armée du Rhin, ayant Pichegru à sa tête, celle de la Moselle, commandée par Hoche, avaient partout pris l'offensive. Le Comité de Salut public écrivait à Saint-Just : « Il faut que votre génie se crée des ressources nouvelles. Il faut que votre énergie double vos forces... nous attendons tout de la sagesse et de la fermeté de vos mesures. » Dieu sait si Saint-Just justifia largement cette confiance ! Après avoir réorganisé l'armée, rempli ses cadres incomplets, pourvu à ses besoins, après avoir aguerri les troupes par des fatigues et des combats journaliers, il répondait, certain d'une victoire définitive, ces lignes prophétiques au Comité de Salut public : « Nous marcherons de tous côtés, comme le tonnerre, sans nous arrêter, sans laisser respirer l'ennemi. Nous nous fortifierons de toutes les garnisons de Bitche, du fort Vauban, de Landau, etc.; nous dévorerons le Palatinat, et nous aurons retrouvé nos cent mille hommes qui sont nuls maintenant par la bassesse de ceux qui ont régi les affaires. »

Carnot, dans sa réponse, lui témoigna toute la satisfaction qu'éprouvaient ses collègues des grands résultats déjà obtenus. Il lui marquait que tous les regards de la France se tournaient vers les bords du Rhin et vers

Toulon comme si le salut devait venir de là. La France ne fut point trompée. L'ennemi avait déjà perdu beaucoup de terrain ; sur certains points, il avait reculé de dix lieues. Battu par Pichegru et par Hoche, dans diverses rencontres, il fut contraint d'abandonner le siége du fort de Bitche, dont il avait tenté de s'emparer, et ce fut de cette dernière ville qu'à la date du 1er frimaire, Saint-Just et le Bas écrivirent à leurs collègues la lettre suivante, lue par Barère à la Convention, dans la séance du 5 :

« Citoyens nos collègues, la République est victorieuse sur toute la ligne de mouvement, depuis Sarrebruck jusqu'aux bords du Rhin. L'armée, sous les murs de Strasbourg, a repris Vantzenau et Brumpt; la division de Saverne a repris Boxviller, et nous l'avons laissée hier se portant sur Haguenau ; nous sommes à Bitche aujourd'hui, avec une partie du rassemblement de Bouquerons, occupés à suivre le plan et à surveiller les opérations. Nous ne vous apprendrons point les premiers la tentative de l'ennemi sur le château de Bitche. Il avait pratiqué des intelligences dans le fort et il connaissait tous les détours. Déjà l'ennemi avait brisé les portes. Le commandant que nous vous envoyons avait laissé les ponts-levis baissés ; six mille hommes environnaient la place. Le seul bataillon du Cher a sauvé le fort ; chaque soldat ne prit de commandement que de son courage ; les artilleurs se conduisirent de même ; l'ennemi fut écrasé par les grenades et assommé par les soldats du Cher à coups de bûche. Nous avons vu les fossés, les glacis, les murs et les escaliers par où l'ennemi avait pénétré, teints de son sang. Une commission militaire va juger sur l'heure les émigrés faits prisonniers. Les autres prisonniers, au nombre de deux ou trois cents, seront conduits dans l'intérieur. L'ennemi avait choisi pour ce coup de main ce qu'il avait de plus robustes soldats. Un volontaire de seize ans, du bataillon du Cher, en a désarmé quinze. Nous avons demandé les noms des braves qui ont sauvé le fort. Nous vous les ferons passer afin que la Convention nationale récompense une des plus belles défenses que l'on ait vues depuis la guerre. Vous jugerez de quelle importance était pour l'ennemi la possession du fort de Bitche et surtout dans le plan qui s'exécute.

» Nous allons nous rendre à Harnback, à l'armée du général Lapronier; de là, nous irons à Deux-Ponts, où l'armée de Hoche, dirigée en chef par Pichegru, est entrée hier. La République a la fortune de César et la mérite mieux. Vous voyez qu'elle est victorieuse partout. Nous espérons que les armées ne se retireront point. Nous ne sommes point restés un demi-jour dans le même endroit depuis le mouvement. La surveillance la plus rigide est exercée. Nous vous tiendrons parole; nous tâcherons qu'on ne s'arrête point que l'ennemi ne soit exterminé. La retraite doit être dans le Rhin, si tout le monde fait son devoir. »

Après trois jours de courses non interrompues, après s'être montrés à tous les corps d'armée, après avoir communiqué à toutes les troupes l'électrique enthousiasme qui brûlait en eux, Saint-Just et le Bas revinrent à Strasbourg où ils défendirent rigoureusement à toute personne n'exerçant pas de fonction militaire de se promener sur les fortifications et sur les remparts de la ville. Le 7 frimaire, ils allèrent à Saverne d'où, le lendemain, le Bas écrivit à sa femme une lettre qui mérite d'être citée :

« Je profite, ma chère Élisabeth, d'un moment de loisir

pour causer avec celle qui m'est plus chère que la vie. Combien de fois n'ai-je pas souhaité de te revoir! Avec quel déplaisir ne vois-je pas s'éloigner le moment de mon retour à Paris! Le pays où je suis est superbe. Nulle part je n'ai vu la nature plus belle, plus majestueuse ; c'est un enchaînement de montagnes élevées, une variété de sites qui charment les yeux et le cœur.

» Nous avons été ce matin, Saint-Just et moi, visiter une des plus hautes montagnes, au sommet de laquelle est un vieux fort ruiné, placé sur un rocher immense. Nous éprouvâmes tous les deux, en promenant nos regards sur tous les alentours, un sentiment délicieux. C'est le premier jour que nous avons quelque relâche. Mais moi, il me manque quelque chose ; j'aurais voulu être à côté de toi, partager avec toi l'émotion que je ressentais, et tu es à plus de cent lieues de moi! Cette idée m'a déjà bien des fois attristé jusqu'au fond de l'âme, et, certes, il faut tout le dévouement dont le véritable patriotisme est capable pour supporter une aussi cruelle privation que la tienne. Il n'est guère d'instants, même au milieu des occupations les plus graves, que je ne songe à toi ; mais enfin il faut se soumettre à la nécessité. Le plus fort est fait. Bientôt je serai dédommagé d'un aussi pénible sacrifice. Encore quelques jours, et j'espère aller revoir pour longtemps mon Élisabeth ; j'espère augmenter le plaisir de notre réunion par la nouvelle d'un avantage décisif sur nos ennemis.

» Nous ne cessons, Saint-Just et moi, de prendre les mesures nécessaires pour l'assurer de la manière la plus prompte ; nous courons toute la journée, et nous exerçons la surveillance la plus suivie. Au moment où il s'y attend le moins, tel général nous voit arriver et lui demander compte de sa conduite. Nous approchons de

Landau ; bientôt, sans doute, il sera délivré ; voilà le terme de notre mission ; tout nous invite à le hâter. Saint-Just est presque aussi empressé que moi de revoir Paris. Je lui ai promis à dîner de ta main. Je suis charmé que tu ne lui en veuilles pas ; c'est un excellent homme ; je l'aime et je l'estime de plus en plus tous les jours. La République n'a pas de plus ardent, de plus intelligent défenseur. L'accord le plus parfait, la plus constante harmonie ont régné parmi nous. Ce qui me le rend encore plus cher, c'est qu'il me parle souvent de toi et qu'il me console autant qu'il peut. Il attache beaucoup de prix, à ce qu'il me semble, à notre amitié, et il me dit, de temps en temps, des choses d'un bien bon cœur.

» Adieu, chère amie ; je vais écrire quelques lignes à Henriette. Je présume que vous vous aimez toujours bien. Quel trio charmant nous allons faire en attendant que la partie devienne plus nombreuse!... Pour Dieu, prends soin de ta santé. Adieu, ma chère femme ; reçois l'assurance du tendre et invariable attachement de ton fidèle.   Le Bas. »

Quelque temps après l'envoi de cette lettre, Saint-Just et le Bas, qui depuis six semaines n'avaient pas pris un seul instant de repos, demandèrent et obtinrent un congé de quelques jours. Tout était tranquille à Strasbourg : la contre-révolution vaincue à l'intérieur, l'ennemi tenu en échec au dehors, la confiance ranimée, l'espérance dans tous les cœurs : ils pouvaient s'absenter. Ils partirent donc et revinrent à Paris où les attendaient avec impatience, l'un sa femme, toujours inquiète et tremblante, l'autre sa fiancée, tout entière alors à ces beaux rêves d'avenir et de bonheur qui devaient bientôt disparaître comme un brillant et rapide éclair.

CHAPITRE V

Retour en Alsace. — Réactionnaires et ultra-révolutionnaires. — La Propagande et Charles Nodier. — Euloge Schneider. — Son mariage. — Sa chute. — Souvenir du général Donzelot. — L'émigration expliquée. — Lettre à Robespierre. — Appel de la commune de Strasbourg après thermidor. — Arrêté contre les agioteurs. — Opérations militaires. — Hoche et Pichegru. — Affaire de Kaiserslautern. — Lettres de Saint-Just et de le Bas au général Hoche. — Il est investi du commandement en chef. — Victoire de Geisberg. — Reprise des lignes de Wissembourg. — Landau délivré. — J.-B. Lacoste et Baudot. — Une lettre du citoyen Gatteau. — Fin de la mission dans le Bas-Rhin.

Saint-Just et le Bas étaient à peine à Paris depuis trois jours, qu'ils durent le quitter pour retourner en Alsace et hâter le déblocus de Landau. Madame le Bas avait été cruellement affectée de l'absence de son mari; elle insista fort, cette fois, pour être du voyage, et partit avec eux ainsi qu'Henriette, sa belle-sœur. Pour abréger les longueurs de la route, Saint-Just lisait à ses compagnes de voyage des pièces de Molière dont il avait toujours un exemplaire sur lui; madame le Bas, plus qu'octogénaire aujourd'hui, et qui souffrait alors de sa grossesse, n'a pas encore perdu le souvenir des bons soins et des prévenances dont ne cessa de l'entourer l'intime ami de son mari (1). Saint-Just et le Bas installèrent madame le Bas et Henriette à Saverne, où était le quartier général, et leur recommandèrent de ne recevoir personne, afin de ne pas les troubler dans l'accomplissement de leur mission; ce qui n'empêcha pas les deux femmes de trouver l'occasion de faire adoucir, en faveur de quelques accusés, la rigueur des lois révolutionnaires.

Ce brusque retour des envoyés extraordinaires surprit plus d'une personne et déjoua bien des calculs hostiles. A Strasbourg surtout, les malveillants et les ultra-révolutionnaires avaient mis à profit la courte absence de Saint-Just et de le Bas, pour surexciter les mauvaises passions et troubler la tranquillité dans laquelle les commissaires avaient laissé la ville. Les *enragés*, ceux qui poussaient à la haine de la Révolution, les uns involontairement, les autres avec intention, en exagérant les mesures du Comité de Salut public et les décrets de la Convention, n'aimaient pas, ne pouvaient aimer Saint-Just, homme d'ordre avant tout et qui poursuivait l'anarchie, sous quelque forme qu'elle se produisît. Par opposition au parti national, à la tête duquel était le maire Monet, ils composaient le parti allemand, auquel on prêtait le projet de vouloir séparer l'Alsace de la France

(1) Au moment où nous mettons sous presse (avril 1859), nous recevons la nouvelle de la mort de cette femme de bien, qui vient de s'éteindre à l'âge de 86 ans, sans jamais avoir douté des amis vertueux qu'elle est allée rejoindre.

pour en faire une république indépendante. Je ne sais jusqu'à quel point cette accusation était fondée ; les pièces qui me sont passées sous les yeux ne m'ont pas donné une conviction bien arrêtée à cet égard, et un grand doute est resté dans mon esprit. Je serais plutôt porté à croire que ce parti recrutait surtout dans la foule des gens sans conscience qu'on voit, dans toutes les révolutions, chercher à assouvir, sous le manteau du patriotisme, une ambition effrénée, des instincts féroces, une cupidité dégradante et d'insatiables besoins de jouissance. Ce sont les mêmes hommes qui, sous les restaurations monarchiques, redeviennent, comme par enchantement, les plus féroces amis des distinctions sociales et de l'ordre quand même. Il est vrai qu'on a soin de payer largement leur transformation.

Une société connue sous le nom de *Propagande* (1) s'était formée à Strasbourg, pour répandre, comme son nom l'indique, les nouveaux principes, les coutumes, le langage français et les idées révolutionnaires. Elle comptait dans son sein les meilleurs patriotes de la ville, mais aussi quelques énergumènes, et, comme il arrive toujours, quelques-uns de ses agents avaient dépassé le but et commis des actes arbitraires qui avaient suscité des plaintes nombreuses, quand Saint-Just et le Bas arrivèrent. Les Commissaires indignés ordonnèrent qu'aucun mandat d'arrêt ne serait mis à exécution avant qu'ils eussent eux-mêmes examiné les pièces.

Charles Nodier, tout enfant alors, faillit être victime des mesures exagérées prises au nom de la *Propagande*. Un mandat d'arrêt ayant été lancé contre lui, il alla bra-

---

(1) Voyez le *Recueil des pièces authentiques pour servir à l'histoire de la Révolution à Strasbourg*, t. I, p. 156.

vement trouver Saint-Just. Mais laissons-le raconter son entrevue avec l'illustre commissaire de la Convention, en avertissant toutefois le lecteur que nous lui faisons grâce de la mise en scène fantastique et toute d'imagination dont le bon Nodier a cru devoir l'orner en forme de préface.

« Saint-Just s'informa du motif de mon arrestation, que je ne connaissais pas plus que lui, puis de mon nom, de mon pays, de mon âge. A ma dernière réponse, il s'élança brusquement vers moi, me saisit par le bras, et m'entraîna près des lumières, à la place où il était un moment auparavant. « Cela est vrai, dit-il, onze ou douze ans au plus. Il a l'air d'une petite fille. Tes parents sont-ils émigrés ? — Non, citoyen, répondis-je, ils s'en gardent bien. Mon père préside un tribunal, et mon oncle commande un bataillon. » L'irritation de Saint-Just se manifestait par des progrès visibles, mais je savais déjà que les résultats ne m'en seraient pas défavorables. Mon mandat d'arrêt ne contenait rien qui me fût particulier... Je me rassurai tout à fait. « Un mandat d'arrêt contre un enfant ! s'écria Saint-Just en froissant violemment le papier ; un mandat d'arrêt parce qu'il est Franc-Comtois, et que le hasard le fait loger dans une auberge où la Propagande a signalé quelques voyageurs suspects ! Et c'est ainsi que les misérables se flattent de faire adorer la Montagne ! Oh ! je ferai bientôt justice de ces attentats, qui mettent tous les jours en péril nos plus précieuses libertés !... Va-t'en, » continua Saint-Just en m'adressant la parole d'un ton qu'il cherchait à adoucir. Je ne demandais pas mieux. « Que fais-tu à Strasbourg ? reprit-il en me rappelant de la porte dont j'hésitai un moment à franchir le seuil à la course. — J'étudie, citoyen. J'y suis venu, il y a quelques mois, dans l'intention d'y apprendre le grec. — Le grec!... quel est donc le savant qui se mêle à Strasbourg de donner des leçons de grec? — Euloge Schneider, citoyen, l'élégant traducteur d'Anacréon, un des premiers hellénistes de l'Allemagne. — Le capucin de Cologne! s'écria Saint-Just. Euloge Schneider anacréontique! Va, va, continua-t-il avec un sourire d'ironie et d'amertume, va apprendre le grec d'Euloge Schneider. Si je croyais que tu dusses en apprendre autre chose, je te ferais étouffer (1). »

Il est plus que probable, quoi qu'en ait raconté Charles Nodier, qu'Euloge Schneider ne songeait guère, à cette époque, à donner des leçons de grec. Arrêtons-nous un moment sur ce sombre et étrange personnage, dont la chute fut un hommage rendu par Saint-Just et le Bas à la justice et à la raison. Il était né sujet de l'empereur, avait été prêtre à Cologne, puis grand vicaire de l'évêque constitutionnel de Strasbourg. Très-savant helléniste, il avait traduit et commenté Anacréon, dont les molles chansons s'accordent peu avec l'austérité de l'Église. Aussi se laissa-t-il complaisamment entraîner au torrent révolutionnaire, et s'il sacrifia aux idées nouvelles, ce fut surtout, je pense, pour jeter aux orties un froc qui lui était devenu pesant, et pour satisfaire une soif de voluptés d'autant plus impatiente qu'elle avait été plus longtemps comprimée.

Nommé, en 1792, accusateur public près le tribunal criminel du département du Bas-Rhin, Schneider avait été désigné par les représentants Ehrmann, Mallarmé, J.-B. Lacoste, Borie, Guyardin, Richaud, Nion, J.-B. Milhaud et Ruamps pour remplir les fonctions de commis-

(1) *Souvenirs de la Révolution et de l'Empire*, par Charles Nodier, éd. Charpentier, t. I, p. 58 et suiv.

saire civil près l'armée révolutionnaire, dont l'organisation avait été décrétée par eux le 23 vendémiaire (1). L'arrêté des représentants, tout en mettant à sa disposition l'armée révolutionnaire, lui donna, en outre, le droit de requérir toute la force militaire dont il aurait besoin, suivant les circonstances. Si cet homme eût été guidé par la conscience de la patrie, il aurait pu, armé d'une aussi immense autorité, servir utilement et faire aimer la République, mais le cœur de la France ne battait pas en lui ; il frappa indistinctement les ennemis et les amis de la Révolution, sacrifia tous les citoyens, et, n'obéissant qu'à ces instincts de débauche et de férocité si fréquents chez les gens échappés de l'Église, il commit un monstrueux abus des mesures révolutionnaires jugées indispensables pour le salut public.

Escorté d'une foule d'étrangers, la plupart prêtres ou ci-devant prêtres, qu'il avait appelés, et dont il se faisait suivre comme d'une meute fidèle, il parcourait en prince toutes les communes du département, traînant à la remorque son tribunal et sa guillotine, car ce ne fut pas à Strasbourg qu'il exerça sa dictature et que son tribunal rendit ses sanglants arrêts. Il levait arbitrairement des taxes dont il avait soin de garder la plus grande partie, et se ménageait ainsi d'énormes richesses. On dit même qu'il prélevait, au profit de sa luxure, un odieux impôt sur les femmes assez malheureuses pour avoir excité ses désirs (2). Un jour, on célébrait à Barr des fêtes en l'hon-

---

(1) *Recueil des actes authentiques*, t. I, p. 5, *in fine*. M. de Barante, qui n'y regarde pas de si près, déclare que Schneider fut institué par Saint-Just. Voyez l'*Histoire de la Convention*, t. III, p. 301.

(2) Voyez le résumé des interrogatoires subis par les complices de Schneider, dans le *Recueil des pièces authentiques pour servir à l'histoire de la Révolution à Strasbourg*, t. I, p. 6, *in fine*.

neur de la Raison ; Schneider et sa bande y assistaient. Un prêtre de sa suite, nommé Funk, profita de l'occasion pour renoncer publiquement à la prêtrise. Euloge Schneider se mit alors en frais d'éloquence, parla au peuple assemblé des vertus de son ami, s'étonna de ne point voir les citoyennes de Barr accourir en foule s'offrir pour épouses au citoyen Funk, et invita celle d'entre elles que celui-ci choisirait à ne pas lui refuser sa main. Le soir même, Funk présenta à la société populaire une jeune fille qu'il avait honorée de son choix, et qui consentait à devenir sa femme. Schneider, pour doter les fiancés, pauvres l'un et l'autre, leva un impôt forcé déguisé en don patriotique offert comme présent de noces par les communes du canton de Barr (1).

Il eut lui-même la fantaisie de se marier ; voici comment se conclut son mariage : la chose vaut la peine d'être racontée. Il y a deux versions entre lesquelles il me paraît assez difficile de se prononcer. Pour être juste, nous les donnerons l'une et l'autre. D'après la narration de l'ex-prêtre Charles Taffin, un des juges au tribunal de Schneider, celui-ci se serait épris de belle passion pour la fille d'un riche particulier, nommé Stamm, et aurait écrit aux parents et à la jeune fille les deux lettres suivantes :

« Concitoyens,

» Permettez que votre fille lise les deux mots que je lui adresse ci-joints ; et, si vous consentez à notre mariage, je vous promets, foi de républicain, de la rendre heureuse.

(1) *Recueil des pièces authentiques*, t II, p. 222.

« Intéressante citoyenne,

» Je t'aime, je te demande à tes vertueux parents; si tu me donnes la main, je ferai ton bonheur (1). »

Suivant l'autre version, beaucoup moins favorable à Schneider, version adoptée par Nodier, qui l'a dramatisée à sa façon, ce Stamm était un aristocrate en jugement dont la fille était venue implorer la clémence de Schneider. L'ex-capucin, touché des larmes de la suppliante et de sa grande beauté, aurait signé la mise en liberté de l'accusé; mais, le lendemain, il serait allé lui demander la main de sa fille, et, comme pour lui montrer ce qui lui était réservé en cas de refus, il se serait approché de la fenêtre donnant sur la place de Brumpt, l'aurait ouverte et aurait fait voir au père la guillotine, décorée de panaches, de nœuds et de rubans. La jeune fille, effrayée à ce spectacle, se serait jetée aux pieds de son père et l'aurait supplié de lui accorder pour époux l'homme généreux auquel il devait la vie. Ce fait a été attribué à Schneider par la rumeur publique, mais j'avoue que j'ai toutes les peines du monde à croire à une pareille infamie, qui ne me paraît pas suffisamment démontrée. On ajoute même qu'une fois mariée, la fille de Stamm alla trouver Saint-Just, lui demanda justice de l'horrible abus de pouvoir auquel elle devait d'être la femme de Schneider, et contribua ainsi à la chute de son mari.

Quoi qu'il en soit, ce qu'il est impossible de nier, ce sont les folies de ce misérable, qui semblait, en vérité, payé pour perdre la République par la République, en la dépopularisant, en bouleversant toutes choses, en

---

(1) *Recueil des pièces authentiques*, t. II, p. 165.

persécutant tout le monde et en dépeuplant la campagne, dont les habitants s'enfuyaient, au bruit de sa terrible renommée. Les plaintes des populations épouvantées avaient déjà retenti plusieurs fois aux oreilles des représentants Baudot et Lacoste. Ceux-ci avaient promis de suspendre Schneider et de le mettre en état d'arrestation à vingt lieues des frontières (1); mais l'ex-prêtre était entouré d'un parti puissant qu'il semblait dangereux de mécontenter, et l'on hésitait à le frapper.

Cela se passait à peu près au moment où Saint-Just et le Bas rentraient inopinément à Strasbourg.

Émus des réclamations universelles qui leur furent adressées, et partageant l'indignation générale, les envoyés extraordinaires de la Convention résolurent de faire une justice exemplaire de cet homme jouant au Caligula. Le lendemain de leur arrivée, l'occasion s'offrit d'elle-même. Ce jour-là, Schneider revenait d'une tournée triomphale, et, sans le moindre souci de l'égalité républicaine, il était entré à Strasbourg dans un carrosse de parade, attelé de six chevaux magnifiques; vingt-cinq cavaliers l'escortaient, le sabre nu à la main. La mesure était comble. Saint-Just et le Bas rendirent, le soir même, l'arrêté suivant :

« Les représentants du peuple envoyés extraordinairement aux armées du Rhin et de la Moselle, informés que Schneider, accusateur près le tribunal révolutionnaire, ci-devant prêtre et né sujet de l'empereur, s'est présenté aujourd'hui dans Strasbourg avec un faste insolent, traîné par six chevaux et environné de gardes, le sabre nu :

---

(1) *Recueil des pièces authentiques*, t. I, p. 94.

» Arrêtent que ledit Schneider sera exposé demain, depuis dix heures du matin jusqu'à deux heures de l'après-midi, sur l'échafaud de la guillotine, à la vue du peuple, pour expier l'insulte faite aux mœurs de la République naissante, et sera ensuite conduit, de brigade en brigade, au Comité de Salut public de la Convention nationale.

» Le commandant de la place est chargé de l'exécution du présent arrêté, et en rendra compte demain, à trois heures après midi.

» A Strasbourg, vingt-quatrième frimaire, l'an deuxième de la République française une et indivisible. »

Le lendemain, en effet, Euloge Schneider, qui avait été arrêté dans la nuit, subit le supplice de l'exposition sur l'échafaud de la guillotine, aux applaudissements de la multitude. Conduit ensuite à Paris, il fut livré au tribunal révolutionnaire, et condamné à mort le 11 germinal an II. Sa chute causa à Strasbourg une satisfaction presque unanime ; on s'y sentit délivré comme d'une calamité publique. Sauf quelques-uns de ses dévoués acolytes, qui s'en allaient partout répandant des imprécations contre les représentants du peuple, et criant qu'il fallait brûler la moustache aux dictateurs (1), les enragés tremblèrent et se turent ; et les bénédictions des populations montèrent vers Saint-Just et le Bas, qui venaient de venger ainsi la morale et la République outragées.

Plus de trente ans après cet événement, sous la Res-

---

(1) Pour l'explication de cette menace, il faut dire que, dans cette mission, Saint-Just et le Bas avaient laissé croître leurs moustaches, auxquelles ils renoncèrent bientôt, sur le désir d'Henriette et de madame le Bas.

tauration, le général Donzelot, ancien commandant des Iles Ioniennes, fit un jour prier M. Philippe le Bas (de l'Institut) de vouloir bien le venir voir à sa campagne. M. le Bas se rendit avec empressement à cette invitation. « Monsieur, lui dit le vieux général après l'avoir remercié de sa visite, j'étais à Strasbourg, tout jeune officier encore, lors de la mission de votre père et de Saint-Just ; je les ai beaucoup connus l'un et l'autre, et je tenais à vous témoigner en quelle estime je les ai toujours tenus. Jamais je n'oublierai les services qu'ils ont rendus, ni le supplice si justement infligé par eux à l'ex-prêtre Euloge Schneider. Il me semble encore, ajouta-t-il, voir ce dernier sur l'échafaud où il fut donné en spectacle au peuple, et l'écriteau mis au-dessus de sa tête, avec cette inscription : Pour avoir déshonoré la Révolution. » C'est ainsi que dans la mémoire des gens de cœur et de bonne foi se conserve intact et pur le souvenir des hommes qui se sont dévoués à la patrie.

Tels sont cependant l'injustice et l'aveuglement des partis, qu'un an après la chute de Schneider, Saint-Just et le Bas, qui n'étaient plus là pour se défendre, furent accusés, en pleine Convention, d'avoir occasionné la fuite de plus de dix mille habitants du Haut et du Bas-Rhin. Il était bien facile de mettre à néant cette inique accusation. En effet, lorsque, grâce aux énergiques mesures des commissaires, l'armée française eut repris le dessus, les émigrés, les nobles et leurs partisans, qui étaient rentrés à la suite des Autrichiens et des Prussiens et qui partout avaient essayé de restaurer l'ancien régime, se sauvèrent pour échapper à de justes châtiments, rien de plus simple. Dans les campagnes, il est vrai, un certain nombre d'habitants inoffensifs, des laboureurs et gens de métier s'enfuirent devant les fureurs de Schneider, mais la punition de ce dernier restera comme un des titres d'honneur de Saint-Just et de le Bas; et si plus tard, dans une séance du conseil des Cinq-Cents, le député Bontoux avait eu un peu plus de bonne foi, il n'aurait pas présenté ceux-ci comme les complices du premier et ne se fût pas flétri par un mensonge (1). Ah! combien plus équitable et plus vrai était le maire Monet, dans son discours prononcé le 21 floréal an II, devant la société populaire de Strasbourg, lorsque après avoir dépeint l'inimitié qui avait existé entre le parti alsacien, à la tête duquel marchait Schneider, et le parti national dévoué à Saint-Just et à le Bas, il s'écriait :

« Habitants du Bas-Rhin, quelle a été parmi vous la conduite des Français? Elle a été celle de héros généreux, de soldats magnanimes sur tout le territoire qu'ils ont successivement occupé et parcouru ; ils ont régénéré vos idées, vous ont enflammés de la passion des grands cœurs, de l'enthousiasme de la vertu ; ils vous ont créé une patrie... Ah! déposez ces préventions cruelles qui paralysent nos forces et nos cœurs en rendant des frères étrangers à leurs frères ; tendez en signe d'amitié la main à tous les habitants de la République ; ne léguez point d'or à vos enfants, mais laissez-leur en partage la loyauté, le courage, la candeur, le désintéressement, la générosité, l'amour du travail et de la patrie ; qu'ils fassent oublier par leurs vertus sociales les vices et les préjugés de leurs pères (2). »

On voit, par l'exemple de Schneider, que Saint-Just ne

---

(1) Voyez *le Moniteur* du 25 prairial an V, n° 265.
(2) *Recueil des pièces authentiques*, t. III, p. 101 et 102.

craignait pas de frapper des hommes environnés d'une grande puissance quand leur conduite lui paraissait coupable et funeste à la République. Il ne pardonnait pas aux employés du gouvernement qui abusaient de leur pouvoir, et les lignes suivantes, tracées par lui à la suite d'une lettre que le Bas écrivait à Robespierre, le 24 frimaire, sont une nouvelle preuve de son opinion à cet égard :

« On fait trop de lois, trop peu d'exemples : vous ne punissez que les crimes saillants, les crimes hypocrites sont impunis. Faites punir un abus léger dans chaque partie, c'est le moyen d'effrayer les méchants et de leur faire voir que le gouvernement a l'œil à tout. A peine tourne-t-on le dos, l'aristocratie se monte sur le ton du jour, et fait le mal sous les couleurs de la liberté.

» Engage le Comité à donner beaucoup d'éclat à la punition de toutes les fautes du gouvernement. Vous n'aurez pas agi ainsi un mois, que vous aurez éclairé ce dédale dans lequel la contre-révolution et la Révolution marchent pêle-mêle. Appelle, mon ami, l'attention de la Société sur des maximes fortes de bien public ; qu'elle s'occupe des grands moyens de gouverner un État libre.

» Je t'invite à faire prendre des mesures pour savoir si toutes les manufactures et fabriques de France sont en activité, et à les favoriser, car nos troupes, dans un an, se trouveraient sans habits ; les fabricants ne sont pas patriotes, ils ne veulent point travailler, il les y faut contraindre, et ne laisser tomber aucun établissement utile.

» Nous ferons ici de notre mieux. Je t'embrasse, toi et nos amis communs. »

Saint-Just et le Bas n'entendaient point que la chute de Schneider tournât au profit de la contre-révolution qui s'insinuait partout ; aussi prirent-ils des mesures en conséquence. Dès le lendemain, ils demandèrent au comité de surveillance de Strasbourg une liste de huit patriotes pour compléter le nombre des administrateurs du Bas-Rhin. Ils l'invitèrent, en même temps, à désigner un de ses membres pour remplir les fonctions d'accusateur public près le tribunal révolutionnaire, en remplacement de Schneider. Ce tribunal fut entièrement renouvelé ; composé cette fois d'hommes intègres, il jugea les accusés avec une telle modération, relativement à ce qui se passait dans les autres départements, que les auteurs anonymes d'un libelle plein de réticence et de mauvaise foi, adressé, quelques jours après le 9 thermidor à la Convention nationale, sous le titre pompeux d'*Appel de la commune de Strasbourg à la Convention et à la République*, n'ont pu citer de ce nouveau tribunal, dans leur œuvre réactionnaire, aucune condamnation à mort, malgré leur bonne volonté de charger la mémoire de Saint-Just et de le Bas qu'ils appellent, à tout propos, « brigands et tyrans (1). » En revanche, ils ne manquent pas de qualifier d'immortelle la journée du 9 thermidor ; et, comme le représentant J.-B. Lacoste, auteur d'arrêtés bien autrement révolutionnaires et non moins nécessaires peut-être que ceux de Saint-Just et de le Bas, était un des vainqueurs de la *glorieuse* journée, ils se gardent

---

(1) Voyez cet appel en tête du *Recueil des pièces authentiques*. Comme on le pense bien, c'est dans ce libelle que MM. Éd. Fleury et de Barante ont puisé leurs impartiales appréciations sur la mission de Saint-Just et de le Bas. M. de Barante procède surtout avec un sans-façon de gentilhomme qui ferait rire s'il ne faisait pitié. D'un académicien, on était peut-être en droit d'attendre quelque chose de plus sérieux.

bien de le nommer, les braves et honnêtes gens! non, ils attribuent tout à Saint-Just et à le Bas, procédé assurément très-commode et peu dangereux :

Ceux qui sont morts sont morts et ne sont plus à craindre.

Quant au bien produit, quant à l'ennemi vaincu, quant à la contre-révolution étouffée, qu'importe à la réaction qui triomphe! Sans doute, des mesures d'une excessive sévérité furent prises, mais l'inexorable nécessité était là, qui les commandait. Une des plus rigoureuses fut certainement l'arrêté de Saint-Just et de le Bas contre les agioteurs et ceux qui vendaient à un taux défendu par les lois de la Convention. Les commissaires étaient à Saverne ; c'était le 3 nivôse : on vint leur dire que l'exécution des lois sur le maximum rencontrait d'insurmontables difficultés, par suite de la mauvaise volonté des propriétaires et des marchands, et que les agioteurs faisaient monter toutes choses à un prix intolérable ; ils rendirent alors l'arrêté suivant :

« Il est ordonné au tribunal du Bas-Rhin de faire raser la maison de quiconque sera convaincu d'agiotage ou d'avoir vendu à un prix au-dessus du maximum. »

On ne doit pas oublier que le but des commissaires était surtout d'effrayer par là les misérables spéculant sur la misère publique et pour lesquels la faim du peuple était un instrument de fortune. Saint-Just, on se le rappelle, avait été le constant adversaire des mesures restrictives en matière de commerce; mais la Convention ayant jugé indispensable et d'une absolue nécessité l'établissement du maximum (et il est certain que cette illustre Assemblée a eu d'excellentes raisons pour en décider ainsi), les commissaires ne pouvaient qu'ordonner la stricte exécution de la loi. Une seule fois, du reste, l'arrêté de Saint-Just et de le Bas fut appliqué par le tribunal révolutionnaire, pour l'exemple, et, à coup sûr, celui qui fut condamné n'était pas innocent (1). Quand vint la réaction, on ne manqua pas de jeter ce jugement à la tête de Saint-Just et de le Bas ; dans la séance du 16 ventôse an III, un membre de la Convention proposa l'annulation de leur arrêté, et ce membre, c'était, qui le croirait? André Dumont, le sauvage proconsul de la Somme, le futur sous-préfet impérial. Il est vrai qu'il avait tant à faire oublier!

Pour compléter le récit de cette mission dans le Bas-Rhin, il nous reste à raconter la délivrance de Landau, qui en fut le glorieux couronnement.

Dans le chapitre précédent, nous nous sommes arrêté, pour les opérations militaires, à la belle affaire de Bitche. On sait quelle était la confiance du Comité de Salut public en Saint-Just, pour tout ce qui concernait le mouvement des armées, confiance si largement justifiée.

« Nous voyons, cher collègue, avec beaucoup de satisfaction, lui écrivait Carnot qui s'y connaissait, les mesures de sagesse et de vigueur que vous prenez pour mettre l'armée du Rhin en état de repousser l'ennemi... Nous comptons sur votre grande énergie et nous vous seconderons de toutes nos forces. »

Le plan de Saint-Just était d'opérer la jonction de

---

(1) Voyez, dans le *Recueil des pièces authentiques*, le texte du jugement cité en entier, t. I, p. 52, *in fine*.

l'armée du Rhin, commandée par Pichegru, avec celle de la Moselle, sous les ordres du jeune et brillant général Hoche, pour ensuite agir de concert, fondre sur les Prussiens et les Autrichiens réunis, et finir la campagne par un coup de tonnerre.

Les troupes françaises étaient loin de présenter l'effectif que leur supposaient les membres du Comité de Salut public. Cet effectif était bien de cent mille hommes sur le papier, mais cent mille hommes répartis entre Huningue et Landau, et presque tous les corps étaient incomplets. Mais ce qui valait des milliers de soldats, c'était l'enthousiasme et l'énergie communiqués à l'armée par les commissaires de la Convention, c'était la terreur imprimée aux traîtres, c'était la confiance et la discipline rétablies, c'était le désintéressement des troupes républicaines, sans cesse prêché par Saint-Just. Pichegru avait ordonné qu'une gratification de douze cents francs fût distribuée aux soldats du premier bataillon de l'Indre, qui s'était distingué dans l'attaque du village de Dawendorff, occupé par les Autrichiens; ces braves soldats, prétendant qu'ils n'avaient fait que leur devoir, refusèrent la gratification, la renvoyèrent en y ajoutant une somme de six cent quarante-deux francs pour laquelle ils s'étaient cotisés, et prièrent leur général de distribuer cet argent aux veuves et aux enfants de leurs compagnons d'armes morts en combattant pour la République. A cette même affaire, un chasseur du 8e régiment, nommé Fatou, fond sur un cavalier autrichien, le sabre, et s'empare de son cheval qu'il remet à un officier démonté. Amené devant Pichegru, qui le complimenta et voulut, au nom de la nation, lui faire accepter une forte somme d'argent comme récompense, ce brave homme refusa énergiquement toute indemnité pécuniaire. Retenez; retenez cet aveu tiré d'un livre dont les auteurs ne sont pas suspects de partialité en faveur des hommes de la Révolution. « On ne peut se refuser à voir dans ces deux faits authentiques, l'esprit de loyauté et de générosité qui animait, à cette époque, le plus grand nombre des soldats français (1). » Avec de tels soldats, on pouvait compter sur de prochaines et décisives victoires.

Nous ne croyons pas qu'il soit fort intéressant pour le lecteur de l'initier aux petites jalousies dont Saint-Just et le Bas furent l'objet à cause de leurs pouvoirs, supérieurs à ceux des simples commissaires de la Convention; nous en dirons cependant un mot, et cela surtout pour répondre à certains écrivains qui ont prétendu que Saint-Just a été l'ennemi et le persécuteur de Hoche : double mensonge, double calomnie. J.-B. Lacoste et Baudot s'étaient plaints, à diverses reprises, de la différence existant entre leurs pouvoirs et ceux de Saint-Just et de le Bas qui, comme membres des Comités de Salut public et de Sûreté générale, avaient le titre d'*envoyés extraordinaires*. Ils demandèrent même leur rappel, tant la suprématie de leurs jeunes collègues leur était insupportable. Lacoste, qui, en thermidor, se souviendra de son amour-propre froissé, écrivait amèrement au Comité de Salut public : « Croiriez-vous que tous les généraux ont dédaigné de nous faire part de leurs opérations pour en instruire Saint-Just et le Bas, qui étaient à six lieues du champ de bataille? Voilà les effets de la différence des pouvoirs... » Hoche n'était donc pas, comme on l'a dit, la créature de Lacoste. Au reste, le Comité de Salut public donna tort à Lacoste, en ne répondant pas à sa

---

(1) *Victoires et conquêtes des Français*, éd. Panckoucke, 1817, t. II, p. 151.

réclamation. Quant à Saint-Just et à le Bas, une seule chose les occupait, la délivrance de Landau.

Après l'affaire de Bitche et l'échec des Prussiens à Bliescastel et à Deux-Ponts, Hoche avait résolu de frapper un coup décisif afin de chasser l'ennemi qui bordait encore nos frontières. Pour arriver à Landau, étroitement bloqué par les coalisés, il fallait franchir la Sarre, suivre la crête des montagnes des Vosges et débusquer l'ennemi des hauteurs de Kaiserslautern. En conséquence, le 8 frimaire, Hoche divisa son armée en trois grandes colonnes, et les lança contre l'armée austro-prussienne, échelonnée en avant de Kaiserslautern. Le plan de Hoche avait été parfaitement combiné ; cependant le succès n'y répondit pas. L'armée française, après avoir emporté quelques postes, finit par être repoussée vers le soir, et l'attaque recommencée avec acharnement le lendemain ne réussit pas mieux. L'ennemi occupait des positions formidables ; il avait hérissé de canons les redoutes de Galgen et de Kaiserslautern, et son artillerie nous causa de grosses pertes. Les troupes exaspérées voulaient tenter une troisième attaque, mais Hoche, ayant appris que les Prussiens avaient reçu des renforts considérables et ne voulant pas risquer inutilement un sang précieux, fit opérer la retraite qui eut lieu, du reste, dans un ordre admirable.

A propos de cet échec du général Hoche, on n'a pas manqué d'accuser Saint-Just et le Bas de s'être emportés en reproches et en menaces contre lui ; nous ne parlons pas seulement des réactionnaires farouches. Un écrivain d'un rare talent (1), qui a pris le cri de ses passions pour

(1) M. Lanfrey. Voyez son *Essai sur la Révolution*. M. Lanfrey, que la démocratie a pu un moment espérer de compter dans ses rangs, est de l'école de ces profonds politiques qui réclament, avant tout, la liberté... pour

celui de la vérité, et qui ne semble pas avoir très-bien étudié ni compris les difficultés avec lesquelles les représentants en mission se sont trouvés aux prises, n'a pas craint d'avancer que les commissaires avaient fait emprisonner Hoche pour protéger Pichegru ; nous démontrerons plus tard la fausseté de cette accusation. Quant à présent, pour réduire à néant d'odieuses et ridicules déclamations, nous sommes heureux de pouvoir citer ici une lettre à peine connue, adressée de Bitche, le 12 frimaire, par Saint-Just et le Bas à l'illustre vaincu de Kaiserslautern, lettre digne et noble, qui honore à la fois et ceux qui l'ont écrite et celui qui l'a reçue :

« Tu as pris à Kaiserslautern un nouvel engagement : au lieu d'une victoire, il en faut deux. L'ennemi, à ce qu'il paraît, s'était retranché jusqu'aux dents ; rends-lui la pareille à Rentel, Sausse-Kil et Auwteiller, sur les hauteurs desquels il faut pratiquer des redoutes et des batteries. Tu as pris de sages mesures en faisant retrancher toutes les gorges de Birmesens ; nous y avons envoyé des hommes intelligents pour hâter les travaux, donner de nouveaux ordres pour rendre le pays impraticable. Ces ouvrages contribueront beaucoup à favoriser les efforts qui seront dirigés contre Wissembourg et Landau. Ne t'arrête point aux difficultés d'établir les batteries ; il n'est point de fardeaux que ne soulève l'audace d'un homme réfléchi.

» Nous ne pouvons te voir demain ; nous reviendrons bientôt ; nous te conseillons, si l'ennemi s'avance contre Deux-Ponts, de l'y attendre, mais de l'attaquer toujours

eux. Quant aux grands hommes qui ont pensé que les améliorations sociales devaient marcher de pair avec les améliorations politiques, ce sont des forcenés à ses yeux. Nous reviendrons sur ce sujet.

sans souffrir qu'il te prévienne; c'est le moyen d'entretenir le courage et l'espérance parmi les soldats. Tu as tout à craindre si l'on t'attaque. Mets le plus grand concert entre tes mouvements et ceux de toute la division de la droite jusqu'à Brumpt. Il faut que toute la ligne frappe à la fois et sans cesse, sans que l'ennemi ait un moment de relâche. Il faut que tous ceux qui commandent les mouvements combinés de ces armées soient amis. Mets la plus grande rapidité dans la marche sur Landau; le Français ne peut s'arrêter un moment sans s'abattre. Fais faire des mouvements continuels à ton armée de la Moselle, pour occuper l'ennemi et l'empêcher d'envoyer des renforts aux troupes qui cernent Landau.

» Adieu :

» SAINT-JUST, LE BAS. »

Hoche, qui était cependant un assez grand homme de guerre pour n'avoir pas besoin de conseils, dirigea sa conduite d'après les instructions contenues dans cette lettre. Après quelques combats peu importants, il opéra la jonction de son armée, renforcée par dix mille hommes de l'armée des Ardennes, avec celle de Pichegru, qui venait de chasser les Autrichiens du village de Dawendorff. Une fois les deux armées réunies, il devenait nécessaire de les mettre sous les ordres d'un seul général, afin d'éviter toute scission dans le commandement. Pichegru, plus âgé que Hoche et à qui l'on pouvait croire plus d'expérience, avait donné assez de preuves de patriotisme, de bravoure et de talents militaires pour inspirer pleine confiance à Saint-Just et à le Bas, qui résolurent de le nommer général en chef. Hoche lui-même leur écrivait, le 4 nivôse :

« Citoyens, au nom de la République et de ses plus chers intérêts, détruisez la jalousie. Je vous supplie de donner à Pichegru, par un acte authentique, le commandement en chef des deux armées (1). »

Mais, tandis qu'ils se trouvaient à Strasbourg, ils furent prévenus par J.-B. Lacoste et Baudot qu'ils n'avaient pas informés de leur intention. Ceux-ci, qui, dans un récent combat, avaient eux-mêmes tiré le canon et avaient été témoins du sang-froid et de la valeur de Hoche, s'étaient empressés de l'investir du commandement supérieur. Saint-Just et le Bas, en arrivant à Haguenau, apprirent, de la bouche même de Pichegru, la décision de Baudot et de Lacoste, et comme ils se seraient bien gardés de sacrifier l'intérêt général à une question d'amour-propre, ils la ratifièrent par cet arrêté :

« Le général Hoche poursuivra les opérations militaires jusqu'à nouvel ordre du Comité de Salut public. »

Seulement, en cette circonstance, ils crurent devoir expliquer leur conduite au Comité par la lettre suivante, qui prouve, une fois de plus, combien le salut de la République dominait en eux toute autre préoccupation :

« *Les représentants en mission extraordinaire Saint-Just et le Bas à leurs collègues.*

« Haguenau, le 5 nivôse, à minuit.

» Conformément à vos intentions, nous prîmes, à notre arrivée, un arrêté qui prescrivait aux deux généraux en

---

(1) *Vie du général Hoche*, par Rousselin.

chef de la Moselle et du Rhin de concerter sans délai leur plan pour débloquer Landau; nous donnâmes à Pichegru le commandement du rassemblement. Les deux généraux conférèrent, en effet, et le lendemain la première attaque eut lieu. Le rassemblement fut victorieux. Nous espérions beaucoup de bien de l'accord qui semblait régner entre les généraux. Hoche était ardent et jeune; Pichegru, plus mûr, plus expérimenté; ses premiers ordres nous avaient valu un succès décisif. Hier, nous arrivons à Haguenau. Pichegru nous fait part d'un arrêté de Lacoste et Baudot qui donne le commandement en chef des deux armées de la Moselle et du Rhin à Hoche, qui l'a accepté.

» Pichegru nous communiqua les ordres en conséquence de Hoche. La circonstance était délicate; il a fallu, dans cet instant, ne se ressouvenir que de la patrie, apaiser l'amertume, ôter le découragement et prévenir les suites des passions qui s'élèvent en pareil cas. Nous agirons prudemment; nous partons de suite pour voir Hoche. Pourquoi, lorsque vous envoyez de vos membres pour surveiller l'exécution de vos plans, pourquoi, quand vous et nous sommes responsables, abandonnez-vous la patrie à l'exercice imprudent et léger du pouvoir? Vous n'ignorez pas que ceux qui ont détruit notre arrêté ignorent vos vues. Comptez sur nos cœurs; ils sont incapables de compromettre par une faiblesse l'intérêt public. Vous savez ce que vous avez à faire.

» Nous espérons que tout ira bien. Rendez justice à Pichegru, il a envoyé quinze mille hommes de son armée à Hoche; il lui a fallu avec le reste réparer les trahisons de Wissembourg. Il a fait une diversion vigoureuse, pendant que Hoche agissait avec le premier rassemblement. Faites connaître au plus tôt l'intention du

Comité ; nous ferons tout ce qui nous sera possible pour accorder toutes les passions ; il est impossible que ce coup ne vienne pas d'une intrigue pour diviser et décourager des armées triomphantes. Souvenez-vous de presser les fournitures. »

Rappelons ici les belles paroles que Pichegru, si honnête alors, répondit à Saint-Just et à le Bas, au moment où ceux-ci lui témoignaient la crainte qu'il ne fût blessé d'être subordonné à un général plus jeune que lui et qu'il avait eu sous ses ordres : « Je n'ai qu'un chagrin, c'est que vous pensiez que cet événement puisse influer sur mon zèle à servir la République (1). »

Tant d'efforts et de dévouement ne tardèrent pas à être couronnés des plus immenses résultats. La nouvelle de la prise de Toulon, annoncée par les commissaires de la Convention, avait communiqué aux troupes une indicible ardeur. Le 6 nivôse, au matin, les deux armées de la Moselle et du Rhin, ayant au milieu d'elles les représentants Saint-Just, le Bas, Lacoste, Baudot et Dentzel, s'ébranlèrent aux cris mille fois répétés de *Landau ou la mort !* et commencèrent une furieuse attaque contre les lignes ennemies. Au retentissement des clairons et des tambours battant la charge, au bruit du canon et de la mousqueterie, se mêlaient, dominant la foudre, les accents de cette immortelle *Marseillaise*, ce chant éternel de la patrie en danger, qui, dans ces parages où elle retentissait si solennellement alors, s'était un jour échappée, comme un cri sublime, de la poitrine de Rouget de Lisle. Les commissaires de la Convention, le sabre à la main, donnaient à tous l'exemple de l'in-

---

(1) *Moniteur* du 18 pluviôse an II, n° 158.

trépidité et du sang-froid. « Saint-Just, disait son collègue Baudot à son retour des armées, ceint de l'écharpe du représentant et le chapeau ombragé du panache tricolore, charge à la tête des escadrons républicains, et se jette dans la mêlée, au milieu de la mitraille et de l'arme blanche, avec l'insouciance et la fougue d'un jeune hussard (1). » Le succès ne pouvait être longtemps incertain, et le soir même, la victoire de Geisberg rendait les lignes de Wissembourg à la France. Condé et ses émigrés n'échappèrent que grâce à l'immobilité du général commandant la cavalerie, Donnadieu, qui, ayant reçu l'ordre de charger, ne bougea pas. Arrêté sur-le-champ pour ce fait, il fut livré au tribunal révolutionnaire et condamné à mort (2).

Le lendemain, tandis que les Français entraient au pas de charge à Wissembourg, une division de l'armée du Rhin, commandée par Desaix, s'emparait de Lauterbourg, et une autre colonne pénétrait à Kaiserslautern, où l'ennemi abandonna des magasins considérables. Les Prussiens et les Autrichiens fuyaient dans toutes les

---

(1) *Histoire des Girondins*, par M. de Lamartine, t. VII, p. 341.

(2) M. de Barante, qui, sous le titre d'*Histoire de la Convention*, a offert au public un livre plein d'erreurs passionnées, n'a pas eu le temps, il paraît, de vérifier ses assertions. Il confond le général Donnadieu, exécuté le 9 prairial an II, avec le capitaine de dragons Donnadieu, qui fut chargé par Saint-Just d'annoncer une victoire à la Convention et de lui présenter un drapeau pris sur les Prussiens. S'il avait ouvert *le Moniteur* du 9 thermidor an IV, il y aurait vu l'éloge de ce même Donnadieu par le général Moreau; et, s'il avait poussé plus loin ses investigations, il aurait découvert que l'ancien capitaine des dragons de la République, devenu lieutenant-général sous la Restauration, se fit, comme nous l'avons dit, remarquer à la chambre des députés par son ardent royalisme : en raison de quoi il lui eût certainement pardonné d'avoir été jadis l'admirateur et l'ami de Saint-Just.

directions ; Landau était délivré. Le 8 nivôse, Pichegru y entra le premier, accompagné de Saint-Just et de le Bas, lesquels, au nom de la Convention, complimentèrent sur leur longue et glorieuse résistance le général Laubadère et les héroïques défenseurs de Landau, qui répondirent simplement : « Nous n'avons fait que notre devoir. » Car tels étaient alors les généreux sentiments des soldats de la République : ils ne voyaient pas dans la guerre un moyen de fortune, le seul amour de la patrie les inspirait, et quand, le soir de ces sanglantes et victorieuses journées, les commissaires de la Convention leur disaient, dans une proclamation d'une stoïque brièveté : « Républicains, vous avez fait votre devoir, » ils étaient satisfaits.

Ce fut dans une des nombreuses affaires auxquelles donna lieu la délivrance de Landau, que Saint-Just se mit à la tête d'une colonne chargée d'enlever une redoute extrêmement forte. « Après l'action, les grenadiers lui dirent : « F....., nous sommes contents de toi, citoyen représentant ; ton plumet n'a pas remué un seul brin, nous avions l'œil sur toi ; tu es un bon b.....; mais avoue qu'il faisait diablement chaud à cette redoute. » Ce martial éloge est consigné dans l'œuvre d'un écrivain royaliste, à qui nous l'empruntons (1).

Hoche et Pichegru ne s'en tinrent pas à la reprise des lignes de Wissembourg, et presque en même temps, Spire, Neustadt, Frankendal et Worms tombèrent au pouvoir des républicains.

L'ennemi balayé du sol français et refoulé au loin sur son territoire ; l'Allemagne entamée ; l'Europe atterrée ; l'ascendant du drapeau tricolore porté au plus haut

---

(1) *Histoire de France*, par l'abbé de Montgaillard, t. IV, p. 100.

degré; des milliers de prisonniers; d'immenses quantités de fourrages, de vivres, de fusils et de munitions de toute espèce, voilà quels furent les résultats de cette admirable campagne, en grande partie organisée par Saint-Just et le Bas. Il serait injuste de ne pas nommer ici Lacoste et Baudot et de les dépouiller de la part de gloire qui leur est due. Eux aussi, ils contribuèrent puissamment à relever le moral des troupes, à préparer la victoire, et, comme les premiers, ils ont droit à d'éternels remercîments.

Qu'importe maintenant que, dans un enthousiasme un peu grossier, un brave et intègre patriote, le citoyen Gatteau, administrateur des subsistances, ait écrit à son ami Daubigny, secrétaire du ministre de la guerre, ces lignes qui n'étaient pas destinées à la publicité et dont on a voulu faire un texte d'accusation contre Saint-Just (1) :

« Il était temps que Saint-Just vînt auprès de cette malheureuse armée, et qu'il portât de vigoureux coups de hache au fanatisme des Alsaciens, à leur insolence, à leur stupidité allemande, à l'égoïsme, à la cupidité, à la perfidie des riches; autrement c'en était fait de ces beaux départements. Il a tout vivifié, ranimé, régénéré, et pour achever cet ouvrage, il nous arrive de tous les coins une colonne d'apôtres révolutionnaires, de solides sans-culottes. Sainte guillotine est dans la plus brillante activité (2), et la bienfaisante terreur produit ici, d'une manière miraculeuse, ce qu'on devait espérer d'un siècle au moins par la raison et la philosophie. Quel maître-b...

(1) Voyez la lettre de Gatteau dans le *Recueil des pièces trouvées chez Robespierre, Saint-Just et autres*, t. II, p. 247.
(2) Allusion au tribunal de Schneider, détruit par Saint-Just.

que ce garçon-là ! La collection de ses arrêtés sera sans contredit un des plus beaux monuments historiques de la Révolution (1). »

Au reste, ceux qui s'appelaient orgueilleusement les *Sans-culottes* n'avaient pas seuls le monopole de ce style brutal dont on chercherait vainement trace dans Saint-Just. Custine, un gentilhomme, n'a-t-il pas écrit, dans une lettre imprimée à Niort, au mois de juillet 1792. « Je me f... de la Montagne, de la Plaine et du Marais ? » Est-ce que, d'ailleurs, Saint-Just peut être responsable des emportements et des fureurs révolutionnaires de ces fanatiques ? Si la guillotine, qui, un jour prochain, nous l'espérons, disparaîtra de notre France, était en permanence sur la place publique de Strasbourg lors de son arrivée, ne fut-ce pas lui qui se contenta d'en faire un épouvantail pour les traîtres et les ennemis, et empêcha qu'elle ne fût ensanglantée ? Ne fut-ce pas lui qui, suivant l'expression de M. Michelet, obtint tous les effets de la terreur, sans avoir besoin de verser le sang (2) ? Qui peut répondre qu'en ces temps où la trahison avait cent têtes, sans cesse renaissantes, comme l'hydre de la Fable, la République eût été sauvée sans de rigoureuses mais indispensables sévérités ? Hommes impartiaux, qui laissez de côté tout esprit de parti en étudiant cette grandiose et terrible époque de notre histoire, vous dont l'âme n'est pas sourde aux clameurs si lointaines déjà de la patrie indignée et trahie, et qui ne discutez pas froidement, avec l'esprit du rhéteur, dans le silence du cabinet,

---

(1) Nous avons donné à dessein ce passage, cité par M. de Barante, qui se garde bien de jamais reproduire les documents favorables aux hommes de la Révolution.

(2) Michelet : *Histoire de la Révolution*, t. VII, p. 17.

quand tout est calme et paisible autour de vous, ce qu'il eût été plus ou moins convenable de faire alors que l'Europe ameutée et l'émigration hurlaient à nos portes, haletantes, furieuses et implacables, mettez dans l'un des plateaux de la balance de l'éternelle justice les erreurs inséparables de tels moments de crise, dans l'autre, les services rendus... et prononcez !

On a vu avec quelle dignité Saint-Just et le Bas avaient écrit au général Hoche, après la défaite de celui-ci à Kaiserslautern ; Saint-Just ne proscrivait pas le malheur, et ce fut toujours aux puissants qu'il s'attaqua. Plus de trois mois après la délivrance de Landau, à la fin de germinal, Hoche, qui avait été envoyé à l'armée des Alpes, fut arrêté par les ordres du Comité de Salut public pour n'avoir point suivi le plan qu'on lui avait tracé et avoir ainsi compromis le succès d'une opération que Carnot regardait comme décisive (1). Il y avait longtemps alors que Saint-Just avait quitté l'armée du Rhin, et l'on pouvait s'en convaincre par une recherche peu coûteuse ; cependant un écrivain dont plus d'une fois encore

---

(1) Voici, au reste, l'ordre d'arrestation du général Hoche, dont nous avons pris copie aux archives de la préfecture de police :

« Du 22 germinal l'an II de la République une et indivisible, le Comité de Salut public arrête que le général Hoche sera mis en état d'arrestation, et conduit dans la maison d'arrêt dite des Carmes, pour y être détenu jusqu'à nouvel ordre. »

Ont signé, avec Saint-Just, Collot-d'Herbois, Carnot, Barère, Prieur, Couthon, Lindet, Billaud-Varennes, etc.

Pour extrait : Collot-d'Herbois, Billaud, Barère.

Ajoutons, pour achever de prouver que l'initiative de l'arrestation du général Hoche, qui avait désobéi, ne venait pas de Saint-Just, qu'après thermidor, Hoche, rendu à la liberté, eut toutes les peines du monde à obtenir un commandement et fut réduit aux démarches les plus humiliantes. Voyez la *Vie de Hoche*, par Rousselin, qui était l'ennemi personnel de Robespierre et de Saint-Just.

nous aurons à réfuter les calomnies, a osé écrire : « Saint-Just, dans un rapport haineux et malveillant, demanda au Comité de Salut public la destitution de Hoche... Sans attendre la réponse du Comité, Saint-Just *fit arrêter* Hoche au milieu de ses troupes encore enflammées d'enthousiasme... Comme la réponse tardait, il l'envoya à Paris, où bientôt il accourait lui-même... (1). » Or, le jour de l'arrestation du jeune général, non pas à l'armée du Rhin, mais à l'armée des Alpes, Saint-Just était à Paris et ne s'était nullement occupé des affaires de l'armée des Alpes. Il n'est pas besoin d'autre commentaire, nous laissons au lecteur impartial le soin de flétrir cette étrange manière de raconter l'histoire. Et voilà pourtant d'après quels historiens beaucoup de Français jugent encore aujourd'hui les hommes de la Révolution !

Ce qu'il y a de certain, ce qu'il ne faut pas oublier, c'est que si la terreur eût été exercée par toute la France comme elle le fut à Strasbourg par Saint-Just et par le Bas, elle n'aurait produit que du bien, et ne serait pas aujourd'hui l'objet des justes malédictions de l'humanité.

Landau délivré, la mission de Saint-Just et de le Bas était terminée. Ils coururent à Saverne rejoindre madame le Bas et Henriette, et, presque aussitôt, dans les premiers jours de janvier 1794, ils revinrent à Paris, couverts d'un nouveau prestige et suivis d'universelles acclamations. Encore quelques mois, et les applaudissements vont se changer en stupides anathèmes, tant est variable et incertaine la justice distributive de ce monde !

---

(1) M. Éd. Fleury : *Saint-Just et la Terreur*, t. II, p. 110.

LIVRE QUATRIÈME

CHAPITRE I

Coup d'œil funèbre. — Les anecdotes de M. de Barante. — Calomnies et réfutations. — Encore Charles Nodier. — *Le Vieux Cordelier*. — Saint-Just et les Jacobins. — Projet de censure républicaine. — Saint-Just au Comité de Salut public. — Départ pour l'armée du Nord.

Lorsque Saint-Just et le Bas revinrent à Paris, bien des vides sanglants s'étaient faits déjà dans les rangs des républicains, car on ne peut refuser ce nom à la plupart des Girondins. Ceux-ci, livrés au Tribunal révolutionnaire après le rapport d'Amar, autrement terrible et violent que celui de Saint-Just, moururent stoïquement, emportant avec eux leurs croyances inaltérées et ne doutant pas de cette République qui devait s'offrir une immense hécatombe de ses meilleurs partisans. Ah! en présence de cette expiation funèbre et à jamais regrettable, j'oublie et les erreurs et les imprudences des Girondins et les funestes dissensions provoquées par eux, et je ne me souviens que des services qu'ils ont rendus à la Révolution.

Elle les avait suivis de bien près à l'échafaud, cette illustre femme, dévouée comme eux à la liberté, madame Roland, dont les dernières paroles furent un si poignant reproche à la statue de sa divinité. Combien d'autres étaient tombés aussi sous le glaive de l'implacable Révolution! Philippe-Égalité, qui lui avait donné tant de gages, et l'ancien procureur de la commune, Manuel, condamné sur les dépositions de Léonard Bourdon, de Bazire et de Fabre d'Églantine, et Bailly, à qui elle ne put pardonner les massacres du Champ-de-Mars.

Saint-Just n'était donc pas à Paris au moment où eurent lieu ces exécutions. Nous le retrouverons, au reste, en mission pendant les jours désespérés où furent frappées tant d'inutiles victimes qu'il eût fallu épargner, et nous le justifierons sans peine des faits que Barère, qui ne quitta pas, lui, un seul instant le Comité de Salut public, qui assista, sans désemparer, à toutes les phases de la terreur et se contenta d'être le chantre de nos victoires sans y contribuer de sa personne, a essayé de mettre à la charge de son jeune collègue, dans le but de diminuer sa propre responsabilité devant l'avenir. Si Saint-Just fut le partisan de mesures rigoureuses pour comprimer la contre-révolution, il fut aussi l'ennemi acharné des exagérés; il l'a assez prouvé. Faut-il rappeler encore ces paroles de lui : « Tous les principes sont affaiblis; il ne reste que des bonnets rouges portés par l'intrigue. L'exercice de la terreur a blasé le crime, comme les liqueurs fortes blasent le palais. » Il contribuera à tuer l'hébertisme, par haine de la démagogie, et, dans un discours à jamais célèbre, il demandera bientôt que la terreur soit remplacée par la justice.

Parmi les historiens plus ou moins sérieux qui ont écrit sur la Révolution française, il en est un à qui sa haute position dans le monde, ses allures aristocratiques et quelque talent ont acquis une certaine notoriété : je veux parler de M. de Barante. Cet écrivain gentilhomme a composé une *Histoire de la Convention* dont nous avons déjà dit quelques mots, et qui n'est qu'un écho peu adouci des diatribes de Georges Duval. Il a des larmes faciles, et je les respecte, pour tous les grands noms de la monarchie décapités sur l'échafaud ; mais de tant d'obscures victimes des vengeances révolutionnaires, qui payèrent de leur vie une imprudence ou une parole séditieuse, il a l'air de se soucier peu ou point. Du reste, on se tromperait fort si l'on croyait que tous ceux qui périrent, grands ou petits, furent innocents. Bien des illusions tomberont à cet égard, quand il sera permis de livrer à la publicité toutes les pièces ou jugements du Tribunal révolutionnaire. Je ne veux citer présentement qu'un exemple, tiré de M. de Barante lui-même. Après avoir dépeint la solennité à laquelle donna lieu l'anniversaire du 21 janvier, il s'écrie douloureusement : « Sept têtes tombèrent ce jour-là sur l'échafaud ! » Or, à l'exception d'une, ces têtes étaient celles d'officiers et de marins de l'escadre de Toulon, convaincus d'avoir été complices de la trahison qui avait livré cette ville aux Anglais. Si donc jamais supplice fut mérité, ce fut, à coup sûr, celui-là ; et je ne sache pas qu'à l'heure où j'écris ces lignes, la loi punissant de mort un pareil forfait ait été abrogée.

M. de Barante est envers Saint-Just d'une révoltante injustice ; il laisse, en cela, bien loin derrière lui M. Éd. Fleury, qui, de temps en temps, subjugué par son héros, ne peut s'empêcher de laisser échapper en sa faveur quelques paroles d'admiration.

Encore une fois, les actes du jeune conventionnel appartiennent à l'histoire, et nous les livrons tels quels au lecteur, qui les appréciera suivant ses convictions ; mais ce qui est notre droit, ce à quoi nous obligent les traditions qui nous rattachent à Saint-Just, c'est de réfuter les calomnies plus ou moins lâches et plus ou moins absurdes débitées sur son compte.

Voici un premier fait infâme qui lui est imputé par le noble historien.

« Saint-Just logeait, depuis plusieurs mois, dit M. de Barante, dans le même hôtel que Salles. Les locataires se réunissaient habituellement chez la maîtresse de l'hôtel, et formaient ainsi une société assez intime. Madame Salles crut pouvoir solliciter l'intercession de Saint-Just pour son mari, mis hors la loi. Il se montra durement inflexible. La pauvre femme était grosse ; elle se jeta à ses genoux ; il la repoussa d'un coup de pied (1). »

D'où M. de Barante a-t-il tiré ce détail ? C'est ce dont il se garde bien de nous informer, car rarement il se met en frais d'indiquer ses autorités. Eh bien, il y a, dans ce récit haineux, une odieuse assertion à laquelle il conviendrait peut-être de répondre par le plus formel et le plus dédaigneux démenti, si nous n'aimions mieux la combattre par des preuves de toute nature.

---

(1) M. de Barante : *Histoire de la Convention*, t. III, p. 571.

Et d'abord, si cette indigne et inutile voie de fait, foncièrement contraire aux habitudes douces et distinguées de Saint-Just, eût été commise devant témoins, comme le raconte M. de Barante, elle ne se trouverait pas révélée pour la première fois dans un livre, après cinquante-neuf ans de silence (1) ; elle aurait été ébruitée au moment même, et tous les partis n'eussent pas manqué de flétrir une pareille action. Madame Salles a-t-elle seulement jamais eu l'idée d'implorer l'intercession de Saint-Just en faveur de son mari? C'est ce dont je doute très-fort, pour ma part. Postérieurement au rapport, relativement modéré, de Saint-Just, un autre rapport de Billaud-Varennes et l'accusation contre les Girondins, dressée par Amar, avaient été présentés à la Convention. Ce serait donc à ces derniers plutôt qu'à Saint-Just que madame Salles se fût adressée. De plus, elle savait parfaitement, elle, femme d'un représentant du peuple, que Saint-Just, quand bien même il eût été animé des meilleures intentions du monde envers ce malheureux Salles, n'avait pas le pouvoir de le soustraire au décret de mise hors la loi, tout'membre qu'il était du Comité de Salut public. Danton, autrement puissant alors, ne s'est-il pas écrié avec une sorte de désespoir, à propos des Girondins : « Il me serait impossible de les sauver! » Pourquoi M. de Barante n'a-t-il pas assigné de date à cette scène? Quand on avance une aussi grave accusation, on est tenu, sous peine de passer pour un imposteur, d'y joindre toutes les preuves à l'appui. Et la date était importante à citer. Car, si madame Salles n'avait pas suivi son mari, alors en fuite, et si elle crut devoir aller se jeter en suppliante aux genoux de quelque membre influent du gouverne-

---

(1) L'*Histoire de la Convention* de M. de Barante a paru en 1851.

ment révolutionnaire, ce fut sans doute au moment où les Girondins furent livrés au tribunal ; eh bien, à cette époque, Saint-Just était à Strasbourg !

Dans ce même hôtel de la rue Gaillon, où logeait Saint-Just, habitait, en même temps que lui, madame Desportes de Doullens, veuve d'un ancien officier des gardes du corps. Sincèrement attachée aux principes de la monarchie détruite, cette dame, qui portait à Saint-Just une profonde amitié, traversa, grâce à son jeune ami peut-être, sans être inquiétée, toute l'époque de la terreur. Elle possédait un fort beau portrait de Marie-Thérèse, donné à son mari par l'impératrice-archiduchesse elle-même, sur lequel, de peur d'être compromise, elle avait fait appliquer un portrait de Saint-Just, peint au pastel par leur hôtesse commune. C'est ce dernier portrait dont nous avons, dans un chapitre précédent, donné une courte description, et qui, après thermidor, est devenu la propriété de la famille le Bas. Madame Desportes de Doullens a vécu dans la plus complète intimité avec la femme d'un de nos vieux amis (1), à laquelle, bien des fois, elle a parlé de Saint-Just, de sa douceur dans les relations privées, de sa grâce et du charme de sa société. Une brutalité de la nature de celle que M. de Barante a mise sur le compte de Saint-Just, aurait certainement frappé l'esprit d'une femme délicate et ne serait pas sortie de sa mémoire. Madame Desportes de Doullens n'eût pas manqué d'en instruire la meilleure amie de ses vieux jours et de flétrir énergiquement un tel acte ; loin de là, elle n'a jamais dit de Saint-Just que le plus grand bien, le plaignant, d'un cœur véritable, sur sa fin tragique et inattendue, et s'étonnant seulement « qu'un jeune

---

(1) L'excellent et regrettable docteur Sellier.

homme si affable et de si belles manières, » ait pu être un des chefs de ce sombre et terrible gouvernement de la République.

Un autre fait peut donner une idée de l'incroyable légèreté, j'allais dire de la mauvaise foi, avec laquelle M. de Barante a écrit son livre.

La tactique ordinaire des hommes qui prêchent la haine de la Révolution, est, on le sait, de prêter des actes atroces à ceux qui l'ont servie. Il y a même eu, tout exprès pour cela, dans les premières années de la Restauration, de nombreux salariés de la réaction. Quand donc nous trouvons quelque part une assertion erronée, c'est un devoir pour nous de la signaler et d'en faire bonne justice. Voici, par exemple, une seconde anecdote racontée par M. de Barante : elle est le digne pendant de la première. Saint-Just, étant à Strasbourg aurait, suivant lui, forcé une actrice de chanter au théâtre, le soir même du jour où son père avait succombé dans un combat contre les Prussiens (1). Or, cette anecdote, très-écourtée par M. de Barante, est tirée des *Souvenirs, portraits et épisodes de la Révolution* par Charles Nodier; seulement l'acte incroyable attribué par M. de Barante à Saint-Just, est précisément d'un de ces enragés dont quelques-uns furent si sévèrement châtiés par les commissaires de la Convention. Les lecteurs me sauront gré de leur donner ici quelques extraits de la narration de Nodier, qui est peut-être sortie de leur mémoire. On avait joué *Brutus*, pièce dans laquelle Fleury, qui avait eu, le jour même, le bras traversé d'une balle (car en ce temps-là tout le monde était soldat), avait été salué par les applaudissements frénétiques de la multitude.

---

(1) M. de Barante : *Histoire de la Convention*, t. IV, p. 154.

« A peine descendu, le rideau se leva, et Fleury, qui venait recueillir encore une fois les hommages du parterre, annonça d'un ton noble et pénétré que madame Fromont, qui devait remplir, dans l'ouvrage nouveau, l'unique rôle de femme, ayant perdu son père et son mari, tués quelques heures auparavant à la défense du pont de Kehl, l'administration priait le public de se contenter, en remplacement, du petit opéra de *Rose et Colas*... Madame Fromont était une petite comédienne, qui avait une peau bise fort appétissante, un œil brun et luisant, une voix juste et perlée, quelque peu d'esprit et beaucoup d'âme. L'assentiment fut unanime ou presque unanime; et Fleury se retirait déjà, quand un homme, assis au balcon, témoigna qu'il voulait parler. C'était un de ces Jacobins aux couleurs décidées, que Saint-Just avait récemment éliminés de la société populaire, et qui balançaient encore, tout vaincus qu'ils étaient, le pouvoir du dictateur conventionnel. « C'est Tétrell, Tétrell, l'ami du peuple, la terreur des aristocrates et le Démosthène de la *Propagande!* c'est Tétrell! » répétèrent mille voix, et la foule se tut. Tétrell était, en effet, un homme disert, qui cachait peut-être ses opinions et son nom lui-même sous les dehors d'un patriotisme âpre et sauvage... Son sabre pendait hors du balcon et le battait de son fourreau d'acier. Il frappa du poing sur la banquette de la galerie, et s'écria d'une voix colère : « Est-ce devant des républicains qu'on ose se couvrir d'une si lâche excuse !... Va lui dire de paraître, va lui dire de chanter. Dis-lui surtout de nous épargner ses larmes. C'est aujourd'hui un jour de victoire, et les larmes sont aristocrates. » Un instant après, la pièce commença. Les folâtreries déchirantes de madame Fromont furent passionnément applaudies ; mais qu'elles me donnaient de peine à voir !

que le rire de ses lèvres était triste, sous les larmes intarissables qui baignaient ses yeux! Quelle était horrible pour l'âme, la note vive et badine qui se perdait dans un sanglot! Il y a une scène où la jeune fille se remet en voyage, accompagnée d'un amant, pour aller à la recherche de son père, qui s'est égaré dans la montagne. Elle est sûre de le retrouver, elle l'appelle et lui sourit déjà. Cette situation est douce et gaie. La pauvre femme tomba mourante dans la coulisse, et nous en fûmes avertis par un cri (1). »

Je ne sais trop jusqu'à quel point on doit admettre la vérité complète de ce récit; mais Saint-Just est, comme on le voit, bien innocent de l'acte de sauvagerie dont l'a si gratuitement accusé M. de Barante; et c'est une bonne fortune inestimable que de pouvoir répondre à cette imputation mensongère par les paroles mêmes du royaliste Nodier.

Pendant l'absence de Saint-Just, avait éclaté la grande guerre, la guerre à mort entre Camille Desmoulins et Hébert, autrement dit le *père Duchesne*. Le spirituel auteur du *Vieux Cordelier* alla même si loin, que son ami Fréron, le futur Fréron de la jeunesse dorée, qui alors donnait en plein dans l'hébertisme, lui écrivait de Marseille, pour lui reprocher d'avoir réclamé un comité de clémence (2). Ces dissentiments devinrent un texte de discussions orageuses aux Jacobins, où Robespierre le jeune, qui arrivait de mission, témoigna avec douleur son étonnement de voir la société perdre son temps à

---

(1) Charles Nodier: *Souvenirs de la Révolution*, éd. Charpentier, t. I, p. 30 et suiv.

(2) Voyez le n° 6 du *Vieux Cordelier*.

d'aussi misérables querelles, au lieu de traiter les grandes questions d'intérêt général. Aux applaudissements dont les contre-révolutionnaires avaient salué les numéros du *Vieux Cordelier*, quelques patriotes, qui n'étaient cependant point des exagérés, comprirent l'imprudence de Camille et l'attaquèrent violemment. Robespierre, après avoir une première fois pris sa défense à la tribune des Jacobins, fit remarquer, quelques jours après, que, dans ces éloquentes philippiques, il y avait, à côté des maximes du modérantisme, les principes les plus révolutionnaires ; qu'en conséquence, il importait peu que l'auteur fût ou non exclu de la société, qu'Hébert et lui avaient des torts réciproques, et qu'en somme, il fallait laisser les questions d'individus pour s'occuper de la chose publique et de la Convention, en butte aux intrigues du parti de l'étranger. Ainsi commençaient à sourdre de formidables accusations contre une faction dans laquelle Hébert et ses partisans allaient bientôt être enveloppés.

Quant à Saint-Just, que faisait-il tandis que l'on bataillait ainsi aux Jacobins? Il se recueillait, comme il l'a écrit lui-même :

« Les malheurs de la patrie ont répandu sur tout l'empire une teinte sombre et religieuse. Le recueillement est nécessaire dans ces circonstances pénibles; il doit être le caractère de tous les amis de la République (1). »

Il avait une antipathie instinctive pour ces luttes sté-

---

(1) Note de sa main, extraite d'un agenda trouvé sur lui le 9 thermidor.

riles dont le club des Jacobins était le théâtre, et jamais il n'y prenait la parole. Il écrivait encore, en cette année 1794 :

« Ce qui faisait, l'an passé, la force du peuple et des Jacobins, c'est que les orateurs qui présentaient des lois dans le corps législatif, mûrissaient ces lois aux Jacobins. Aujourd'hui, les Jacobins n'exercent plus que la censure, et l'on n'y médite point de travaux. Ainsi, il ne sortira pas de lois d'une assemblée où un parti ne cherche qu'à offenser et l'autre qu'à combattre (1). »

Tous ces bavardages ne lui allaient pas, l'action lui convenait mieux; aussi accepta-t-il avec empressement les missions aux armées, et, par trois fois, de pluviôse à thermidor, le verrons-nous courir à la frontière et déployer devant l'ennemi sa prodigieuse activité. Tout le temps qu'il fut à Paris, il le passa dans les bureaux du Comité de Salut public, lequel était surchargé de tant de travaux, qu'il est à peine croyable que des forces humaines aient pu y suffire. Quelle besogne! plus de cinq cents affaires à expédier par jour. Ah! c'étaient de rudes travailleurs que les membres de ce fameux comité, qui a assumé la responsabilité des vengeances de cette sinistre et étonnante époque, mais auquel revient, par compensation, l'impérissable gloire des grandes choses accomplies sous sa dictature, dictature sanctionnée et voulue par la Convention, car, chaque mois, ne l'oublions pas, il proposa son renouvellement, et chaque mois, jusqu'en thermidor, l'Assemblée le prorogea dans ses pouvoirs. « C'est le seul gouvernement véritable et

---

(1) Note de sa main, *ubi suprà*.

énergique qu'ait eu la France depuis 1789, « dit Napoléon, qui se connaissait en matière de gouvernement (1); seulement le Comité de Salut public, il faut bien lui rendre cette justice, n'agissait pas dans un intérêt personnel et dynastique.

Si Saint-Just se montra âpre et sévère dans le sein du Comité de Salut public, ce fut surtout contre les ultra-révolutionnaires, qui rendaient toute organisation impossible, et contre les anciens nobles, qui étaient en correspondance avec les émigrés. Il voyait juste, il sentait bien où était l'ennemi, et savait qu'entre l'aristocratie brisée et le nouvel ordre de choses, toute fusion sincère était impossible. Ses défiances étaient également en éveil contre les agents du gouvernement. Suivant lui, presque tout le mal venait de la déloyauté et de la mauvaise foi des administrateurs, qui, par un zèle exagéré et par cela même suspect, tendaient à troubler et à exaspérer les masses. On peut se convaincre de son opinion à cet égard par la lecture d'un projet de censure républicaine formulé en décret pour être présenté à la Convention, projet écrit, en entier, par lui, et dont j'ai eu l'original entre les mains. Il est précédé de ce préambule :

« La censure des magistrats est devenue nécessaire; ils se pardonnent tout entre eux et transigent sur l'impunité. Cette censure doit être partout présente: elle doit suivre pas à pas l'homme en place; elle doit être propre au génie de notre Révolution. Cette censure ne peut être exercée d'autorité; elle doit remplacer les armées révolutionnaires que vous avez abolies, sans en reproduire les inconvénients; elle doit surveiller et dénoncer : si elle

---

(1) *Mémoires* de Barère. Voyez la notice qui précède, t. I, p. 86.

frappait elle-même, elle serait bientôt corrompue et achetée.

» Cette censure ne doit point agir sur le peuple : le peuple est son propre censeur. Elle ne doit pas ressembler à la censure des Romains, elle ne peut s'exercer parmi nous sur les mœurs; elle serait insupportable. Elle ne peut que surveiller l'exécution des lois rigoureuses contre l'aristocratie, et soumettre les magistrats et agents aux lois dont ils sont aujourd'hui presque indépendants... »

Le décret venant à la suite établissait dans chaque armée de la République, jusqu'à la paix, un censeur dont la mission devait consister à surveiller les fonctionnaires publics et à dénoncer leurs abus, soit pour dilapidation, soit pour injustice, au tribunal révolutionnaire. Chaque censeur recevait une somme de dix mille livres, à titre d'indemnité annuelle. C'était, au reste, la mise en pratique d'une institution contenue dans le seizième fragment de ses *Institutions républicaines*

Mais ce qui préoccupait surtout Saint-Just, c'étaient les affaires militaires; il y donnait toute son attention; non pas qu'il fût ébloui par la gloire des armes : il se méfiait, au contraire, du prestige qui, dans notre pays surtout, s'attache aux généraux victorieux. On ne l'entendit jamais vanter, à la tribune, les palmes cueillies sur les champs de bataille, lui qui cependant prit une si honorable part à nos combats sur le Rhin et dans le Nord. Il reprochait à Barère de trop faire *mousser* nos victoires (1); on eût dit qu'il pressentait l'avenir et qu'il prévoyait ce que ce peuple de France aurait un jour

---

(1) *Mémoires* de Barère, t. IV.

d'engouement pour le despotisme militaire. Mais alors il fallait se battre pour la défense de la patrie, lutte sainte et à jamais sacrée! et rien de ce qui fut nécessaire au triomphe de nos armées ne fut négligé par Saint-Just. Il n'omettait aucun détail : vivres, approvisionnements, munitions, comme cela se peut voir dans une note de lui, très-longue et insérée en entier dans les Mémoires de Barère, note où Saint-Just énumère les chiffres exacts des quatorze armées de la République, et fournit des renseignements sur nos principales places fortes.

Ainsi initié aux choses de la guerre, il pouvait donner des conseils aux généraux ; et ceux-ci ne dédaignaient pas de lui en demander. Dans les camps, sa sphère d'action se trouvait singulièrement élargie ; là, au moins, son loyal et impétueux patriotisme ne se heurtait pas contre les mille intrigues qui le désespéraient à Paris. Vers la fin de janvier, au moment où s'amoncelait l'orage prêt à fondre sur les hébertistes, il fut chargé d'une nouvelle mission par ses collègues, et le 7 pluviôse, il partit avec le Bas pour l'armée du Nord.

CHAPITRE II

Première mission dans le Nord. — Saint-Just et le Bas à Lille, à Réunion-sur-Oise, à Maubeuge. — L'Anglais Faëding. — Il faut des armes! — Pichegru est nommé général en chef de l'armée du Nord. — Sa lettre aux Jacobins. — Le général Jourdan. — Lettre de Saint-Just au Comité de Salut public. — Le maître de poste de Saint-Pol. — Arrêté contre les ci-devant nobles. — Saint-Just et André Dumont.

Au commencement du mois de pluviôse de l'an II, la République était victorieuse partout, dans l'Ouest, au Midi, sur le Rhin, partout, excepté sur la frontière du Nord, où le sol français était encore foulé par les armées étrangères. Là cependant, comme ailleurs, nos troupes avaient accompli des prodiges; là, nos jeunes soldats avaient balancé la fortune de Brunswick, et battu les vieilles bandes de la Prusse et de l'Autriche. L'héroïque défense de Lille et la victoire d'Hondschoote les couvraient d'une auréole que ne pouvaient effacer d'insignifiants revers. Mais, affaiblie par les renforts qu'on avait tirés de son sein pour les envoyer dans la Vendée et sur les bords du Rhin, désorganisée par l'intrigue et la trahison, l'armée du Nord était inactive depuis quelque temps, lorsque le Comité de Salut public jugea à propos d'y envoyer des commissaires habitués à mettre dans leurs proclamations la victoire à l'ordre du jour.

Il y avait alors à Lille le représentant du peuple Chasles, dont la conduite avait donné lieu à de nombreuses plaintes. Une députation de Lillois s'était rendue au sein de la Convention pour y dépeindre les dangers que courait la place, et demander qu'on y exerçât une active surveillance. Chasles fut rappelé. Comme il était encore malade des suites de blessures glorieuses, il fut décrété, sur la proposition de Couthon, que, pour concilier la justice avec l'humanité, les Comités de Salut public et de Sûreté générale prendraient toutes les mesures que nécessiterait son état physique, afin d'assurer son retour dans la Convention.

Saint-Just et le Bas arrivèrent à Lille le 10 pluviôse, par une neige effroyable. Là comme à Strasbourg, à un degré beaucoup moindre cependant, ils trouvèrent du mal à réparer et du bien à faire. De concert avec le représentant Florent Guyot, ils interdirent à toute personne, sous peine de six mois de détention, de se promener dans l'enceinte des fortifications, sinon pour cause de service. Ils ordonnèrent que les portes de la ville fussent ouvertes à huit heures du matin et fermées à trois heures de l'après-midi, et ils enjoignirent aux membres du comité de surveillance de la ville d'être, à tour de rôle, de service aux portes, et d'accompagner les rondes de nuit. Ils arrêtèrent que les officiers qui ne seraient point rentrés dans la citadelle au moment de la fermeture, seraient destitués, et tous les militaires n'appartenant pas au service de la place durent en sortir immédiatement, sous peine de trois mois de détention. Il fut défendu à tous les suspects détenus dans les prisons de Lille de communiquer avec personne. Au milieu de si pressantes conjonctures, les soupçons contre les étrangers étaient, en quelque sorte, de rigueur; aussi lisons-nous dans un arrêté de Saint-Just et de le Bas : « Tous les étrangers qui se trouvent dans Lille sont consignés dans leurs maisons après six heures du soir et avant huit heures du matin. Ceux qui seraient trouvés dans cet intervalle hors de leurs maisons seront mis en arrestation jusqu'à la paix. » Enfin les commissaires, pour comprimer l'agiotage, ce déplorable fléau des nations, prirent contre ceux qui s'y livraient et contre les marchands qui ne se conformaient point à la loi du maximum, les mêmes mesures de sévérité qu'à Strasbourg.

Cette mission fut de courte durée, mais elle n'en fut pas moins féconde et moins utile. Comme dans le Bas-Rhin, Saint-Just et le Bas obtinrent tous les effets de la terreur sans verser le sang. Ils imposaient par leur propre dignité, et savaient faire en eux respecter la Convention. Avec une rapidité qui tient du prodige, ils parcoururent en quelques jours les différentes places des départements du Nord et du Pas-de-Calais.

Le 12 pluviôse, ils quittent Lille et se rendent à Réunion-sur-Oise, nouveau nom donné à la ville de Guise. Là, ils arrêtent la dissolution de la légion de la Nièvre, qui avait donné quelques signes d'insubordination, et ordonnent qu'elle sera répartie entre les divers corps de l'armée du Nord. Au reste, s'ils sont inflexibles sur tout ce qui concerne la discipline, ils savent encourager et récompenser le dévouement à la patrie. Ayant appris qu'un brave homme, nommé Joseph Sueur, du district de Vervins, avait quitté sa femme et ses enfants pour courir à la défense des frontières, ils arrêtèrent qu'il lui serait payé une somme de six cents livres par le payeur de l'armée du Nord.

Le même jour, ils écrivaient à un commissaire des vivres de cette armée, soupçonné de négligence :

« Que faut-il penser de l'homme qui, chargé du soin de l'armée, a laissé depuis quatre jours la division d'Arques sans fourrages? Cet homme est toi; nous nous informerons de ta conduite, et tu dois t'attendre à être puni rigoureusement si tu es coupable. »

On sait quelle a été, de tout temps, la rapacité des fournisseurs; Saint-Just, avec raison, les poursuivait impitoyablement, et Napoléon, plus tard, ne se gêna en aucune manière pour leur faire rendre gorge, à plusieurs reprises. On était à la veille d'entrer en campagne; Saint-Just et le Bas, qui veillèrent toujours avec tant de sollicitude au bien-être du soldat, disposèrent tout pour assurer la subsistance des troupes. Ils se rappelaient qu'à leur arrivée dans le Bas-Rhin, les chevaux mouraient de faim; aussi, les fourrages manquant dans le Nord, écrivirent-ils à leur collègue Massieu, en mission dans les Ardennes, de faire les plus grands efforts afin de leur en procurer.

« Tu en as promis; il faut, s'il est possible, porter cet envoi à deux cent mille rations; le temps presse; la campagne va s'ouvrir ; ce pays doit être le théâtre des principaux événements. »

L'arrêté suivant atteste avec quelle rigoureuse sollicitude ils s'occupaient des moindres détails :

« Les représentants du peuple à l'armée du Nord, considérant que l'inertie des administrations des armées résulte de la négligence des fonctionnaires, du défaut d'activité dans les rapports, arrêtent ce qui suit :
» Les commissaires ordonnateurs, les régisseurs des vivres correspondront avec les administrations du district, les commissaires des guerres, gardes-magasin et tous préposés, par des ordres ou des demandes succinctes. Le délai pour y répondre sera fixé. Les dépêches seront remises par des ordonnances, et leurs chevaux seront nourris aux dépens des administrateurs et préposés auxquels elles auront été adressées. Les ordonnances ne pourront revenir sans réponse, à peine de trois mois de détention. — Le présent arrêté sera imprimé et publié (1). »

Quelques jours après, en passant à Avesnes, le Bas rencontra un soldat nommé Berceau, qu'au début de sa carrière, dans les premiers jours de la Révolution, il avait défendu contre une accusation injuste, et qu'il avait fait acquitter à la suite d'une plaidoirie dont le succès avait été pour le jeune avocat un véritable triomphe. En retrouvant cet ancien client, dévoué comme lui à la République, il ne put se défendre d'une émotion de plaisir,

(1) Toutes les pièces relatives à cette mission sont tirées des archives de la guerre.

et il écrivit à sa femme, qu'il avait conduite à Frévent, auprès de son père :

« J'ai vu Berceau ; nous nous sommes embrassés avec bien de la joie. Tu te souviendras sûrement de ce brave homme, dont je t'ai souvent parlé. En tout cas, mon père te mettra au courant. »

Plus loin, il lui donne, dans les termes les plus affectueux, des nouvelles de son jeune et cher collègue :

« Saint-Just est bien portant ; quand nous avons du mal, notre bonne amitié nous le fait mieux supporter. Dis mille choses pour moi à la famille. »

Le 15 pluviôse, Saint-Just et le Bas étaient à Maubeuge. Cette ville leur avait été signalée comme un foyer de désordre et de réaction. Là, comme ailleurs, les contre-révolutionnaires conspiraient « sous les couleurs mêmes de la Liberté, » suivant l'expression de Saint-Just, et, pour être plus à l'aise dans leurs intrigues, ils avaient soin de crier plus fort que les vrais et sincères patriotes. Les représentants du peuple commencèrent par inviter les membres de la Société populaire de Maubeuge à faire passer rigoureusement à un scrutin épuratoire tous les agents comptables du gouvernement qui demanderaient leur admission au sein de la Société ; puis ils s'attachèrent à déjouer les complots formés pour livrer la ville à l'ennemi. Dans toutes ces ténébreuses machinations, on était sûr de rencontrer la main de l'Angleterre ; Pitt, ce mauvais génie de la France républicaine, prodiguait l'or de son pays, espérant vaincre par la corruption ceux contre qui s'émoussaient en vain les armes de l'Europe.

Saint-Just et le Bas, ayant appris qu'un Anglais, du nom de Faëding, résidant à Calais, était l'âme de ces complots, le traduisirent devant la commission militaire de Maubeuge, et en informèrent immédiatement le Comité du Salut public en ces termes :

« Nous vous adressons, citoyens collègues, plusieurs pièces qui vous feront connaître le complot tramé pour livrer Maubeuge aux ennemis de la République ; nous avons chargé la commission militaire établie dans cette ville de juger les coupables. Nous avons cru qu'il fallait un exemple prompt et sur les lieux. Nous écrivons à l'administration du district d'Arras, pour faire traduire ici l'un des agents du complot. C'est un nommé Faëding, Anglais, qui doit se trouver à Calais. Nous avons donné les ordres nécessaires pour qu'aucun des traîtres n'échappât. »

Ils ajoutaient ensuite :

« Les subsistances et les fourrages sont on ne peut plus rares dans l'armée du Nord. Nous avons trouvé des divisions entières manquant de fourrages depuis quatre jours. Nous avons été forcés d'autoriser l'administration des subsistances à requérir, dans les districts frontières, d'abord les bœufs, ensuite le tiers des vaches chez les plus riches propriétaires, et progressivement jusque chez les moins aisés.

» Il faut des armes. Hâtez l'embrigadement. L'armée ouvrira la campagne au plus tard dans trois semaines. »

Il faut des armes ! C'était le cri poussé d'un bout à

l'autre de la République, et, pour y répondre la Convention avait décidé que Paris serait le centre d'une fabrication extraordinaire de fusils et de baïonnettes. Alors on vit un spectacle étrange et sublime. De tous les points de la France, les hommes les plus forts et les plus industrieux, appelés par le Comité de Salut public, accoururent dans la capitale. Les places publiques furent transformées en ateliers; les églises en arsenaux. Les ouvriers de luxe abandonnèrent momentanément leurs professions; les horlogers se mirent aux platines, les ébénistes travaillèrent le bois. Trente mille fusils furent confectionnés en peu de jours, avec autant de légèreté et de solidité qu'ils l'eussent été dans les meilleures fabriques de l'Europe. Les dix premiers furent portés en hommage à la Convention; simple et magnifique hommage! Ce fut un immense concert de travail. Ah! combien l'étranger, qui se promenait sur nos places publiques, au bruit du marteau sur l'enclume, auquel se mêlaient joyeusement les chants patriotiques, ne dut-il pas s'extasier devant ce grand peuple de France, qui ne se laissera envahir et vaincre par l'Europe, que lorsque la pensée républicaine et l'amour de la liberté auront été étouffés dans son cœur!

Tandis que Paris devenait ainsi une vaste fabrique d'armes, tandis que Carnot (1), du fond de son cabinet des Tuileries, organisait la victoire, pour me servir de

---

(1) M. Guizot, dans le premier volume de ses *Mémoires*, appelle Carnot « un badaud fanatique. » J'admire trop la plupart des ouvrages de l'ancien ministre du roi Louis-Philippe, et je respecte trop son caractère pour ne pas regretter qu'il ait cru devoir apprécier d'une façon aussi inconvenante un des plus illustres membres du Comité de Salut public. Je doute fort, au reste, qu'aucun homme impartial, en France, ratifie cet inique et cynique jugement.

l'expression consacrée, Saint-Just et le Bas, en présence de l'ennemi, prenaient toutes les mesures possibles afin d'assurer le triomphe de la République. Ils avaient conseillé au Comité du Salut public de donner à Pichegru le commandement de l'armée du Nord ; le Comité suivit leur conseil, et la Convention ratifia la nomination. Qui pourrait blâmer un tel choix ? Pichegru, que Napoléon a proclamé le plus grand général de la République, ne songeait guère alors à suivre l'exemple de Dumouriez ; rien ne faisait pressentir sa future et honteuse apostasie; il écrivait aux Jacobins :

« Je n'attendais, frères et amis, que ma confirmation au commandement de l'armée du Nord, pour venir au milieu de mes frères, dans le sanctuaire de la liberté, répéter le serment bien gravé dans mon cœur, de défendre et de maintenir la liberté et l'égalité, l'unité et l'indivisibilité de la République. La nécessité de me rendre promptement à mon poste me prive de cette double satisfaction : recevez mes regrets, frères et amis. Je vole au milieu de mes frères d'armes, et je jure de ne m'en séparer que lorsque nous aurons vaincu les tyrans coalisés. Déjà j'ai eu l'avantage de partager les succès de l'armée du Rhin ; les soldats du Nord n'ont pas moins de courage : il suffit d'être républicain français et de combattre pour la liberté pour que la victoire ne soit pas incertaine.

» Continuez, fondateurs des droits de l'homme, à propager dans tous les cœurs l'amour de la République, tandis que nous combattrons pour elle. Je jure de faire triompher ses armes, d'exterminer les tyrans, ou de mourir en les combattant : mon dernier mot sera toujours : *Vive la République, Vive la Montagne !* »

Pichegru remplaçait à l'armée du Nord le général Jourdan, à qui l'on reprochait d'avoir oublié ce mot de César « que rien n'est fait tant qu'il reste quelque chose à faire. » et qui fut mis momentanément à la retraite.

« Jourdan, disait Barère à la Convention, rentrera quelque temps dans ses foyers, non pas à la manière de ces officiers suspects ou de ces généraux douteux que la loi suspend ou destitue et qu'elle rejeutte, comme dangereux, à une certaine distance de Paris, des armées et des frontières : il peut rendre encore des services à la patrie, dans les divers postes qu'elle offre à ses défenseurs. Il obtient une retraite honorable, digne de sa probité et de son patriotisme : il est pauvre, c'est son éloge et son titre à la reconnaissance nationale. Le vainqueur de Watignies, le libérateur de Maubeuge, ne doit pas exister sans un témoignage de la patrie reconnaissante : nous vous proposons donc de lui accorder sa retraite, conformément aux lois établies (1). »

On voit sous quels termes nobles et dignes était masquée cette disgrâce; elle ne fut pas, au reste, de longue durée, car, très-peu de temps après, le Comité de Salut public appela Jourdan au commandement de l'armée de la Moselle.

Dès les premiers jours de son arrivée dans le département du Nord, Saint-Just avait reconnu les périls de la situation, avec cette certitude de coup d'œil qui lui était particulière.

(1) Voyez *le Moniteur* du 18 pluviôse an II, n° 138.

« L'arrondissement prescrit à l'armée du Nord, écrivait-il au Comité de Salut public, est insuffisant, vu que, lorsqu'on le détermina, on calculait sur cent mille hommes, et qu'il faut aujourd'hui calculer sur deux cent quarante mille. L'organisation des convois n'a pas le sens commun. On fait partir du même point tous les caissons ; la même tige de chemin se trouve embarrassée de sept cents voitures ; le pain et les fourrages arrivent tard ; la cavalerie périt. Pourquoi ne pas établir des caissons et magasins de fourrages sur tous les points où l'on veut faire agir les armées ? Attendez-vous qu'on vous attaque, ou voulez-vous attaquer ? Dans le dernier cas, préparez, dès ce moment, la position des magasins, vos plans ; placez votre cavalerie, dirigez les convois, afin de faciliter l'explosion de nos forces à l'ouverture de la campagne.

» Augmentez l'arrondissement de moitié pour l'approvisionnement, puisque, par l'incorporation, l'armée augmente de moitié et plus. Voici l'état, à peu près, des choses. Les routes sont impraticables. Nous avons fait en poste huit lieues par jour, depuis Douai jusqu'à Guise.

» L'ennemi a un camp de cinq mille hommes au Catelet ; nous avons versé quatre cents quintaux de farine dans Bouchain ; il y a trois à quatre mille hommes au Cateau.

» Il serait très-sage de votre part de vous rendre agresseurs, d'ouvrir la campagne les premiers, et comme votre armée sera très-forte, vous pourrez, en même temps, porter une armée sur Ostende, une sur Beaumont, cerner Valenciennes et attaquer la forêt de Monnale. Soyons toujours les plus hardis, nous serons aussi les plus heureux. »

Le Comité de Salut public avait désiré que Saint-Just ne quittât pas l'armée avant d'avoir vu Pichegru ; Saint-Just, le Bas et toute l'armée reçurent à bras ouverts le nouveau général, qu'on attendait avec impatience, et qui s'empressa de se conformer aux vues de ses jeunes et illustres protecteurs.

Pichegru, dès le premier jour, adressa à ses troupes une proclamation animée du plus ardent patriotisme.

« Et vous, disait-il en terminant, jeunes citoyens, appelés à la défense de la patrie, empressez-vous, par votre zèle à vous instruire, de vous mettre à même de remplir votre tâche glorieuse. Soyez tous amis de la subordination et de l'ordre; sans cela point de victoire. Je seconderai vos efforts de toutes mes facultés ; mais je suis franc républicain : quand vous n'irez pas bien, je vous le dirai, je vous rappellerai à l'ordre. S'il m'arrivait de m'écarter de la ligne, je vous invite à en faire autant. Vos avis seront pour moi des témoignages d'amitié, et vous reconnaîtrez par mon empressement à me redresser, combien mes intentions sont pures. Allons tous du même pas, nous irons bien. *Vive la République!* »

De telles paroles, affectueuses et dignes à la fois, resserraient encore les liens qui unissaient alors les généraux aux soldats, et préparaient merveilleusement l'armée à des victoires d'autant plus glorieuses que la guerre soutenue par la République était légitime et nécessaire. Nous dirons bientôt quelles furent ces victoires.

Avant de rentrer à Paris, Saint-Just et le Bas parcoururent à la hâte les principales villes du Nord. Ils allèrent à Saint-Pol, où le Bas avait exercé la profession d'avocat, et où l'on n'avait pas encore oublié la protection dont il avait couvert quelques prêtres insermentés. On sait, au reste, que la tolérance, en matière religieuse, était la politique du parti de Robespierre qui réclama constamment l'entière liberté des cultes. Ce fut un des principaux griefs de ses ennemis contre lui, et les partisans de la liberté de conscience me paraissent, en général, ne pas s'en souvenir assez.

Un jour, Saint-Just et le Bas demandaient au maître de poste de Saint-Pol quelques renseignements sur les principes des membres du comité de surveillance de cette ville. Cet homme leur répondit avec mépris qu'ils étaient tous de la lie du peuple. Les commissaires, justement irrités, le firent mettre en arrestation à Béthune, pour un mois, en expiation de son insolence. Si l'on compare à ce châtiment les peines infligées de nos jours à ceux qui se rendent coupables d'offenses envers le gouvernement, on conviendra que les chefs d'un gouvernement, à qui l'on a tant reproché la terreur, étaient bien modérés, au moins en ce qui concernait les offenses personnelles.

En revanche, ils étaient inflexibles pour tous les ennemis de la Révolution ; ainsi, à Arras, ils prirent l'arrêté suivant :

« Tous les ci-devant nobles qui se trouvent dans les départements du Pas-de-Calais, du Nord, de la Somme et de l'Aisne, seront mis en état d'arrestation et demeureront au secret. Le présent arrêté sera publié par les administrations du district d'Arras, et les comités de surveillance desdits départements sont chargés de l'exécution du présent arrêté, et en rendront compte au Comité de Salut public. »

Sans doute, c'était une mesure d'une excessive rigueur, mais elle était commandée par les circonstances. N'étaient-ce pas des nobles qui guidaient les aveugles paysans de la Vendée ? N'étaient-ce pas des nobles qui combattaient contre la République, à côté des Prussiens et des Autrichiens ? Et, pour entretenir cette guerre impie, ne recevaient-ils pas de France des secours et de l'argent ? Voilà ce que le gouvernement républicain voulait empêcher à tout prix. Si donc en se défendant contre des attaques acharnées, il eut recours à des moyens extrêmes, la faute en est surtout à ses ennemis.

Plus tard, lors des réactions thermidoriennes, il sera réservé à la lâcheté d'André Dumont d'attaquer cet arrêté. Mais au moins Saint-Just et le Bas ne s'en prenaient qu'aux hommes, tandis que lui, l'apostat de la cause républicaine, ordonna, dans ses missions, l'arrestation des femmes et des enfants (1). Il y a trois choses qu'en

(1) C'est cet André Dumont qui, ayant fait arrêter, à Péronne, un jeune homme de dix-huit ans pour avoir recommandé à sa mère un émigré, écrivait à la Convention : « La chère maman et le cher fils *furent encagés.* » (Voyez *le Moniteur* du 24 vendémiaire an II, n° 24.) C'est lui qui écrivait encore à l'Assemblée : « On vous déposera des médailles d'or sur lesquelles est gravée la figure de *Louis le Raccourci.* Je pars pour Beauvais que je vais mettre *au bouillon maigre* avant de lui *faire prendre une médecine.* » (*Moniteur* du 5 brumaire an II, n° 35). « J'ai accepté l'adjonction du département de l'Oise où je vais me rendre, parce qu'en *nettoyant* ce département, je n'en trouverai que plus de moyens d'extirper le *chancre cadavéreux* de l'aristocratie. » (*Id.*) On voit avec quelle dignité ce proconsul accomplissait sa mission. Citons encore : « J'avais reçu de Paris une lettre qui m'indiquait une cachette d'*ex-nobles.* J'ai fait arrêter les Harcourt, les Beuvron, les Faucigny. » *Moniteur* du 15 brumaire an II, n° 45.) Un dernier exemple de sa douceur ; il écrit d'Amiens : « Ce sont des étrangers arrivés ici qui cherchaient à fomenter le trouble ; mais j'ai tendu mon large filet, et j'y prends tout mon *gibier de guillotine.* » (*Moniteur* du 25 frimaire an II, n° 85.) Voilà l'homme à qui la réaction a pardonné, parce qu'il fut un des vainqueurs de thermidor.

politique, la réaction ne pardonne jamais, c'est le désintéressement, c'est la bonne foi, c'est la loyauté. Saint-Just et ses amis auraient été moins attaqués, s'ils eussent été moins honnêtes.

Rappelés par leurs collègues, Saint-Just et le Bas quittèrent l'armée du Nord à laquelle ils dirent, non pas adieu, mais au revoir. Le Bas écrivait d'Amiens à son père, le 24 pluviôse : « Nous avons été forcés, mon cher père, de précipiter notre départ, et nous avons été privés du plaisir de vous faire nos adieux. On vous aura témoigné nos regrets. Recevez-en de nouveau l'assurance. Élisabeth surtout n'a pu renoncer sans peine aux douceurs de votre société. Nous arriverons demain à Paris. On se porte bien ici. Nous vous donnerons de nos nouvelles à notre arrivée. Nous vous embrassons tendrement. »

Le 25, ils étaient à Paris, où Saint-Just allait recevoir de la Convention nationale le plus éclatant témoignage d'estime et de considération qui pût alors être accordé à un représentant du peuple.

CHAPITRE III

Modérés et ultra-révolutionnaires. — Saint-Just est nommé président de la Convention nationale. — Actes de sa présidence. — Réclamations contre la détention des patriotes. — Rapport de Saint-Just. — La Convention adopte le décret présenté par lui.—Mode d'exécution de ce décret. — La confiscation.— Les Girondins et les Montagnards. — Une lettre du roi Charles IX. — De la douceur monarchique.

Pendant la seconde mission de Saint-Just et de le Bas, la scission qui s'était produite sur les bancs de la Montagne avait pris un caractère alarmant, et les commissaires trouvèrent bien changée la physionomie de la Convention. « Je ne vous parlerai pas des affaires publiques, écrivait le Bas à son père; mes absences m'ont un peu désorienté, il faut que je me remette au courant. »

Deux factions rivales s'étaient dessinées plus nettement depuis quelques semaines; la faction modérée, ainsi nommée parce qu'elle s'était à elle-même décerné ce titre, et la faction ultra-révolutionnaire. La première marchait encore avec Robespierre, auquel s'était associé Danton pour blâmer Camille Desmoulins: la seconde s'en était complétement séparée ; elle l'avait même attaqué en ces termes, au club des Cordeliers, par la bouche de Momoro, l'un des membres de la Commune : « Tous ces hommes usés en République, ces jambes cassées de la Révolution nous traitent d'exagérés, parce que nous sommes patriotes et qu'ils ne veulent plus l'être (1)..» Pourquoi cette allusion à Robespierre et à ses amis? C'est que, quelques jours avant, Robespierre avait dénoncé les *enragés* au sein même de la Convention, dans son discours sur les principes de morale politique qui devaient guider l'Assemblée dans l'administration intérieure de la République. Comment auraient-ils oublié de telles paroles :

« Ils aimeraient mieux user cent bonnets rouges que de faire une bonne action. Quelle différence trouvez-vous entre ces gens-là et vos modérés?... Jugez-les, non par la différence du langage, mais par l'identité des résultats. Celui qui attaque la Convention nationale par des discours insensés et celui qui la trompe pour la compromettre, ne sont-ils pas d'accord avec celui qui, par d'injustes rigueurs, force le patriotisme à trembler pour lui-même, invoque l'humanité en faveur de l'aristocratie et de la trahison? »

Puis, accusant les exagérés de prendre le masque du patriotisme pour défigurer, par d'insolentes parodies, le

---

(1) Voyez *le Moniteur* du 28 pluviôse an II, n° 148.

drame sublime de la Révolution, et compromettre la cause de la liberté par des extravagances étudiées, l'orateur ajoutait :

« Faut-il agir? ils pérorent. Faut-il délibérer? ils veulent commencer par agir. Les temps sont-ils paisibles? ils s'opposent à tout changement utile. Sont-ils orageux? ils parlent de tout réformer pour bouleverser tout. Voulez-vous contenir les séditieux? ils vous rappellent la clémence de César. Voulez-vous arracher les patriotes à la persécution? ils vous proposent pour modèle la fermeté de Brutus. Ils découvrent qu'un tel a été noble lorsqu'il sert la République; ils ne s'en souviennent plus lorsqu'il la trahit. La paix est-elle utile? ils vous étalent les palmes de la victoire. La guerre est-elle nécessaire? ils vous vantent les douceurs de la paix. Faut-il défendre le territoire? ils veulent aller chercher les tyrans au delà des monts et des mers. Faut-il reprendre nos forteresses? ils veulent prendre d'assaut les églises et escalader le ciel; ils oublient les Autrichiens pour faire la guerre aux dévotes (1). »

C'était une déclaration de guerre manifeste aux auteurs des saturnales dont le culte de la Raison était le prétexte.

Nous tracerons le tableau de ces scènes désolantes, au moment où Saint-Just se chargera de frapper l'hébertisme, comme il avait frappé Euloge Schneider pour avoir déshonoré la Révolution. Il était revenu depuis trois jours seulement, lorsque l'Assemblée, dans la soirée du 1er ventôse, le choisit pour son président.

---

(1) Voyez *le Moniteur* du 19 pluviôse an II, n° 139,

Le premier acte de sa présidence fut de présenter à la Convention l'extrait de huit cents adresses de communes qui la félicitaient sur ses travaux et l'invitaient à rester à son poste jusqu'à la cessation des dangers de la patrie. Ce fut sous sa présidence que la loi sur le maximum fut remaniée et refaite sur des bases plus justes ; que l'exécrable Carrier, un thermidorien, présenta son rapport sur sa mission à Nantes ; que le traitement des instituteurs primaires fut augmenté ; que Merlin (de Thionville) invita la Convention à décréter qu'aucun noble ne pourrait servir dans les armées de la République ; que fut organisé le service de santé des armées et des hôpitaux militaires. Ce fut sous sa présidence que Bonaparte, alors commandant en second d'artillerie, fut dénoncé à la Convention pour avoir, sur l'ordre du général Lepoype, proposé de relever à Marseille les bastilles bâties jadis par Louis XIV dans le but d'assurer son despotisme dans le Midi, et qui avaient été détruites depuis la Révolution. Ce fut aussi sous la présidence de Saint-Just que la sœur de Mirabeau adressa à l'Assemblée une demande de secours. La Révolution avait accordé aux ci-devant religieuses une pension, à titre d'indemnité ; mademoiselle de Mirabeau, après avoir exposé, dans une supplique, son extrême détresse, ajoutait qu'il ne lui restait de ressource que dans la justice et la bienfaisance de la Convention, et terminait en sollicitant un secours provisoire, à imputer sur les arrérages de sa pension. On n'avait pas encore oublié les grands services rendus à la cause populaire par l'immortel transfuge de la noblesse, et l'Assemblée, sur la proposition d'un de ses membres, accorda à la citoyenne Riquetti une pension de six cents livres.

Dans la séance du 4 ventôse, les représentants Taillefer

et Bréard s'étaient plaints vivement de ce que certains hommes à bonnet rouge, simulant un zèle exagéré, s'introduisaient dans les comités révolutionnaires et parvenaient à faire arrêter d'excellents patriotes ; sur leur proposition, la Convention avait invité ses Comités de Salut public et de Sûreté générale à lui présenter incessamment un rapport sur les moyens de mettre fin à de pareilles menées.

Chargé de porter la parole au nom des deux comités, Saint-Just descendit, le 8 ventôse, de son fauteuil de président, monta à la tribune et commença en ces termes :

« Vous avez décrété, le 4 ventôse, que vos deux Comités réunis de Salut public et de Sûreté générale vous feraient un rapport sur les détentions, sur les moyens les plus courts de reconnaître et de délivrer l'innocence et le patriotisme opprimés, comme de punir les coupables.

» Je ne veux point traiter cette question devant vous comme si j'étais accusateur et défenseur, ou comme si vous étiez juges ; car les détentions n'ont point leur source dans des relations judiciaires, mais dans la sûreté du peuple et du gouvernement. Je ne veux point parler des orages d'une révolution comme d'une dispute de rhéteurs, et vous n'êtes point juges, et vous n'avez point à vous déterminer par l'intérêt civil, mais par le salut du peuple placé au-dessus de nous. Toutefois, il faut être juste ; mais, au lieu de l'être conséquemment à l'intérêt particulier, il faut l'être conséquemment à l'intérêt public. »

Après cet exorde, il examine l'origine des détentions rendues nécessaires par les menées des ennemis de la Révolution. « Parcourez, dit-il, les périodes qui les ont amenées ; on a passé, par rapport à la minorité rebelle, du mépris à la défiance, de la défiance aux exemples, des exemples à la terreur. Aux détentions tient la perte ou le triomphe de nos ennemis. Je ne sais pas exprimer à demi ma pensée; je suis sans indulgence pour les ennemis de mon pays : je ne connais que la justice. » Suivant lui, faute d'un système d'institutions qui mette l'harmonie dans la République, la société française flotte éperdue entre l'avarice et l'intérêt qui cherchent à la détruire par la corruption.

« Dans une monarchie, poursuit-il, il n'y a qu'un gouvernement; dans une république, il y a de plus des institutions, soit pour comprimer les mœurs, soit pour arrêter la corruption des lois ou des hommes. Un État où ces institutions manquent n'est qu'une république illusoire ; et comme chacun y entend, par sa liberté, l'indépendance de ses passions et son avarice, l'esprit de conquête et l'égoïsme s'établissent entre les citoyens, et l'idée particulière que chacun se fait de la liberté selon son intérêt, produit l'esclavage de tous.
» Nous avons un gouvernement, nous avons ce lien commun de l'Europe qui consiste dans des pouvoirs et une administration publique. Les institutions nous manquent. Nous n'avons point de lois civiles qui consacrent notre bonheur, nos relations naturelles et détruisent les éléments de la tyrannie. Une partie de la jeunesse est encore élevée par l'aristocratie; celle-ci est puissante et opulente. L'étranger, qui s'est efforcé de corrompre les talents, s'est efforcé de dessécher nos cœurs. Nous sommes inondés d'écrits dénaturés; la loi déifie l'athéisme intolérant et fanatique. On croirait que le prêtre s'est fait athée et que l'athée s'est fait prêtre; il n'en faut plus

parler. Il nous faudrait de l'énergie, on nous suggère le délire ou la faiblesse.

» L'étranger n'a qu'un moyen de nous perdre, c'est de nous dénaturer et de nous corrompre, puisqu'une république ne peut reposer que sur la nature et les mœurs. C'est Philippe qui remue Athènes, c'est l'étranger qui veut rétablir le trône, et qui répond à nos paroles qui s'envolent par des crimes profonds qui nous minent... C'est l'étranger qui défend officieusement les criminels. Les agents naturels de cette perversité sont les hommes qui, par leurs vengeances et leurs intérêts, font cause commune avec les ennemis de la République. Vous avez voulu une république; si vous ne vouliez pas en même temps ce qui la constitue, elle ensevelirait le peuple sous ses débris. Ce qui constitue une république, c'est la destruction totale de ce qui lui est opposé. On se plaint des mesures révolutionnaires; mais nous sommes des modérés en comparaison de tous les autres gouvernements. »

Ainsi se trouvaient avertis du même coup et ceux qui poussaient à la haine et au mépris de la Révolution par leurs folies et leurs farces indécentes, et ceux qui, par un modérantisme d'apparat, se faisaient, sans le vouloir peut-être, l'avant-garde de la réaction. Puis, après avoir rappelé les crimes et les fautes de l'ancienne monarchie, après avoir dépeint la terreur royaliste sous laquelle gémissaient les peuples de l'Europe, cette terreur qui à l'heure présente, pour la honte de notre siècle, broie encore l'héroïque et malheureuse Italie, après avoir démontré que l'Angleterre demanderait la paix le lendemain du jour où elle verrait ses partisans écrasés par la République, Saint-Just se demande avec raison pourquoi la France ne traiterait pas les partisans de la tyrannie comme on traite, ailleurs, les partisans de la liberté. Il invoque alors le souvenir de Margarot, qui venait d'être déporté à Botany-Bay et dont les biens avaient été confisqués par le Parlement d'Angleterre, parce qu'il avait commis le crime de convoquer à Édimbourg une convention nationale.

« Que Margarot revienne de Botany-Bay ! s'écrie-il ; qu'il ne périsse point ! que sa distinée soit plus forte que le gouvernement qui l'opprime ! Les révolutions commencent par d'illustres malheureux vengés par la fortune. Que la Providence accompagne Margarot à Botany-Bay ! qu'un décret du peuple affranchi le rappelle du fond des déserts ou venge sa mémoire ! On arrête en vain l'insurrection de l'esprit humain, elle dévorera la tyrannie. »

Rappelant ensuite les attentats renouvelés chaque jour contre la République, il examine si le temps de l'indulgence est venu, et déclare que la sévérité est commandée par la confiance même des ennemis de la Révolution.

« La première loi de toutes les lois, dit-il, est la conservation de la République... Il est une secte politique, en France, qui joue tous les partis ; elle marche à pas lents. Parlez-vous de la terreur, elle vous parle de clémence ; devenez-vous clément, elle vous vante la terreur... Ainsi, dans un gouvernement où la morale n'est point rendue pratique par des institutions fortes qui rendent le vice difforme, la destinée publique change au gré du bel esprit et des passions dissimulées. Éprouvons-nous des revers, les indulgents prophétisent des malheurs ; sommes-nous vainqueurs, on en parle à peine. Dernièrement, on s'est moins occupé des victoires de la République que de quelques pamphlets, et, tandis qu'on détourne le peuple des mâles objets, les auteurs des complots criminels respirent et s'enhardissent. On distrait l'opinion des plus purs conseils et le peuple français de sa gloire pour l'appliquer à des querelles polémiques. Ainsi Rome sur son déclin, Rome dégénérée, oubliant ses vertus, allait voir au cirque combattre des bêtes, et, tandis que le souvenir de tout ce qu'il y a de grand et de généreux parmi nous semble obscurci, les principes de la liberté publique peu à peu s'effacent, ceux du gouvernement se relâchent, et c'est ce que l'on veut pour accélérer notre perte. L'indulgence est pour les conspirateurs, et la rigueur est pour le peuple. On semble ne compter pour rien le sang de deux cent mille patriotes répandu et oublié. »

L'enthousiasme républicain de l'orateur lui arrache de ces paroles qui ajoutaient à la solennité et à la grandeur des circonstances je ne sais quelle sombre et sauvage majesté : « La monarchie n'est point un roi, elle est le crime; la République n'est point un sénat, elle est la vertu; quiconque ménage le crime, veut rétablir la monarchie et immoler la liberté. » Dans ce magnifique discours, il n'a garde d'oublier les fripons qui étaient alors poursuivis et traités avec la même sévérité que les traîtres. Aussi, comme ils prirent leur revanche après thermidor! comme ils se répandirent sur les routes, tuant et pillant avec impunité, sous les auspices de la réaction, devenue la complice et l'associée des voleurs et des assassins de grand chemin!

« Votre but, poursuivait Saint-Just, est de créer un

ordre de choses tel, qu'une pente universelle vers le bien s'établisse; tel, que les factions se trouvent tout à coup lancées sur l'échafaud; tel, qu'une mâle énergie incline l'esprit de la nation vers la justice; tel, que nous obtenions dans l'intérieur le calme nécessaire pour fonder la félicité du peuple; car il n'y a, comme au temps de Brissot, que l'aristocratie et l'intrigue qui se remuent; les sociétés populaires ne sont point agitées; les armées sont paisibles; le peuple travaille. Ce sont donc tous nos ennemis qui s'agitent seuls, et qui s'agitent pour renverser la Révolution. Notre but est d'établir un gouvernement sincère, tel que le peuple soit heureux, tel, enfin, que, la sagesse et la Providence éternelle présidant seules à l'établissement de la République, elle ne soit plus, chaque jour, ébranlée par un forfait nouveau... Il s'éleva, dans le commencement de la Révolution, des voix indulgentes en faveur de ceux qui la combattaient. Cette indulgence, qui ménagea pour lors quelques coupables, a, depuis, coûté la vie à deux cent mille hommes dans la Vendée; cette indulgence nous a mis dans la nécessité de raser des villes; elle a exposé la patrie à une ruine totale, et si, aujourd'hui, vous vous laissiez aller à la même faiblesse, elle vous coûterait un jour trente ans de guerre civile. Il est difficile d'établir une république autrement que par la censure inflexible de tous les crimes. Jamais Précy, jamais la Rouerie et Paoli n'auraient créé de parti sous un gouvernement jaloux et rigoureux. La jalousie vous est nécessaire : vous n'avez le droit ni d'être cléments ni d'être sensibles pour les trahisons; vous ne travaillez pas pour votre compte, mais pour le peuple. Lycurgue avait cette idée dans le cœur, lorsque, après avoir fait le bien de son pays avec une rigidité impitoyable, il s'exila lui-même. »

Il peint alors les trahisons qui ont mis le pays en feu ; il peint la Vendée triomphante ; Toulon, Valenciennes et le Quesnoy livrés à l'ennemi ; l'étranger maître de nos banques et de notre industrie ; nos vaisseaux incendiés ; nos monnaies avilies ; et il continue en ces termes :

« Vous maîtrisâtes la fortune et la victoire, et vous déployâtes enfin contre les ennemis de la liberté l'énergie qu'ils avaient déployée contre vous ; car, tandis qu'on vous suggérait des scrupules de défendre la patrie, Précy, Charette et tous les conjurés brûlaient la cervelle à ceux qui n'étaient pas de leur avis et refusaient de suivre leurs rassemblements, et ceux qui cherchent à nous énerver ne font rien et ne proposent rien pour énerver nos ennemis. On croirait, à les entendre, que l'Europe est tranquille et ne fait point de levées contre nous. On croirait, à les entendre, que les frontières sont paisibles comme nos places publiques... On croirait que chacun, épouvanté de sa conscience et de l'inflexibilité des lois, s'est dit à lui-même : Nous ne sommes pas assez vertueux pour être si terribles ; législateurs philosophes, compatissez à ma faiblesse ; je n'ose point vous dire : Je suis vicieux ; j'aime mieux vous dire : Vous êtes cruels.

» Ce n'est point avec ces maximes que vous acquerrez de la stabilité. Je vous ai dit qu'à la détention de l'aristocratie le système de la République était lié. En effet, la force des choses nous conduit peut-être à des résultats auxquels nous n'avons point encore pensé. L'opulence est dans les mains d'un assez grand nombre d'ennemis. Concevez-vous qu'un empire puisse exister si les rapports civils aboutissent à ceux qui sont contraires à la forme du gouvernement? Ceux qui font des révolutions à moitié n'ont fait que se creuser un tombeau. La Révolution nous conduit à reconnaître ce principe, que celui qui s'est montré l'ennemi de son pays n'y peut être propriétaire. Serait-ce donc pour ménager des jouissances à ses tyrans que le peuple verse son sang sur les frontières, et que toutes les familles portent le deuil de leurs enfants? Vous reconnaîtrez ce principe, que celui-là seul a des droits dans notre patrie, qui a coopéré à l'affranchir. Abolissez la mendicité qui déshonore un État libre. Les propriétés des patriotes sont sacrées ; mais les biens des conspirateurs sont là pour tous les malheureux. Les malheureux sont les puissances de la terre ; ils ont le droit de parler en maîtres aux gouvernements qui les négligent. Ces principes sont éversifs des gouvernements corrompus ; ils détruiraient le vôtre si vous le laissiez corrompre. Immolez donc l'injustice et le crime si vous ne voulez pas qu'ils vous immolent. »

Il insiste alors sur la nécessité de réprimer tous les abus, et surtout ceux commis par les fonctionnaires qui bravent leurs devoirs et que la justice épargne trop souvent.

« Que rien de mal ne soit pardonné ni impuni dans le gouvernement, dit-il en terminant ; la justice est plus redoutable pour les ennemis de la République que la terreur seule. Que de traîtres ont échappé à la terreur qui parle et n'échapperaient pas à la justice qui pèse les crimes dans sa main ! La justice condamne les ennemis du peuple et les partisans de la tyrannie parmi nous à un esclavage éternel ; la terreur leur en laisse espérer la fin... La justice condamne les fonctionnaires à la probité ;

la justice rend le peuple heureux et consolide le nouvel état de choses; la terreur est une arme à deux tranchants, dont les uns se sont servis à venger le peuple et d'autres à servir la tyrannie. La terreur a rempli les maisons d'arrêt; mais on ne punit point les coupables : la terreur a passé comme un orage. N'attendez de sévérité durable dans le caractère public que de la force des institutions... Il s'est fait une révolution dans le gouvernement : elle n'a point pénétré l'état civil ; le gouvernement repose sur la liberté ; l'état civil sur l'aristocratie qui forme un rang intermédiaire d'ennemis de la liberté entre le peuple et vous. Pouvez-vous rester loin du peuple, votre unique ami ? Forcez les intermédiaires au respect rigoureux de la représentation nationale et du peuple. Si ces principes pouvaient être adoptés, notre patrie serait heureuse, et l'Europe serait bientôt à nos pieds...

» Épargnez l'aristocratie, et vous préparez cinquante ans de troubles. Osez! ce mot renferme toute la politique de notre Révolution. L'étranger veut régner chez nous par la discorde ; étouffons-la en séquestrant nos ennemis et leurs partisans ; rendons guerre pour guerre : nos ennemis ne peuvent plus nous résister longtemps. Ils nous font la guerre pour s'entre-détruire. Pitt veut détruire la maison d'Autriche, et celle-ci la Prusse, tous ensemble l'Espagne. Pour vous, détruisez le parti rebelle; bronzez la liberté; vengez les patriotes, victimes de l'intrigue; mettez le bon sens et la modestie à l'ordre du jour; ne souffrez point qu'il y ait un malheureux ni un pauvre dans l'État. Eh! qui vous saurait gré du malheur des bons et du bonheur des méchants? »

L'Assemblée, après la lecture de ce rapport, se leva par acclamation, et, au milieu d'unanimes applaudissements (1), adopta un décret par lequel le Comité de Sûreté générale fut investi du pouvoir de mettre en liberté les patriotes détenus, à la condition, pour toute personne détenue, de rendre compte de sa conduite depuis 1789. Le même décret ordonnait la séquestration, au profit de la République, des biens des personnes reconnues ennemies de la Révolution, lesquelles devaient être emprisonnées jusqu'à la paix et bannies ensuite à perpétuité.

Quelques jours après, Saint-Just reparut à la tribune pour soumettre à la Convention, au nom du Comité de Salut public, un mode d'exécution du précédent décret. Il s'exprima ainsi :

« C'est une idée très-généralement sentie, que toute la sagesse du gouvernement consiste à réduire le parti opposé à la Révolution, et à rendre le peuple heureux aux dépens de tous les vices et de tous les ennemis de la liberté. C'est le moyen d'affermir la Révolution que de la faire tourner au profit de ceux qui la défendent. Identifiez-vous par la pensée aux mouvements secrets de tous les cœurs ; franchissez les idées intermédiaires qui vous séparent du but où vous tendez. Il vaut mieux hâter la marche de la Révolution que de la suivre et d'en être entraîné. C'est à vous d'en déterminer le plan et d'en précipiter les résultats pour l'avantage de l'humanité.

» Que le cours rapide de votre politique entraîne toutes les intrigues de l'étranger; un grand coup que vous frappez d'ici retentit sur le trône et sur le cœur de tous les rois. Les lois et les mesures de détail sont des piqûres que l'aveuglement endurci ne sent pas. Faites-vous res-

(1) Voyez le compte rendu de cette séance dans *le Moniteur* du 9 ventôse an II, qui reproduit, en entier, le discours de Saint-Just.

pecter en prononçant avec fierté les destins du peuple français. Vengez le peuple de douze cents ans de forfaits contre ses pères. On trompe les peuples de l'Europe sur ce qui se passe chez nous. On travestit vos discussions ; mais on ne travestit point les lois fortes ; elles pénètrent tout à coup les pays étrangers comme l'éclair inextinguible. Que l'Europe apprenne que vous ne voulez plus un malheureux ni un oppresseur sur le territoire français ; que cet exemple fructifie sur la terre ; qu'il y propage l'amour des vertus et le bonheur. Le bonheur est une idée neuve en Europe. »

Après avoir entendu Saint-Just, la Convention décida que les biens des ennemis de la Révolution serviraient à indemniser tous les patriotes indigents dont les communes de la République dresseraient un état, avec leurs noms, leur âge, leur profession, le nombre et l'âge de leurs enfants ; qu'en conséquence, le Comité de Sûreté générale présenterait et rendrait public le tableau des personnes hostiles à la Révolution, et qu'il donnerait des ordres précis pour que dans un délai fixé par lui à chaque district, suivant son éloignement, chaque comité de surveillance de la République eût à fournir des renseignements sur la conduite de tous les détenus depuis le 1er mai 1789.

Avant de s'exclamer sur la rigueur d'un pareil décret, il ne faut pas oublier que la confiscation n'était pas d'invention révolutionnaire. Son origine est toute monarchique, ce que les historiens réactionnaires mettent trop de bonne volonté à ne pas se rappeler. Ce fut un des rares abus que la Révolution ne détruisit point (1).

(1) Abolie en 1790, rétablie en 1792, la confiscation ne disparut de nos Codes qu'à la chute de l'empire.

Elle tourna contre ses ennemis, contre l'aristocratie et les émigrés, cette arme terrible dont nos rois avaient tant usé pour enrichir des grands seigneurs et des courtisanes ; en sorte que l'on peut dire que beaucoup perdirent leurs richesses par le moyen même qui les leur avait données.

La Révolution eût mieux fait sans doute, au lieu de concéder gratuitement les biens nationaux ou de les vendre, système qui a favorisé l'usure et la paresse, suivant la très-judicieuse remarque de M. Michelet (1), de les affermer à très-bas prix, de façon à en favoriser peu à peu l'achat aux hommes laborieux et économes; les lois agraires, même par exception, n'aboutiront jamais à des résultats satisfaisants. Mais ne faut-il pas remercier la Convention de la persistance avec laquelle elle chercha à déraciner la mendicité, ce fléau que la France républicaine avait hérité de la monarchie, et lui savoir gré des efforts qu'elle tenta pour y parvenir ? « Abolissez la mendicité, qui déshonore un État libre, » lui avait dit Saint-Just. Il y avait autrefois, en France, des armées de mendiants qui vivaient des aumônes des seigneurs. L'Assemblée, sous la présidence de Saint-Just, décréta que les autorités constituées seraient tenues, sous leur responsabilité, de veiller à ce que les individus valides ne mendiassent pas et s'occupassent de travaux utiles à la société. En même temps, elle chargea son comité de secours de présenter, dans le plus bref délai, un rapport sur les mesures à prendre pour éteindre la mendicité dans toute l'étendue de la République (2).

On sait quels étaient alors des dangers de la Répu-

---

(1) *Histoire de la Révolution*, par Michelet, t. VII, p. 150.

(2) Séance du 16 ventôse an II. La mendicité est le mal chronique des pays d'aristocratie : voyez l'Angleterre.

blique, menacée par la faim, la coalition et la révolte. Saint-Just s'occupa constamment des subsistances. Tous les arrêtés relatifs aux approvisionnements sont signés de lui et de Robert Lindet, et presque tous écrits de sa main. En voici quelques-uns, que nous copions au hasard :

« Le Comité de Salut public, sur le compte qui lui a été rendu du danger où Paris se trouve, en ce moment, de manquer de pain, et après avoir délibéré, arrête ce qui suit :
» Le ministre de l'intérieur tiendra trois millions à la disposition du corps municipal de Paris.
» Signé : Saint-Just. »

« Le Comité de Salut public invite le citoyen Cambon à examiner incessamment et à apurer en particulier les comptes de la Commune de Paris sur l'emploi des trois millions qui lui ont été avancés à diverses époques pour l'approvisionnement de Paris en subsistances. Le citoyen Cambon fera connaître le résultat de son examen au Comité de Salut public.
» Signé : Saint-Just, Barère, Billaud, Carnot, C.-A. Prieur. »

« Le Comité de Salut public arrête que le maire de Paris lui remettra, chaque jour, l'état des arrivages sur les ports de Paris ; arrête, en outre, que le maire de Paris fera faire le recensement des magasins en gros.
» Signé : Saint-Just. »

L'année avait été mauvaise ; les denrées étaient rares ; on arrêtait sur les routes les voitures de farines destinées à Paris, et plusieurs arrêtés sévères, signés de Saint-Just, enjoignent aux administrations de département de faire relâcher les voitures et de les envoyer promptement à leur destination. Ce fut alors que, pour parer aux éventualités d'une seconde mauvaise année et se mettre en garde contre la famine, on eut l'idée de planter en pommes de terre les pelouses des jardins publics. Voici l'arrêté du Comité de Salut public concernant cette mesure, en date du 1er ventôse de l'an II; il est de la main de Barère :

« Le Comité de Salut public arrête que le ministre de l'intérieur donnera des ordres nécessaires pour faire planter des pommes de terre dans les carrés du jardin national et dans les carrés du jardin du Luxembourg.
» Signé : BARÈRE, SAINT-JUST, CARNOT, A.-C. PRIEUR. »

Cette mesure, tant critiquée par les écrivains contre-révolutionnaires, était pourtant bien simple et bien logique : il fallait vivre. Aussi ces difficultés de la vie matérielle étaient-elles de nature à irriter profondément la Convention contre tous ceux qui tentaient de s'opposer à ses grandes mesures de salut.

Faut-il s'étonner maintenant de la sévérité des paroles de Saint-Just contre les ennemis de la Révolution? Ce serait singulièrement oublier quels étaient les périls de la situation, au moment où il les prononça. Si, sous l'Assemblée législative, à une époque où l'émigration n'en était encore qu'aux menaces, on rendit contre elle des lois formidables, comment s'étonner qu'on les ait mises à exécution, quand les émigrés, après avoir sonné le tocsin contre la patrie, en furent venus à tirer l'épée? La terreur fut la conséquence nécessaire et fatale du système des Girondins. « Marquons à l'avance une place aux traîtres, s'était écrié Guadet, et que cette place soit l'échafaud (1) ! » Elles sont d'Isnard ces paroles passionnées :

« Nous ne punissons pas les chefs des rebelles, et nous avons détruit la noblesse !... Il est temps, il est temps que le grand niveau de l'égalité, placé sur la France libre, prenne son aplomb. La colère du peuple, comme celle de Dieu, n'est trop souvent que le supplément terrible du silence des lois... Je vous dirai que, si nous voulons vivre libres, il faut que la loi gouverne, que sa voix foudroyante retentisse et qu'elle ne distingue ni rangs, ni titres, aussi inexorable que la mort quand elle tombe sur sa proie. On vous a dit que l'indulgence est le devoir de la force... et moi je dis que la nation doit veiller sans cesse, parce que le despotisme et l'aristocratie n'ont ni mort ni sommeil, et que si les nations s'endorment un instant, elles se réveillent enchaînées; et moi je soutiens que le moins pardonnable des crimes est celui qui a pour but de ramener l'homme à l'esclavage, et que, si le feu du ciel était au pouvoir des hommes, il faudrait en frapper ceux qui attentent à la liberté des peuples (2). »

Est-ce Isnard ou Saint-Just qui parle ainsi ? Et cette loi, votée sur les inspirations des Girondins, quelle était-elle ?

« Les Français rassemblés au delà des frontières du

---

(1) Voyez *le Moniteur* du 15 janvier 1792, n° 15, séance du 13.
(2) Voyez *le Moniteur* du 2 novembre 1791, n° 306, séance du 31 octobre.

royaume sont, dès ce moment, déclarés suspects de conjuration contre la patrie.

» Si, au 1ᵉʳ janvier prochain, ils sont encore en état de rassemblement, ils seront déclarés coupables de conjuration, poursuivis comme tels et punis de mort.

» Seront coupables du même crime et frappés de la même peine les princes français et les fonctionnaires publics absents à l'époque ci-dessus citée du 1ᵉʳ janvier 1790.

» Tout Français qui, hors du royaume, embauchera et enrôlera des individus pour qu'ils se rendent aux rassemblements énoncés dans les art. i et ii du présent décret, sera puni de mort. La même peine aura lieu contre toute personne qui commettra le même crime en France (1). »

N'était-ce pas là de la terreur en maximes et en articles de loi ? Quand nous disons terreur, il est bien entendu que nous ne parlons pas des abominables atrocités commises par les Carrier, les Fouché et autres thermidoriens, qui tuèrent Robespierre et ses amis. Devant de pareilles horreurs, qu'elles soient commises par des républicains, comme en 1793 (2), ou par des royalistes, comme dans la Vendée en 1793 et dans le Midi en 1814, toute âme humaine s'indigne et proteste. Loin de nous, au reste, la pensée de faire le procès aux Girondins pour ces grandes et légitimes colères qu'ils laissèrent éclater contre les ennemis de la Révolution ; nous avons seulement voulu démontrer qu'entre eux et les Montagnards il y eut une guerre de personnes et non pas une

(1) Voyez le *Moniteur* du 10 novembre 1791, séance du 9 novembre.
(2) A propos des atrocités commises par Carrier, on oublie trop celles de Charette et des autres chefs vendéens.

guerre de principes (1). Les uns et les autres furent animés des mêmes sentiments républicains, du même patriotisme, déployèrent la même énergie contre l'aristocratie et les rois; c'est ce qui doit les réconcilier dans l'histoire.

Comme pour attester la douceur des mœurs monarchiques, tant vantée de nos jours, ce fut sous la présidence de Saint Just que Grégoire, au nom du Comité d'Instruction publique, vint lire, à la tribune de la Convention, cette curieuse et atroce lettre de Charles IX :

« A mon frère le duc d'Alençon,

» Mon frère, pour le signalé service que m'a fait Charles de Louviers, seigneur de Montrevel, présent porteur, étant celui qui a tué Mouy de la façon qu'il vous dira, je vous prie, mon frère, de lui bailler de ma part le collier de mon ordre, ayant été choisi et élu par les frères compagnons dudit ordre pour y être associé, et faire en sorte qu'il soit, par les manants et les habitants de ma bonne ville de Paris, gratifié de quelque honnête présent selon ses mérites, priant Dieu, mon frère, qu'il vous tienne en sa sainte et digne garde.

» Écrit au Plessis-lès-Tours, le 10e jour d'octobre 1569.

» Votre bon frère,
» CHARLES (2). »

---

(1) M. Lanfrey paraît ne pas se douter de cela, dans son *Essai sur la Révolution*. Laubardemont disait : « Donnez-moi six lignes de l'écriture d'un homme, et je me charge de le faire pendre. » M. Lanfrey a pris çà et là quelques paroles de Saint-Just et de Robespierre, et il a pendu l'un et l'autre. Il défend la Révolution à peu près comme l'ours de la fable défend son maître. Combien plus justes sont les appréciations de Chateaubriand sur les Montagnards, si hostile qu'il leur soit ! En vérité, ce n'était pas la peine de commencer par invectiver M. Joseph de Maistre.

(2) Voyez *le Moniteur* du 15 ventôse an II, n° 165.

Nous n'avons pas à dresser ici l'inventaire des crimes et des brigandages de la monarchie, et si nous avons cité la lettre du triste auteur de la Saint-Barthélemy, c'est uniquement parce qu'elle fut lue sous la présidence de Saint-Just. Il faut cependant bien dire à ceux qui reprochent tant à la Révolution ses excès, que nos rois ont été cruels et impitoyables sans nécessité, sans cause plausible, par caprice et par fantaisie, sans presque jamais avoir été dans le cas de légitime défense, comme le fut la République. Où était la raison de la révocation de l'édit de Nantes et des dragonnades des Cévennes, pour citer un exemple entre mille ? Que celui-là parle qui ose de bonne foi se faire l'apologiste de ces infamies de la royauté. Saint-Just devait donc à bon droit les flétrir. Ah ! dans tous ses discours, d'une si mâle éloquence, sans doute il y a de sombres et terribles maximes, mais combien plus il y en a où éclatent à chaque mot, avec une rare vigueur d'expression, l'amour de la patrie, la pitié pour le malheur, le culte de la justice ! Toutes, il les a puisées dans une âme, à coup sûr inflexible envers les traîtres et les ennemis de la République, mais souverainement honnête et profondément convaincue.

CHAPITRE IV

Coup d'œil sur l'hébertisme. — Du respect du peuple. — L'évêque Gobel et l'évêque Grégoire. — Le culte de la Raison. — Ses vrais adorateurs. — Séance des Cordeliers. — Vigilance du Comité de Salut public. — Rapport de Saint-Just. — Décret à la suite. — Enthousiasme de Legendre. — Arrestation des hébertistes. — Leur supplice.

Il nous faut retourner un peu en arrière pour expliquer le plus brièvement possible les faits qui amenèrent le Comité de Salut public à charger Saint-Just de présenter à la Convention un rapport sur la conspiration dite de l'étranger.

Dans toutes les révolutions, il se trouve des hommes qui, sous prétexte de patriotisme, se complaisent à fomenter et à entretenir le désordre. Ils sont quelquefois de bonne foi, et n'en deviennent pas moins les plus dangereux ennemis de la cause qu'ils croient servir ; le plus souvent, ce sont des misérables aux gages d'un parti, payés pour pousser à tous les excès imaginables, et jeter ainsi une révolution hors de ses limites naturelles et légitimes. On voit alors se produire les effets les plus désastreux ; l'oppression de la rue est substituée à l'oppression du pouvoir ; un fanatisme en remplace un autre ; la liberté dégénère en licence, et les timides amis de l'indépendance se réfugient involontairement dans la réaction.

Cette faction des ultra-révolutionnaires reçut le nom d'*hébertisme,* non que tous ceux qui en étaient fussent des amis ou des partisans d'Hébert, mais parce que la feuille de ce dernier, d'un si dégoûtant cynisme, résumait à peu près toutes les tendances du parti. Hébert était peut-être sincère dans ses exagérations, mais il causa un mal immense en flattant les bas instincts de la multitude, au lieu de faire appel à ses généreux sentiments, qu'on n'invoque jamais en vain. Ce n'est pas honorer un peuple que de lui parler en termes de tripot, au lieu de le relever dans l'estime de lui-même par la convenance et la dignité du langage. L'égalité, telle que l'a affirmée la Révolution, doit être dans la décence et non dans la boue ; elle n'est pas dans l'égale répartition des fortunes, qui ne se maintiendrait pas vingt-quatre heures, en dépit de toutes les lois du monde ; mais elle est dans l'égalité des droits, dans la faculté pour chacun d'arriver à toutes les positions de l'État ; dans l'absence de distinctions sociales, présupposant *à priori* la supériorité de certaines familles ; elle est surtout dans la distinction personnelle, qui, du plus modeste ouvrier, peut moralement faire l'égal, sinon le supérieur, d'un premier ministre. Ce fut par le respect grave, courageux et désintéressé que Robespierre, le Bas, Saint-Just, Couthon, Carnot, Grégoire et quelques autres portaient au peuple, qu'ils eurent sur la plupart de leurs collègues une immense supériorité. Aussi réprouvèrent-ils sévèrement toutes les extravagances qui compromettaient les grands travaux de l'Assemblée, comme ils s'élevèrent contre les criailleries d'un faux modérantisme servant à masquer la contre-révolution.

Nul doute que la destruction violente du culte catholique, provoquée par Chaumette, n'ait été très-funeste à la République. Quel spectacle que celui de l'évêque Gobel venant, avec ses vicaires, abjurer ses croyances en pleine Convention et déposer ses lettres de prêtrise! Ah! combien plus digne et plus vrai l'illustre Grégoire, lorsque, invité à imiter l'exemple de l'évêque de Paris, il s'écria : « On me parle de sacrifices, j'y suis habitué. S'agit-il d'attachement à la cause de la liberté? Mes preuves sont faites; s'agit-il du revenu attaché aux fonctions d'évêque? Je l'abandonne sans regret; s'agit-il de religion? Cet article n'est pas de votre domaine... J'invoque la liberté des cultes (1). » Et cette liberté des cultes, c'est-à-dire la liberté de conscience, qui l'avait défendue et fait proclamer? N'était-ce pas Robespierre? n'était-ce pas Saint-Just, qui, dans ses *Institutions républicaines*, la reconnaissait formellement comme une nécessité sociale? Et pourtant l'un et l'autre étaient de libres penseurs. Mais le fanatisme de l'athéisme ne leur semblait pas plus respectable que celui du catholicisme, et je comprends parfaitement que le jour où, sous les traits d'une actrice de l'Opéra, la déesse Raison vint étaler ses

(1) Ces paroles, citées par MM. Buchez et Roux, *Histoire parlementaire*, t. XXX, p. 193-194, diffèrent légèrement de celles qui sont rapportées au *Moniteur*. Voyez, au surplus, dans *le Moniteur* du 19 brumaire an II, la suite de la séance du 17 brumaire (7 novembre).

charmes au sein même de l'Assemblée, Robespierre soit sorti de dégoût. Saint-Just en aurait certainement fait autant s'il eût été à Paris (1), car une telle parade était indigne de la représentation nationale. « Cette fatale séance, dit Levasseur, valut aux Vendéens plus qu'un renfort de dix mille hommes (2). »

Sans doute, en décrétant le culte de la Raison, la Convention ne put prévoir les scandales dont il allait devenir le prétexte, scandales que le Comité de Salut public dut attribuer aux ennemis de la Révolution, eux seuls ayant intérêt à la tuer par le ridicule. Quel parti, en effet, ils surent tirer des folies et des farces indécentes dont les principales églises de Paris furent le théâtre ! L'église de Saint-Eustache fut transformée en cabaret; on y dansa, on y fit l'amour; ce fut une épouvantable orgie.

« Nous pourrions citer plusieurs ecclésiastiques (et dans ce nombre, il en est qui ont occupé, depuis, des siéges épiscopaux et ont été élevés au cardinalat) qui poussaient le civisme au point de se servir des vases sacrés pour satisfaire des besoins profanes. Nous pourrions citer également des laïques, remplissant (depuis 1814) de hautes fonctions dans l'État, qui se livraient

(1) M. Éd. Fleury, sur la foi de je ne sais quel témoin oculaire qu'il ne nomme pas (c'est Vilate, je crois), fait assister Saint-Just à cette séance. (Voyez *Saint-Just et la Terreur*, t. II, p. 196.) Il lui était bien facile de constater qu'à cette époque Saint-Just se trouvait à Strasbourg. Cette séance eut lieu le 28 brumaire an II (10 novembre). Saint-Just et le Bas, en mission dans le Bas-Rhin, depuis le 1er brumaire, ne vinrent à Paris que le 15 frimaire (5 décembre), c'est-à-dire près d'un mois après cette séance, et en repartirent le 20. Il est bon de remarquer avec quelle déplorable légèreté M. Éd. Fleury raconte les faits, quand il ne bâtit pas sur des *on dit* les hypothèses les plus calomnieuses.

(2) *Mémoires* de Levasseur, t. II, p. 294.

publiquement à d'aussi exécrables sacriléges ; tous ces gens-là, royalistes purs depuis la Restauration, dénonçaient alors et envoyaient aux échafauds les partisans, les amis de la maison de Bourbon (1). »

En présence de ces désolantes turpitudes, quel homme sensé pourrait refuser son approbation à ces belles paroles de Robespierre :

« ... Vous craignez les prêtres, et ils abdiquent... Ah! craignez non leur fanatisme, mais leur ambition ; non l'habit qu'ils portaient, mais la peau nouvelle dont ils sont revêtus... Que des citoyens renoncent à telle et telle cérémonie et adoptent l'opinion qui leur semble la plus conforme à la vérité, la raison et la philosophie peuvent applaudir à leur conduite; mais de quel droit l'aristocratie et l'hypocrisie viendraient-elles mêler leur influence à celle du civisme et de la vertu ? De quel droit des hommes inconnus jusqu'ici dans la carrière de la Révolution viendraient-ils chercher au milieu de ces événements les moyens d'usurper une popularité fausse, jetant la discorde parmi nous, troublant la liberté des cultes au nom de la liberté, attaquant le fanatisme par un fanatisme nouveau, et faisant dégénérer les hommages rendus à la vérité pure en farces ridicules? Pourquoi leur permettrait-on de se jouer ainsi de la dignité du peuple et d'attacher les grelots de la folie au sceptre même de la raison (2)?... »

(1) Montgaillard : *Histoire de France*, t. IV, p. 89.
(2) Séance des Jacobins, du 21 novembre 1793. Voyez ce magnifique discours cité en entier, par MM. Buchez et Roux, dans l'*Histoire parlementaire*, t. XXX, p. 274-288 ; voyez également les *Mémoires* de Levasseur, t. II, p. 304-312.

Danton vint en aide à Robespierre, et, scandalisé des mascarades antireligieuses qui venaient incessamment se pavaner au sein de la Convention, il s'écria, un jour, de sa grande voix, qui retentissait si fort : « Si nous n'avons pas honoré le prêtre de l'erreur et du fanatisme, nous ne voulons pas plus honorer le prêtre de l'incrédulité. » L'Assemblée, suivant les inspirations de Robespierre et de Danton, frappa de réprobation ces saturnales indignes d'un grand peuple, et le Comité de Salut public fit cesser des scènes qui déshonoraient la Révolution, et dont les ennemis de la République essayaient de rejeter la responsabilité sur la Convention elle-même. Comment donc l'éminent auteur du livre *la Justice dans la Révolution et dans l'Église* a-t-il pu être injuste au point d'écrire avec tant d'amertume : « La raison déifiée fut, par l'imbécile Messie de Catherine Théot, déclarée suspecte (1). » Quoi ! c'était déclarer la raison suspecte que de vouer au mépris ces farces odieuses qui, à une époque de régénération, venaient rappeler les bacchanales antiques ? Qu'y avait-il de plus contraire à la raison que ces mascarades obscènes, au milieu desquelles se ruait une foule égarée ? C'était un carnaval immonde, une imitation des mystères de la Bonne Déesse, tout ce qu'on voudra, mais point le culte de la raison. Et ceux qui eurent le courage de la débarrasser de telles parades furent certainement ses plus purs, ses plus fervents adorateurs, et lui rendirent un éclatant hommage.

Les ultra-révolutionnaires devinrent furieux. Pour mettre un frein à leurs excès, le Comité de Sûreté géné-

---

(1) Proudhon : *De la Justice dans la Révolution et dans l'Église*, t. II, p. 398.

rale crut devoir faire incarcérer Vincent et Ronsin comme fauteurs de troubles. C'était décapiter le parti. Mais les hébertistes étaient puissants alors, très-puissants ; ils comptaient sur Collot d'Herbois, dont Ronsin avait été le lieutenant à Lyon, et presque toute la Commune de Paris, à l'exception du maire, Pache, dévoué à Robespierre et à Danton, leur appartenait. Aussi leur audace s'accrut-elle quand Chabot, si souvent attaqué par *le Père Duchesne*, quand Fabre d'Églantine, qui les avait dénoncés à la tribune de la Convention, eurent été arrêtés. Ils réclamèrent et obtinrent la mise en liberté de Vincent et de Ronsin ; puis, ainsi renforcés, ils continuèrent de plus belle leur guerre contre tous ceux qui, suivant eux, n'étaient pas à la hauteur de la situation. Exclus des Jacobins, ils se réfugièrent au club des Cordeliers, dont la plupart d'entre eux étaient membres. Là, Robespierre et même Danton furent le point de mire de leurs attaques. Hébert reprocha au premier d'avoir sauvé les soixante-treize députés girondins que, selon lui, on aurait dû envoyer à l'échafaud ; d'avoir pris la défense de Camille Desmoulins et fermé la bouche aux patriotes dans les sociétés populaires. Espérant l'appui du commandant général Henriot, comptant sur Rossignol, récemment arrivé de la Vendée, et sur l'armée révolutionnaire, dont Ronsin était le chef, ils en vinrent à prêcher ouvertement la révolte contre la Convention et le Comité de Salut public, accusés par eux de modérantisme. Un beau jour, ils voilèrent d'un crêpe noir, au club des Cordeliers, le tableau des Droits de l'homme, ce qui excita tant les sarcasmes de Camille Desmoulins (1) ; et Carrier, les poussant au crime, leur cria : « L'insurrection, une

---

(1) Voyez le n° 9 du *Vieux Cordelier*.

sainte insurrection, voilà ce que vous devez opposer aux scélérats (1). »

Toutes ces intrigues, toutes ces machinations avaient éveillé la vigilance du Comité de Salut public, réduit alors à quelques membres. Robespierre et Couthon étaient malades, Jean-Bon-Saint-André était retourné à Brest, Billaud-Varennes venait d'être envoyé en mission dans le Nord; mais Barère, Saint-Just, Robert Lindet, Carnot et Collot d'Herbois lui-même, forcé d'abandonner ses amis, veillaient et suivaient d'un œil attentif les menées des conspirateurs. Des placards incendiaires et royalistes, affichés aux coins des rues, dans les halles et dans les marchés, ne permettaient plus de douter de la connivence de l'émigration et de l'étranger, intéressés à entretenir le trouble et l'inquiétude dans Paris, et à dépopulariser la Convention et le Comité de Salut public. Barère, dans un rapport préliminaire, dénonça toutes ces manœuvres à l'Assemblée, et annonça que le Comité avait chargé Saint-Just de présenter prochainement des vues sur les moyens d'assurer définitivement la représentation, le gouvernement et toutes les autorités légitimes contre les atteintes des conspirateurs et les intrigues des stipendiaires de l'étranger (2).

Le 13 ventôse, Saint-Just, au nom du Comité de Salut public, monte à la tribune. Il débute par des considérations générales sur la nécessité de prémunir le peuple contre la corruption dans laquelle on essaye de le plonger pour le distraire de la justice et de la vertu.

« Je viens, dit-il avec sa grande bonne foi, acquitter

---

(1) Séance des Cordeliers du 14 ventôse.
(2) Voyez le *Moniteur* du 17 ventôse an II, n° 167, séance du 16.

le tribut sévère de l'amour de la patrie et vous dire, sans aucun ménagement, des vérités âpres, voilées jusqu'aujourd'hui. La voix d'un paysan du Danube ne fut point méprisée dans un sénat corrompu; on peut donc tout vous dire, à vous les amis du peuple et les ennemis de la tyrannie! »

Puis, insistant sur la légitimité de l'énergie que doit déployer un gouvernement républicain pour se conserver, il demande qu'une guerre impitoyable soit faite à la corruption, parce que c'est elle qui, flattant les vices et les mauvaises passions, doit fatalement relever le trône et servir l'étranger.

« Quelque rude que soit ce langage, poursuit-il, il ne peut déplaire qu'à ceux à qui la patrie n'est pas chère, qui veulent ramener le peuple à l'esclavage et détruire le gouvernement libre. Il y a dans la République une conjuration ourdie par l'étranger, dont le but est d'empêcher par la corruption que la liberté ne s'établisse. Le but de l'étranger est de créer des conjurés de tous les hommes mécontents, et de nous avilir, si c'était possible, dans l'univers par le scandale des intrigues. On commet des atrocités pour en accuser le peuple et la Révolution; mais c'est encore la tyrannie qui fait tous les maux que l'on voit; c'est elle qui en accuse la liberté... »

Il faut donc, suivant lui, faire la guerre à toute espèce de perversité connue, et, dans ces convulsions menaçantes, frapper sans pitié tous ceux qui veulent le renversement de la démocratie. Il ajoute alors :

« Nous ne trahirons point le peuple dans cette occasion

où nous lui répondons de son salut. Qui plus que vous est intéressé à le sauver et à ne point le trahir? Qui plus que vous est intéressé à son bonheur? Votre cause est inséparable ; vous ne pouvez être heureux sans lui, vous ne pouvez survivre à la perte de la liberté; la cause populaire et vous devez avoir ou le même char de triomphe ou le même tombeau. C'est donc une politique insensée que celle qui, par des intrigues, ravit au peuple l'abondance pour vous en accuser vous-mêmes. Seriez-vous les amis des rois, ô vous qui les avez fait tous pâlir sur leur trône! vous qui avez constitué la démocratie; vous qui avez vengé le meurtre du peuple par la mort du tyran, et avez pris l'initiative de la liberté du monde? Quels amis avez-vous sur la terre, si ce n'est le peuple, tant qu'il sera libre, et la ciguë quand il aura cessé de l'être? »

Saint-Just accuse ensuite le gouvernement anglais d'être le principal auteur des complots et des intrigues. L'ardeur avec laquelle l'étranger poussa à la démoralisation de la République ne fait aujourd'hui doute pour personne. J'en trouve une nouvelle preuve dans ces paroles de Pitt à M. de Narbonne, révélées depuis peu : « Le patriotisme même consiste à abréger *par tous les moyens* la durée de la guerre et de l'oppression qui pèse sur la France. Que devons-nous faire pour cela? Vous savez les ardeurs d'espérances d'émigrés ; je suis de leur part accablé d'avis et de projets sans noms, ou trop signés; mais vos vues, vos moindres conjectures nous seraient d'un bien grand prix (1). »

(1) *Souvenirs contemporains d'histoire et de littérature*, par M. Villemain, t. I, p. 66, éd. in-18.

Dans ces étrangers de tous pays, encombrant Paris et se disant persécutés dans leur patrie, l'orateur voit de nouveaux Sinons, chargés de tout épier et de tout bouleverser. L'affaire de Chabot lui fournit des arguments.

« Les nobles, dit-il, les étrangers, les oisifs, les orateurs vendus, voilà les instruments de l'étranger; voilà les conjurés contre la patrie, contre le peuple. Nous déclarons la guerre à ces tartufes en patriotisme; nous les jugerons par leur désintéressement, par la simplicité de leurs discours, par la sagesse des conseils, et non par l'affectation. L'esprit imitatif est le cachet du crime. Les contre-révolutionnaires d'aujourd'hui, n'osant plus se montrer, ont pris plus d'une fois les formes du patriotisme... »

Plus loin, il lance ce trait sanglant contre ceux qui s'étaient affublés de noms grecs ou romains :

« Il en est de même de ceux qui ont la modestie d'usurper les noms des grands hommes de l'antiquité; cette affectation cache un sournois dont la conscience est vendue. Un honnête homme, qui s'avance au milieu du peuple avec l'audace et l'air tranquille de la probité, n'a qu'un nom, comme il n'a qu'un cœur. »

Le lendemain de cette critique si profonde et si vraie, beaucoup de ceux qui avaient donné dans ce travers s'empressèrent d'abandonner leurs noms d'emprunt.

« Le simple bon sens, continue Saint-Just, l'énergie de l'âme, la froideur de l'esprit, le feu d'un cœur ardent et pur, l'austérité, le désintéressement, voilà le caractère du patriote; au contraire, l'étranger a tout travesti. Un patriote de ce jour a rougi du nom de son père et a pris le nom d'un héros qu'il n'imite en rien; le héros tua un tyran et vécut modeste, il défendit le peuple, il sortit pauvre des emplois; son imitateur est un effronté dont la vie est dégoûtante d'indignités, qui cache son nom pour échapper à la mémoire de ses attentats. Que veut-il? Faire parler de lui, acquérir du pouvoir, et se vendre demain plus cher. Il semble qu'on voudrait introduire parmi nous ce trafic de quelques membres du parlement anglais qui se font insolents pour devenir ministres. Parmi nous, une classe d'hommes prend un air hagard, une affectation d'emportement, ou pour que l'étranger l'achète, ou pour que le gouvernement le place. Quoi! notre gouvernement serait humilié au point d'être la proie d'un scélérat qui a fait marchandise de sa plume et de sa conscience, et qui varie, selon l'espoir et le danger, ses couleurs, comme le reptile qui rampe au soleil...

» Il est dans les desseins de l'étranger de diviser Paris contre lui-même, d'y répandre l'immoralité, d'y semer un fanatisme nouveau, sans doute celui des vices et de l'amour des jouissances insensées. Les Jacobins ont renversé le trône par la violence généreuse du patriotisme; on veut combattre le gouvernement libre par la violence de la corruption ; aussi la conspiration devait-elle égorger les Jacobins. Les prétextes de cet abominable attentat étaient le bien public, comme cet affreux Anne Montmorency qui, priant Dieu, faisait égorger les citoyens pour la plus grande gloire du ciel. Ce funeste projet avait surpris le patriotisme trompé! »

Dans cet immense rapport, personne n'est nommé, excepté Chabot, mais combien durent se reconnaître en frémissant sous les allusions trop transparentes ! A ceux qui, comme Ronsin, Hébert et Vincent, avaient prêché la révolte, l'orateur disait : « Si vous voulez faire contre l'ordre présent des choses ce que le peuple a fait contre la tyrannie, vous êtes des méchants qu'il faut démasquer. » Aux étrangers qui couraient dans les sociétés populaires, criant et gesticulant plus fort que les plus ardents patriotes : « Il est artificieux le parti de l'étranger qui, sous le prétexte d'une plus grande sévérité que vous contre les détenus, n'attend qu'un moment de tumulte pour leur ouvrir les prisons. Je vois les imitateurs de Précy, qui mit Lyon en révolte contre la liberté ; les imitateurs de Charette qui souleva la Vendée contre le peuple français. » Puis il déplore de nouveau l'influence démesurée des fonctionnaires, son thème favori ; et dénonce, en passant, la faction des indulgents, derrière laquelle s'abrite la réaction menaçante et irritée, comme jadis elle s'était cachée derrière les Girondins. Sans doute, lorsqu'il invoque la simplicité des mœurs antiques, lorsque, dans un accès de réminiscence classique, il rappelle à la France du xviiie siècle le bonheur de Sparte et d'Athènes dans leurs beaux jours, il oublie trop les nécessités d'une civilisation vieillie et raffinée, mais que de belles choses au milieu de tout cela, profondes et vraies !

« Voulez-vous des emplois ? Défendez les malheureux dans les tribunaux. Voulez-vous des richesses ? Sachez vous passer du superflu... Le bonheur que nous vous offrîmes n'est pas celui des peuples corrompus. Ceux-là se sont trompés, qui attendaient de la Révolution le privilége d'être, à leur tour, aussi méchants que la noblesse et que les riches de la monarchie...

» Que voulez-vous, vous qui courez les places publiques pour vous faire voir et pour faire dire de vous : « Vois-tu, voilà un tel qui parle, voilà un tel qui passe!... » Citoyens, je reviens à cette cruelle idée, qu'après que nous eûmes parlé du bonheur, le parti de l'étranger s'efforça d'incliner l'idée du bonheur vers l'infamie, vers l'égoïsme, vers l'oubli, le mépris de l'humanité, vers la haine d'un gouvernement austère qui peut seul nous sauver... Que l'on oublie le bien général pour tuer la patrie avec un mieux particulier, c'est une lâcheté, c'est une hypocrisie punissable. C'est ainsi qu'on assiége la liberté; toutes les idées se confondent. Dites au méchant : « Nous avons remporté vingt batailles l'année dernière; nous avons douze cent mille combattants cette année. — Cela n'est rien, répondra-t-il; j'ai un ennemi particulier dont il faut que je me délivre. » Ainsi sont conduites nos affaires; tout est renversé.

» Je ne sais si quelqu'un oserait dire toutes ces choses s'il se sentait en rien coupable ou complice des maux de son pays. Je vous parle avec la franchise d'une probité déterminée à tout entreprendre pour le salut de la patrie; la probité est un pouvoir qui défie tous les attentats. »

Après cette fière déclaration, il déclare qu'il ne reconnaîtra qu'une révolution a été accomplie que si la pudeur et la justice rentrent dans la cité, les contre-révolutionnaires et les fripons, dans la poussière; si les malheureux sont indemnisés des dépouilles de tous les ennemis de la République, si les fonctionnaires s'assujettissent à faire le bien, et si enfin une aristocratie nouvelle ne vient pas prendre la place de celle qui a été détruite. Dans les gens qui ne font rien et qui ont une foule de valets inutiles, tandis qu'il y a des vaisseaux à construire, des manufactures, à accroître et des terres à défricher, il voit le dernier appui de la monarchie.

« Il est, dit-il, une autre classe corruptrice : c'est le ménage des fonctionnaires. Le lendemain qu'un homme est dans un emploi lucratif, il met un palais en réquisition ; il a des valets soumis ; son épouse se plaint du temps ; elle ne peut se procurer l'hermine et les bijoux à juste prix ; elle se plaint qu'on a bien du mal à trouver des délices. Le mari est monté du parterre aux loges brillantes des spectacles, et tandis que ces misérables se réjouissent, le peuple cultive la terre, fabrique les souliers des soldats qui défendent ces poltrons indifférents. Ils vont le soir dans les lieux publics, se plaindre du gouvernement. « Si j'étais ministre, dit celui-ci ; si j'étais le maître, dit celui-là, tout irait mieux. » Hier, ils étaient dans l'opprobre et déshonorés ; la compassion les a comblés de biens, ils ne sont point assouvis ; il leur faut une révolte pour leur procurer les oiseaux du Phase. »

Puis, mettant en scène ceux que dévore une insatiable soif de réputation, il reprend :

« Il est tel homme qui, comme Érostrate le fit à Delphes, brûlerait plutôt le temple de la Liberté que de ne point faire parler de lui ; de là, ces orages soudain formés. L'un est le meilleur et le plus utile des patriotes ; il prétend que la Révolution est finie, qu'il faut donner une amnistie à tous les scélérats. Une proposition si officieuse est accueillie par toutes les personnes intéressées, et voilà un héros ! L'autre prétend que la Révolution n'est point encore à sa hauteur. Chaque folie a ses tréteaux ; l'un porte le gouvernement à l'inertie, l'autre veut le porter à l'extravagance... Un œil hagard, un écrit sans naïveté, mais sombre et guindé, est-ce donc là tout le mérite du patriotisme? C'est l'étranger qui sème ces travers. Et lui aussi est révolutionnaire contre le peuple, contre la vertu républicaine; il est révolutionnaire dans le sens du crime; pour vous, vous devez l'être dans le sens de la probité et du législateur. »

Il faut donc poursuivre l'immoralité sous toutes ses formes et se hâter de châtier les conspirateurs, parce que, dit-il :

« Les rois d'Europe regardent à leur montre. En ce moment où la chute de notre liberté et la perte de Paris leur est promise, vous adhérerez aux mesures sévères qui vous seront proposées; vous soutiendrez la dignité de la nation, vous serez dignes de vous-mêmes dans cette circonstance, et par la sagesse, et par la force que vous déploierez. »

Il montre l'étranger cherchant à s'emparer des hommes faibles et corrompus par la promesse de la fortune ou du pouvoir; ceux-ci travaillant pour l'Angleterre, ceux-là pour les Bourbons, disposés à adhérer à tout ce qu'on leur propose. Et avec quelle vérité, avec quelle voix de prophète, il s'écrie :

« La réaction de la tyrannie contre une révolution qui aurait tout osé pour établir le bien, serait de tout oser pour rétablir le mal, et le peuple viendrait un jour pleurer sur les tombeaux de ses amis inutilement regrettés. »

Il démontre ensuite que toute faction est criminelle parce qu'elle tend à diviser les citoyens et à neutraliser la puissance de la République.

« Les partis divers ressemblent à plusieurs orages dans le même horizon, qui se heurtent et qui mêlent leurs éclairs et leurs coups pour frapper le peuple. L'étranger créera donc le plus de factions qu'il pourra ; peu lui importe quelles elles soient, pourvu que nous ayons la guerre civile ; l'étranger soufflera même la discorde entre les partis qu'il aura fait naître, afin de les grossir et de laisser la Révolution isolée. »

Mais, continue-t-il,

« Ceux qui font des révolutions ressemblent au premier navigateur instruit par son audace. L'étranger ne sait pas où nous sommes susceptibles de porter l'intrépidité. Il fera chaque jour, et aujourd'hui même, après ce rapport, la triste expérience des vertus et du courage que sa férocité nous impose. »

Enfin, après avoir prédit que l'Europe, entraînée par l'exemple de la France, prendrait aussi, un jour, son vol vers la liberté et se débarrasserait de ses gouvernements despotiques; après avoir annoncé que des émigrés avaient été arrêtés dans Paris, les mains pleines d'or et de proclamations insurrectionnelles; après avoir assuré à la Convention que son Comité de Salut public était à la piste de tous les conspirateurs, et déclaré qu'il venait lui demander, pour couper court à toutes ces intrigues, une loi sévère, mais juste, il termine en ces termes avec une imposante solennité et une irrésistible éloquence :

« Nous vous rendrons compte des périls dont nos devoirs nous auront environnés. Les conjurés bravent la vertu, nous les bravons nous-mêmes. Agrandissons nos âmes pour embrasser toute l'étendue du bonheur que nous devons au peuple français, tout ce qui porte un cœur sensible sur la terre respectera notre courage. On a le droit d'être audacieux, inébranlable, inflexible, lorsqu'on veut le bien.

» Peuple, punis quiconque blessera la justice; elle est la garantie du gouvernement libre. C'est la justice qui rend les hommes égaux; c'est le droit du plus fort qui fait la loi entre les méchants... Que la justice et la probité soient à l'ordre du jour dans la République; le gouvernement désormais ne pardonnera plus de crimes.

» Peuple, n'écoute plus les voix indulgentes. ni les voix insensées; chéris la morale; sage par toi-même, soutiens tes défenseurs; élève tes enfants dans la pudeur et dans l'amour de la patrie; sois en paix avec toi-même, en guerre avec les rois; c'est pour te ralentir contre les rois qu'on veut te mettre en guerre avec toi-même. Quoi! l'on a pu te destiner à languir sous une régence de tyrans qui t'auraient rendu les Bourbons! Quoi! tout le sang de tes enfants morts pour la liberté aurait été perdu! Quoi! tu n'aurais plus osé les pleurer ni prononcer leurs noms! La statue de la Liberté aurait été détruite, et cette enceinte souillée par le reste impur des royalistes et des rebelles de la Vendée! Les cendres de tes défenseurs auraient été jetées au vent!... Loin de toi ce tableau, ce n'est plus que le songe de la tyrannie; la République est encore une fois sauvée; prenez votre élan vers la gloire! Nous appelons à partager ce moment sublime tous les ennemis secrets de la tyrannie qui, dans l'Europe et dans le monde, portent le couteau de Brutus sous leurs habits. »

A la suite de ce rapport accueilli par des applaudissements frénétiques, Saint-Just lut un décret d'une excessive sévérité. Étaient déclarés traîtres à la patrie et devaient être punis comme tels, ceux qui seraient convaincus d'avoir favorisé dans la République un plan de corruption des citoyens, de subversion des pouvoirs et de l'esprit public, d'avoir excité des inquiétudes pour empêcher l'arrivage des denrées à Paris ; d'avoir donné asile aux émigrés et aux conspirateurs ; tenté d'ouvrir les prisons, d'ébranler ou d'altérer la forme du gouvernement républicain.

Il y était dit :

« La Convention nationale étant investie par le peuple français de l'autorité nationale, quiconque usurpe son pouvoir, quiconque attente à sa sûreté ou à sa dignité, directement ou indirectement, est ennemi du peuple, et sera puni de mort.

» La résistance au gouvernement révolutionnaire et républicain, dont la Convention nationale est le centre, est un attentat contre la liberté publique ; quiconque s'en sera rendu coupable, quiconque tentera, par quelque acte que ce soit, de l'avilir, de le détruire ou de l'entraver, sera puni de mort, etc... »

Ce décret, dont j'ai donné les dispositions les plus impitoyables, fut voté à l'*unanimité* par la Convention, et de toutes parts on réclama l'impression du rapport de Saint-Just. Legendre, renchérissant sur l'enthousiasme général, réclama, outre l'impression, l'envoi du rapport aux municipalités, aux armées et aux sociétés populaires. « Je demande, ajouta-t-il, que les fonctionnaires publics, désignés par les autorités constituées, soient tenus de le lire, les jours de décadi, dans le temple de la Raison. » Il était difficile de pousser plus loin l'admiration; la proposition de Legendre fut immédiatement adoptée par acclamation.

Il fallait donc que les circonstances fussent bien graves et bien impérieuses, pour qu'une Assemblée comme la Convention, composée de plus de six cents membres, votât avec le plus complet accord, sans qu'aucune voix dissidente protestât, une loi aussi rigoureuse; bien coupables ont été les ennemis acharnés qui la portèrent à de telles extrémités.

Le lendemain du jour où fut prononcé le discours de Saint-Just, Fouquier-Tinville écrivit au Comité de Salut public que, par suite d'une instruction qui avait eu lieu au tribunal, « il avait cru devoir ne pas différer un instant de faire mettre en arrestation et incarcérer à la Conciergerie, Ronsin, Hébert, Vincent, Momoro, Ducroquet et le général Laumur, » et qu'un banquier hollandais, nommé Knoff, ne tarderait pas à être également arrêté. « Je vous promets, disait-il en terminant, qu'il ne sera rien négligé par le tribunal pour parvenir à assurer enfin la tranquillité et la liberté du peuple et la sûreté de la Convention. »

Le même jour, Couthon, après avoir déclaré, sur la foi de l'agent de France en Suisse, que, depuis un mois, les émigrés comptaient sur le massacre d'une partie de la Convention, lut, à la tribune de l'Assemblée, deux lettres saisies sur des étrangers, lettres qui, sans prouver

---

(1) Voyez le *Moniteur* du 24 ventôse an II, n° 174, séance du 23.

qu'Hébert et ses amis fussent aux gages de l'étranger, donnaient, au moins, la certitude que leur système d'exagération était regardé comme une aide puissante pour les ennemis de la Révolution.

En les envoyant au Tribunal révolutionnaire, le Comité de Salut public céda donc au désir de mettre un peu d'ordre dans une république autant compromise par les *enragés* que par ses plus implacables adversaires.

Dans ce procès des hébertistes, furent englobés quelques intrigants faisant de la révolution par métier, et ce malheureux Anacharsis Clootz, digne d'une autre destinée. Parmi les accusés, qui étaient au nombre de vingt, le médecin Laboureau fut le seul acquitté. Condamnés à mort, les dix-neuf autres furent conduits à l'échafaud le 4 germinal. Le peuple, dont Hébert, Ronsin et Vincent avaient été les flatteurs désespérés, parut indifférent à leur sort, comme s'il eût compris que sa véritable force n'était pas dans ces énergumènes impuissants et sanguinaires ; et les Cordeliers, en applaudissant au rapport de Saint-Just, dont lecture fut donnée au club, dans la séance du 26 ventôse, semblèrent eux-mêmes renier leurs principaux chefs. Terrible leçon pour ceux qui courent après la popularité par des moyens extravagants que réprouvent la dignité humaine qu'ils oublient, et la raison qu'ils foulent aux pieds, en prétendant l'adorer !

Eh bien, malgré cela, malgré la haute idée morale à laquelle Robespierre, Saint-Just et le Comité de Salut public obéirent, en détruisant une faction désorganisatrice et corrompue, je me demande si la mort des hébertistes n'a pas été une grande faute, et si la République n'en a pas reçu un coup fatal. Si Camille Desmoulins et ses amis s'en réjouirent, combien plus encore les royalistes ! Le bourreau gagné, et, assurément, ce ne fut pas par des républicains, apporta au supplice d'Hébert et de ses malheureux compagnons de hideux raffinements ; les applaudissements et les risées qui, dans la foule, répondirent aux complaisances du sanglant exécuteur, ne vinrent, certes, pas des patriotes. Quel avertissement pour le Comité de Salut public ! et comme il est regrettable qu'il ne l'ait pas compris ! En France et en Europe, la contre-révolution fut en joie à la nouvelle de cette exécution. Que sera-ce quand il s'agira de Danton ?

CHAPITRE V

Danton menacé. — Arrestation de Hérault-Séchelles et de Simond. — Saint-Just en rend compte à l'Assemblée. — Robespierre accuse le parlement d'Angleterre. — Conduite de Danton. — Avertissements inutiles. — Les trois Comités de Salut public, de Sûreté générale et de Législation se réunissent. — Arrestation des dantonistes. — Les notes de Robespierre et le rapport de Saint-Just. — Séance du 11 germinal. — Lecture du rapport de Saint-Just à la Convention. — Danton, Camille Desmoulins, Philippeaux et Lacroix sont décrétés d'accusation. — Leur procès. — Embarras du tribunal. — Conspiration des prisons. — Nouveau rapport de Saint-Just. — Exécution des dantonistes. — Conclusion.

Disons-le de suite : s'il y a, pour l'historien qui s'incline avec reconnaissance et respect devant la Révolution française, un épisode douloureux à étudier et pénible à retracer, c'est, à coup sûr, celui de la mort de Danton et de ses amis. Quoi ! ce géant de la Convention, l'orateur puissant dont la grande voix avait accompagné le tocsin dans la nuit du 10 août, et, comme un formidable écho, avait si souvent troublé le sommeil des rois ; l'homme aux paroles électriques, qui avait poussé tant de milliers de jeunes soldats aux frontières en leur criant : « Faites la guerre en lions. » Quoi ! cette image même du peuple dans sa majesté et ses irrésistibles élans, cette force vitale de la République, Danton enfin ! va être livré au Tribunal révolutionnaire et immolé comme traître et conspirateur ? C'est à n'y pas croire ! Mais n'anticipons pas, et racontons quelle part Saint-Just, dans son austérité farouche et sa terrible bonne foi, prit à cette fatale immolation.

La mort des hébertistes avait assombri beaucoup de patriotes. Si nuisible qu'eût été cette faction, en salissant la République par ses excès, on se demandait s'il était bien temps de réprimer aussi violemment l'exaltation révolutionnaire, et si la réaction, qui avait tant applaudi au supplice d'Hébert, n'allait pas grandir et devenir plus menaçante après ce premier triomphe. Le Comité de Salut public comprit lui-même le danger, et, comme pour tracer la route à suivre en révolution entre les deux extrêmes, il se résolut à frapper la faction des *indulgents* et à poursuivre la corruption, là comme ailleurs. C'était la conséquence du dernier rapport de Saint-Just.

Hérault-Séchelles et Simond furent les premières victimes, pour avoir enfreint le décret de la Convention interdisant, sous peine de mort, de donner asile à un émigré. Le premier s'était déjà compromis par ses relations avec Proly, Dubuisson et autres intrigants qui avaient partagé la destinée d'Hébert ; le second, ancien vicaire général de l'évêque de Strasbourg, avait été intimement lié avec Euloge Schneider, le trop fameux accusateur public près le tribunal criminel du Bas-Rhin, et l'éloge de Tétrell, prononcé par lui devant la Convention, éloge contre lequel protesta en masse le bataillon de l'Union du Bas-Rhin, par la bouche de Ruhl (1), avait achevé de le perdre dans l'esprit des républicains austères. Il n'en fallut pas plus pour les rendre suspects l'un et l'autre. Le Comité de Sûreté générale les fit arrêter; et, deux jours seulement après l'incarcération d'Hébert, Saint-Just, au nom des deux Comités, vint rendre compte à l'Assemblée de l'arrestation de Hérault et de Simond. « Nous avons pensé, dit-il après avoir exposé les motifs de cette mesure sévère, que, dans une circonstance telle que celle où nous nous trouvons, la Convention nationale devait être inflexible, s'honorer de faire respecter ses décrets par ses membres avec la même rigueur dont elle userait envers tout autre. » L'Assemblée confirma l'arrestation des deux députés.

Elle continuait ainsi de se décimer. Quelques jours avant, sur un rapport d'Amar, elle avait décrété d'accusation Chabot, Delaunay (d'Angers), Jullien (de Toulouse), Fabre d'Églantine et Bazire, et ordonné leur renvoi devant le Tribunal révolutionnaire. On sait pourquoi : Chabot, pour s'enrichir par l'agiotage, s'était associé à des banquiers étrangers, les frères Frey, dont il avait épousé la sœur ; Delaunay (d'Angers) et Jullien (de Toulouse) avaient pris part à l'association. Quant à Bazire, on ne lui avait demandé que son silence pour le faire participer aux bénéfices de l'entreprise. « Son crime, disait le rapporteur, est d'avoir su ces complots et de s'être tu. » Fabre d'Églantine était accusé d'avoir falsifié un décret de la Convention. Si probable que soit, dans cette affaire, l'innocence de l'auteur du calendrier républicain,

---

(1) Voyez le *Moniteur* du 10 germinal an II, n° 190.

on ne peut s'étonner outre mesure de sa condamnation, si l'on se rappelle l'accablante déposition de Cambon contre lui.

Robespierre et Saint-Just ne voulaient souffrir aucune souillure dans l'Assemblée, rêve irréalisable, dont, cependant, il faut leur savoir gré, tout en regrettant ce qu'il y eut de farouche et de sombre dans leur honnêteté.

« J'appelle les tyrans de la terre, disait le premier, à se mesurer avec les représentants du peuple français ; j'appelle à ce rapprochement un homme dont le nom a trop souvent souillé cette enceinte, et que je m'abstiendrai de nommer ; j'y appelle ce parlement d'Angleterre, associé aux crimes liberticides du ministre que je viens de vous indiquer, et qui a, dans ce moment, ainsi que tous nos ennemis, les yeux ouverts sur la France, pour voir quels seront les résultats du système affreux que l'on dirige contre nous. Savez-vous quelle différence il y a entre eux et les représentants du peuple français ? C'est que cet illustre parlement est entièrement corrompu, et que nous comptons dans la Convention nationale quelques individus atteints de corruption. C'est qu'à la face de la nation britannique les membres du parlement se vantent du trafic de leur opinion et la donnent au plus offrant, et que, parmi nous, quand nous découvrons un traître ou un homme corrompu, nous l'envoyons à l'échafaud (1). »

Et n'y avait-il pas quelque chose d'héroïque dans cette Convention, lorsque, au moment où, de l'autre côté du détroit, Pitt, avec un cynisme révoltant, déclarait, malgré

---

(1) Séance du 26 ventôse an II ; *Moniteur* du 28, n° 178.

les protestations de lord Stanhope (1), que, quelque somme que l'on dût dépenser, il ne faudrait rien épargner pour engager un nombre considérable de Français à se révolter contre la Convention et à allumer la guerre civile, elle mettait, sur la proposition de Saint-Just, fière et magnanime réponse ! la justice et la probité à l'ordre du jour.

Ah ! s'ils avaient su tous, Comité et Assemblée, combien le procès et la mort de Danton allaient réjouir les contre-révolutionnaires du dedans et du dehors, ils n'auraient pas commis cette faute immense d'envoyer ce grand homme à l'échafaud, les uns par excès de puritanisme républicain, les autres par excès de peur. Ce ne fut pas une jalousie personnelle qui anima Saint-Just contre Danton, mais une probité par trop rigide, l'amour trop âpre et trop sévère d'une République sans tache ; il le crut corrompu plus qu'il n'était, sur les renseignements qu'on lui donna, et partant coupable.

Quant à la modération réactionnaire de Danton, quant à ces paroles qu'on lui prête : « J'aime mieux être guillotiné que guillotineur ; » quant à cette longue conversation qu'il aurait eue avec Robespierre, dans un dîner à Charenton, chez Panis, leur ami commun, et qu'on a même rapportée tout entière, comme si elle eût été sténographiée (2), ce sont choses qu'il faut ranger au

(1) Voici l'adresse de remercîment que la Société républicaine de Rochefort envoya à lord Stanhope : « Ta voix, tonnant pour la liberté, a retenti jusque dans les ateliers où nous forgeons des foudres contre les tyrans. Nous t'avons entendu ; nos bras sont restés levés ; nous avons dit : « Celui-là mériterait d'être citoyen français ! » et nos enclumes ont gémi sous nos coups redoublés. » LE BAS, *président ;* BARBAULT-ROYER, *secrétaire ;* RIGOUDEAU.

(2) Voyez l'*Histoire des Girondins*, par M. de Lamartine, t. VIII, p. 9-11.

nombre des erreurs historiques sorties de sources peu certaines et accréditées sur la foi de quelques grands écrivains. Jusqu'au dernier moment, Danton resta le même, l'homme de la Révolution par excellence. Avec Robespierre et Saint-Just, il avait contribué à frapper l'hébertisme, comme de nature à avilir la France républicaine. Le 29 ventôse, trois jours après l'arrestation de Hérault, son ami, il disait : « Le peuple et la Convention veulent que tous les coupables soient punis de mort. » Et, après avoir fait l'éloge des Comités : « Nous sommes tous responsables au peuple de sa liberté. Français, ne vous effrayez pas : la liberté doit bouillonner jusqu'à ce que l'écume soit sortie. » Plus loin, s'inspirant de Saint-Just, il demandait que le Comité de Salut public se concertât avec celui de Sûreté générale pour examiner la conduite de tous les fonctionnaires (1). Le lendemain il prenait encore la parole afin de défendre le conseil général de la Commune de Paris, digne, selon lui, de toute la confiance du peuple et de ses représentants. Il craignait que quelques paroles de Ruhl, mal interprétées, ne fussent pour les malveillants une occasion d'accuser la Commune. Après une courte explication, Ruhl et Danton se jetèrent dans les bras l'un de l'autre, aux applaudissements de la Convention. Ce fut le dernier triomphe de Danton.

Dans les jours qui suivirent, il vint moins souvent à l'Assemblée, puis cessa tout à coup d'y paraître. Déjà l'orage s'amoncelait sur sa tête. Sans qu'on le nommât, il avait été clairement désigné, aux Jacobins par Robespierre, et à la Convention par Barère, qui, le 29 ventôse, le même jour où Canton avait une dernière fois rendu

---

(1) *Moniteur* du 30 ventôse an II, n° 180.

hommage au gouvernement révolutionnaire, annonça un nouveau rapport de Saint-Just sur une nouvelle faction (1).

Des amis, effrayés d'allusions trop transparentes, peut-être aussi de demi-confidences, l'avertirent du danger. Mais lui, retiré dans sa petite maison de campagne de Sèvres, avec sa jeune femme, ne voulut pas y croire. A ceux qui lui donnaient à entendre qu'on pourrait bien en venir à l'arrêter, il répondait, comme César : « Ils n'oseront pas. » Et, quand on lui parlait de fuir, il repoussait bien loin ce conseil, aimant mieux mourir, à tout prendre, que d'aller faire nombre au dehors avec les ennemis de la République. Elle est de lui, cette phrase, si populaire et si touchante : « On n'emporte pas la patrie à la semelle de ses souliers. »

Cependant les membres des Comités de Salut public, de Sûreté générale et de Législation se réunirent dans la nuit du 10 au 11 germinal (30 au 31 mars). Le Comité de Salut public n'avait pas voulu assumer sur lui seul la responsabilité de la terrible mesure qu'il allait proposer. On a tenté d'attribuer trop exclusivement à Robespierre et à Saint-Just le coup qui a frappé les dantonistes ; ils y contribuèrent sans doute, mais l'initiative ne vint pas d'eux, et si Saint-Just rédigea l'acte d'accusation dans cette malheureuse affaire, c'est qu'il en fut chargé par ses collègues, comme l'avait d'avance annoncé Barère à la Convention. A qui, d'ailleurs, persuadera-t-on de bonne foi que des hommes de la trempe de Carnot, de Prieur, d'Élie Lacoste, de Moïse Bayle, de Collot et de Billaud-Varennes aient simplement cédé à la volonté de deux de leurs collègues ? L'idée pre-

---

(1) *Moniteur* du 30 ventôse an II, n° 180.

mière de ce coup d'État appartient à Billaud-Varennes; il faut lui en restituer l'honneur ou la honte (1). Ce qu'il y a de certain, c'est que l'entente fut générale; c'est que, dans cette terrible nuit du 10 au 11 germinal, le rapport de Saint-Just, soumis à la sanction des trois Comités, reçut une approbation unanime; c'est que pas une voix ne s'éleva pour prendre la défense des députés proscrits; c'est que, lorsqu'on en vint à la signature de l'ordre de proscription, tous les membres présents des Comités de Salut public et de Sûreté générale, excepté Ruhl et Robert Lindet, signèrent, Billaud le premier, Carnot ensuite, puis le Bas, Louis, Collot, Barère, Saint-Just, etc. Cet ordre reçut immédiatementt son exécution ; les Comités se séparaient à peine, qu'à six heures du matin, Danton, Camille Desmoulins, Philippeaux et Lacroix étaient arrêtés et conduits à la prison du Luxembourg.

Elle s'ouvrit le 11 germinal, cette fatale séance, dans laquelle Danton allait être livré au Tribunal révolutionnaire. Après Delmas, qui demanda que les membres des Comités fussent invités à se rendre immédiatement dans le sein de la Convention, Legendre monta à la tribune. Il débuta brusquement par quelques paroles en faveur de son ami dont il annonça l'arrestation, ajoutant que trois autres députés, dont il ignorait les noms, avaient été également arrêtés dans la nuit. Fayau lui répondit, puis Robespierre, qui commença ainsi :

« A ce trouble depuis longtemps inconnu qui règne dans cette assemblée; aux agitations qu'ont produites les premières paroles de celui qui a parlé avant le

---

(1) Cela résulte clairement de son discours du 9 thermidor, dans lequel il accuse Robespierre d'avoir pris d'abord la défense de Danton.

dernier préopinant, il est aisé de s'apercevoir, en effet, qu'il s'agit ici d'un grand intérêt; qu'il s'agit de savoir si quelques hommes aujourd'hui doivent l'emporter sur la patrie. »

Il repoussa énergiquement, dans son discours, la proposition faite par Legendre d'entendre les accusés à la barre, ce qui certainement pouvait être un moyen de salut pour eux. Combattue aussi par Barère, cette proposition n'eut pas de suite; et Legendre déclara, assez honteusement, il faut le dire, qu'il n'entendait défendre personne.

Comment Robespierre en était-il arrivé à se montrer aussi impitoyable envers l'ancien ami qu'il avait un jour couvert de son influence, envers l'homme avec lequel il avait si longtemps marché de concert dans la carrière de la Révolution ? Non, ce ne fut point par ambition personnelle; car, plus on étudie ce grand homme, plus on acquiert la conviction qu'il ne rêva jamais une dictature à son profit. Mais il était soupçonneux et méfiant à l'excès; comme Saint-Just, il ne s'écarta jamais de la ligne d'inflexible probité qu'il s'était tracée, et une inspiration du cœur était incapable d'entrer en balance, dans son esprit, avec ce qu'il jugeait indispensable au maintien de la République. La facilité de mœurs de Danton, sa fortune récente, sa vénalité, plutôt soupçonnée que prouvée, quelques paroles imprudentes, comme celles-ci, par exemple, dites en petit comité : « Qu'il prenne garde (Robespierre) que je ne lui jette le dauphin à travers les jambes; » sa popularité même, finirent par le désigner aux soupçons de Robespierre qui, une fois convaincu de la culpabilité de Danton, le sacrifia sans pitié.

Saint-Just, dans sa confiance illimitée en Robespierre, accepta sans examen les soupçons de son ami. Il ne pouvait connaître, en effet, le passé de Danton, lui qui ne datait que de la Convention, et ce fut sur des notes de la main même de Robespierre, notes restées longtemps inconnues et imprimées depuis quelques années seulement (1), qu'il rédigea son rapport sur les dantonistes. On ne peut nier, au reste, qu'il n'y eût une certaine grandeur à accepter ce rôle d'accusateur, quand le nom de l'accusé était encore un prestige, quand la Convention et les Jacobins étaient présidés par deux dantonistes, lorsque Danton enfin comptait tant d'amis sur les bancs de la Montagne, dont l'opinion publique l'avait sacré chef.

Un silence formidable se fit dans l'Assemblée émue quand Saint-Just entra. Lui, calme, impassible, gravit lentement les marches de la tribune et, au nom des Comités de Salut public et de Sûreté générale, commença en ces termes :

« La Révolution est dans le peuple, et non point dans la renommée de quelques personnages. Cette idée vraie est la source de la justice et de l'égalité dans un État libre; elle est la garantie du peuple contre les hommes artificieux qui s'érigent, en quelque sorte, en patriciens par leur audace et leur impunité. Il y a quelque chose de terrible dans l'amour sacré de la patrie; il est tellement exclusif, qu'il immole tout, sans pitié, sans frayeur, sans respect humain, à l'intérêt public; il précipite Manlius, il immole ses affections privées, il entraîne Régulus à Carthage, jette un Romain dans un abîme

---

(1) Chez France, une brochure in-18 de 29 pages, 1841.

et met Marat au Panthéon, victime de son dévouement. »

Après avoir annoncé à la Convention que ses Comités venaient demander justice contre quelques membres de l'Assemblée qui, depuis longtemps, trahissaient la cause populaire, il dit :

« Puisse cet exemple être le dernier que vous donnerez de votre inflexibilité envers vous-mêmes ! Puissiez-vous, après les avoir réprimées, voir toutes les factions éteintes, et jouir en paix de la plénitude de votre puissance légitime et du respect que vous inspirez. »

Et ces membres, c'étaient Danton, Camille Desmoulins, Lacroix et autres, dont la Convention entendit, sans frémir et en l'approuvant, l'interminable acte d'accusation. Suivant Saint-Just, l'aristocratie disait : « Ils vont s'entre-détruire; » et lui, n'y croyant pas, répondait : « C'est elle que nous détruisons. » Sans doute, Danton et ses amis, par leur liaison avec des royalistes connus, offraient large prise à l'accusation, mais si Saint-Just eût pressenti les applaudissements avec lesquels tous les contre-révolutionnaires devaient accueillir chacune des paroles de son rapport, il aurait ouvert les yeux, reculé devant son œuvre et déchiré ces pages où la réaction, sous ces lignes sanglantes qui la frappaient aussi, trouva cependant un concours si puissant et si inespéré. La République se déchirant de ses propres mains ! que pouvaient espérer de mieux ses ennemis ?

Mais, dans ces hommes qui s'étaient écartés de sa ligne, qui avaient été liés avec des royalistes et les avaient défendus, comme avait fait Camille Desmoulins pour le général Dillon, dans ces hommes enfin dont quelques-uns avaient attaqué si violemment le Comité de Salut public, Saint-Just crut voir des traîtres et le dernier espoir de la tyrannie, et il continua :

« Nous avons passé par tous les orages qui accompagnent ordinairement les vastes desseins. Une révolution est une entreprise héroïque dont les auteurs marchent entre la roue et l'immortalité : la dernière vous est acquise, si vous savez immoler les factions ennemies... Plaise au ciel que nous ayons vu le dernier orage de la liberté, et que l'expérience nous ait appris qu'il faut une garantie aux gouvernements libres! C'est ce que je me propose de vous démontrer encore, en vous offrant dans ses détails, dans sa marche, ses moyens et son but, la conjuration ourdie depuis plusieurs années contre la Révolution. »

Il énumère alors toutes les factions, toutes les intrigues qui, depuis l'ouverture des états généraux, ont désolé la Révolution. Dans ce dédale, où la lumière n'a pas encore entièrement pénétré de nos jours, s'il marche souvent à tâtons, il rencontre parfois la vérité ; il a raison évidemment lorsqu'il attribue à l'étranger, et par là il faut entendre aussi les émigrés, une partie des menées par lesquelles fut compromise la République.

« L'étranger, dit-il, a conspiré sans cesse au milieu de nous depuis cinq ans, en corrompant les orateurs pour nous donner des conseils funestes que les circonstances amenées ne permettaient pas de combattre, en avilissant nos monnaies, en bouleversant nos colonies, en achetant les généraux et les pouvoirs, en détruisant notre commerce, en interceptant la circulation des denrées, etc..., il a moins espéré de la force des armes que de l'imprévoyance des Français... L'étranger favorisa les diverses factions; il leur donna des armes dans la Vendée. Avec elles, il incendia les arsenaux; par elles, il disloqua l'empire et fit tendre au fédéralisme pour en réunir les débris sous le régime monarchique; par elles, il soutint Dumouriez; par elles, il a tout tenté pour vous détruire, pour renverser votre gouvernement, vous amollir et vous renouveler. L'étranger employa ces factions à tous les crimes par lesquels il prétendit à relever le trône et à nous empêcher de constituer la République. »

Puis, mettant en scène Chaumette, qu'attendait aussi l'échafaud, il lui reproche les débordements qui d'une chose grande et sérieuse ont fait une comédie ridicule.

« On attaqua, poursuit-il, l'immortalité de l'âme qui consolait Socrate mourant; on prétendait plus : on s'efforça d'ériger l'athéisme en un culte plus intolérant que la superstition. On attaqua l'idée de la Providence éternelle qui, sans doute, a veillé sur nous. On aurait cru que l'on voulait bannir du monde les affections généreuses d'un peuple libre, la nature, l'humanité, l'Être suprême, pour n'y laisser que le néant, la tyrannie et le crime. Combien d'ennemis n'espéra-t-on point faire à la liberté en lui imputant ces outrages...

» Les partis criminels chargés par l'étranger d'attaquer la représentation nationale et de provoquer votre renouvellement vous ont présentés comme affaiblis, comme usés par dix-huit mois de travaux; ceux-là n'en ont point dit autant des tyrans qui pèsent sur l'Europe depuis un demi-siècle; ils ne sont point usés ceux qui conspiraient parmi nous depuis plusieurs années. Le crime lasserait-il moins que la vertu?

» Est-il une puissance au monde aussi sincère, aussi amie du peuple, aussi reconnaissante envers lui que vous l'avez été? est-il beaucoup de gouvernements dans l'histoire qui aient soutenu, comme vous, le poids de quinze armées, celui de tant de trahisons, celui d'un continent entier devenu injustement l'ennemi du peuple français? Vous êtes usés! et vous avez vaincu l'Europe, et vous avez douze cent mille combattants! Vos ennemis ne sauraient payer trop cher votre destruction... Le peuple français, partout vainqueur, ordonne à sa représentation de prendre place au premier rang des puissances humaines. C'est le peuple qu'on humilie en vous : vous lui êtes comptables du dépôt sacré de sa grandeur. Le peuple a reconnu la République; sa volonté n'a pas besoin de sanction étrangère; son mépris et la victoire sont sa réponse à tous les tyrans, ou bien : « On sait ici mourir! »

Quels accents! Quelle fierté! Comme le cœur de la République battait et tressaillait dans cet ardent et superbe jeune homme! Ah! pourquoi faut-il qu'après tant de belles choses, si bien exprimées, vienne cette longue énumération des crimes, plus ou moins fondés, reprochés aux dantonistes? Fatal aveuglement! Égarement d'un âme généreuse et stoïque qui vit des crimes là où il y eut sans doute beaucoup de légèreté et peut-être un peu de corruption. Au reste, ici ce n'est plus Saint-Just qui parle, c'est Robespierre qui, par la bouche de son jeune ami, dresse cet acte d'accusation que va tout à l'heure sanctionner la Convention tout entière.

Saint-Just n'est plus qu'un écho, comme on peut s'en convaincre en comparant ces passages de son rapport aux notes laissées par Robespierre.

Il reproche à Danton d'avoir servi la tyrannie; d'avoir été le protégé de Mirabeau et d'être resté muet tant qu'avait vécu ce personnage; d'avoir, en rédigeant avec Brissot la pétition du Champ-de-Mars, été cause du massacre de deux mille patriotes et de s'être tranquillement retiré à Arcis-sur-Aube, tandis que les signataires de la pétition étaient ou chargés de fers ou tués; il lui reproche ses liaisons avec Lameth, et, chose inouïe! sa tiédeur au 10 août. Il l'accuse, sans plus de raison, d'avoir défendu la Gironde, et de s'être vanté publiquement de n'avoir jamais dénoncé Gensonné, Guadet et Brissot. Et lui, Saint-Just, ne s'était-il pas proposé comme otage? Il l'accuse d'avoir été le complice de Dumouriez, de lui avoir envoyé Fabre en ambassade et d'avoir fait son éloge; d'avoir conspiré avec Wimpfen et d'Orléans, et vu avec déplaisir la révolution du 31 mai; il l'accuse d'avoir inspiré les écrits de Camille Desmoulins et de Philippeaux, et appelé Westermann à Paris, pour que la conspiration eût une épée. Aucune de ces accusations qui ne soit dans le manuscrit de Robespierre. Saint-Just n'y a mis que son style, qui, il faut le dire, y ajoute une force et une vigueur étonnantes.

Robespierre, dans son projet, pour prouver la noirceur d'âme de Danton, raconte que celui-ci, devant Laignelot, lui parla un jour de Desmoulins avec mépris, attribuant les écarts du bouillant journaliste à un vice honteux, étranger aux crimes des conspirateurs. Saint-Just s'empare de cette idée, et, dans une sorte de résumé, prenant Danton à partie, il lui dit :

« ... Faux ami, tu disais, il y a deux jours, du mal de Desmoulins, instrument que tu as perdu, et tu lui prêtais des vices honteux; méchant homme, tu as comparé l'opinion à une femme de mauvaise vie; tu as dit que l'honneur était ridicule, que la gloire et la postérité étaient une sottise. Ces maximes devaient te concilier l'aristocratie : elles étaient celles de Catilina. »

Ainsi, suivant le rapporteur, c'est Danton qui a entraîné Camille Desmoulins. Ce dernier, dans sa lettre à Dillon et dans son *Vieux Cordelier*, avait lancé contre Saint-Just quelques-uns de ses traits les plus acérés, ce qui, soit dit en passant, dénotait un âme assez peu généreuse, surtout quand le journaliste, devenu pamphlétaire, s'amusait, à propos du général Dillon, à railler le jeune membre du Comité de Salut public sur le peu de succès du poëme d'*Organt*, plus encore oublié de son auteur que de tout autre. Aussi, n'a-t-on pas manqué d'attribuer à une vengeance personnelle de Saint-Just l'accusation dirigée contre Camille Desmoulins. Eh bien, je serais tenté d'affirmer que dans cette affaire, comme dans tous les actes de sa vie, Saint-Just a agi en dehors de toute préoccupation personnelle. Mais, s'il avait voulu se venger, rendre ridicule pour ridicule, lui qui savait manier l'arme de la parole, quelle plus belle occasion? Comme avec la lettre à Dillon et les numéros du *Vieux Cordelier*, qui avaient tant réjoui la réaction, il pouvait écraser Camille! Camille qui, involontairement peut-être, mais aux applaudissements de tous les ennemis de la République, s'était laissé entraîner sur une pente au bas de laquelle était infailliblement ou la trahison, ou la désertion. Comment, néanmoins, agit Saint-Just à son égard? S'il est un accusé pour lequel il témoigne quelque modération, c'est précisément Camille Desmoulins.

Robespierre n'avait pas à se plaindre, lui personnellement, de l'auteur des *Révolutions de France et de Brabant;* il en avait toujours été comblé de bénédictions, d'encens, et, disons le mot, de flatteries. Pourquoi donc le laissa-t-il sacrifier? C'est qu'apparemment, dans son implacable austérité, il crut nécessaire la perte de l'infortuné Camille. C'est lui-même qui l'accuse, et Saint-Just, dans son rapport, ne fait que paraphraser ainsi les notes du maître :

« Camille Desmoulins, qui fut d'abord dupe et finit par être complice, fut, comme Philippeaux, un instrument de Fabre et de Danton. Celui-ci raconta, comme une preuve de la bonhomie de Fabre, que, se trouvant chez Desmoulins au moment où il lisait à quelqu'un l'écrit dans lequel il demandait un comité de clémence pour l'aristocratie, et appelait la Convention la cour de Tibère, Fabre se mit à pleurer : le crocodile pleure aussi. Comme Camille Desmoulins manquait de caractère, on se servit de son orgueil. Il attaqua en rhéteur le gouvernement révolutionnaire dans toutes ses conséquences. Il parla effrontément en faveur des ennemis de la Révolution, proposa pour eux un comité de clémence, et attaqua les représentants du peuple dans les armées; comme Hébert, Vincent et Buzot lui-même, il les traita de proconsuls. Il avait été le défenseur de l'infâme Dillon avec la même audace que montra Dillon lui-même, lorsqu'à Maubeuge, il ordonna à son armée de marcher sur Paris et de prêter serment de fidélité au roi. Il combattit la loi contre les Anglais; il en reçut des remercîments en Angleterre dans les journaux de ces temps-là. Avez-vous remarqué que tous ceux qui ont été loués dans l'Angleterre ont ici trahi leur patrie? »

Voilà les seules lignes consacrées à Camille Desmoulins dans le foudroyant rapport de Saint-Just. Et là, rien qui ne fût rigoureusement exact. Assurément, ces griefs étaient loin de mériter la mort. Camille avait même pris soin de déclarer, dans le dernier numéro de son *Vieux Cordelier*, le chant du cygne! qu'en réclamant un comité de clémence, il n'avait fait, en définitive, que demander, comme Saint-Just, justice pour les patriotes détenus. Mais Saint-Just n'avait pas à condamner ou à innocenter Camille Desmoulins; ce droit appartenait au Tribunal révolutionnaire, qui seul pouvait, qui aurait dû acquitter les accusés, comme jadis il avait acquitté Marat. Une fois Saint-Just chargé de présenter un rapport sur des hommes dénoncés par le Comité du Salut public, il ne lui était guère possible de dire rien de moins sur le pauvre Camille; il lui était permis de dire beaucoup plus. Au reste, si l'on se rappelle quelle triste opinion Saint-Just professait sur l'auteur du *Vieux Cordelier*, bien longtemps avant que celui-ci songeât à lui décocher quelqu'une de ces plaisanteries amères qui entraînaient bien le droit de représailles; si l'on n'a pas perdu le souvenir de cette phrase concernant Camille Desmoulins, dans une lettre de Saint-Just à Daubigny, datée de 1792 : « Allez voir Desmoulins... dites-lui qu'il ne me reverra jamais, que j'estime son patriotisme, mais que je le méprise, lui, parce que j'ai pénétré son âme..., » on conviendra que, dans l'affaire des dantonistes, l'homme d'État avait parfaitement oublié les blessures du poëte.

Nombre d'écrivains, amoureux d'anecdotes et de nouveau, s'efforcent de faire remonter à des causes mystérieuses certains faits logiques dont l'explication est la plus naturelle du monde. Comme quelques auteurs n'ont paru voir dans la mort de Camille Desmoulins qu'une vengeance personnelle de Saint-Just, il s'en est rencontré un qui a trouvé piquant d'attribuer à la même cause la proscription de Hérault-Séchelles. Il a donc raconté, sans dire aucunement de quelle source lui venait l'anecdote, que, dans un dîner auquel assistaient tous les membres du Comité de Salut public, Hérault, à la suite d'une discussion, aurait menacé Saint-Just de lui donner « vingt « coups de pied dans le ventre; » d'où la rancune de Saint-Just (1). Mais l'accusation tombe par son absurdité même. Quoi! cette dispute et cette menace auraient eu lieu devant un aussi grand nombre de témoins, et seraient ébruitées pour la première fois dans un livre à peu près inconnu et peu apprécié? Mais, si Hérault, qui avait été très-lié avec Saint-Just, qui était, avant tout, un homme fort doux, fort affable et tout à fait incapable des grossièretés que lui prête un maladroit ami, eût cru voir dans son arrestation et dans son procès une vengeance particulière de Saint-Just, il n'aurait pas manqué de le crier par-dessus les murailles d'en faire reproche à son accusateur, comme Camille Desmoulins; et s'il n'a pas usé de ce moyen de défense, c'est donc que le fait est de la plus insigne fausseté. C'est le pendant du coup de pied donné à madame Salles. Quelle étrange manière de procéder lorsqu'on écrit la vie d'un grand citoyen, même à un point de vue hostile, que d'aller quêter n'importe

(1) M. Éd. Fleury a trouvé l'anecdote dans l'*Histoire de la Révolution*, par deux amis de la liberté. Quelle bonne fortune pour lui! Il s'est donc empressé de la coucher dans son libelle, sous forme hypothétique, il est vrai. Était-ce un remords? (Voyez *Saint-Just et la Terreur*, t. II, p. 161.)

où les calomnies les plus sottes et les plus invraisemblables! Mais, en matière d'histoire, quand il s'agit d'un homme dont le rôle a été considérable et utile, tout fait défavorable, ne s'appuyant pas sur des témoignages irrécusables et authentiques, doit être rejeté par l'écrivain qui se respecte.

Pour Hérault, comme pour les autres dantonistes, Saint-Just se contente de développer les notes de Robespierre. Il lui reproche surtout ses liaisons avec Proly et Dubuisson; il l'accuse d'avoir, comme membre du Comité de Salut public, mis tout en usage pour éventer les projets du gouvernement; mais le principal grief contre Hérault était son infraction à la loi par laquelle était puni de mort quiconque serait convaincu d'avoir donné asile à un émigré. *Lex dura, sed lex.*

A Lacroix, depuis longtemps déjà accusé de dilapidations en Belgique, il fait un crime de ses richesses, dont la source était suspecte, mais sans préciser et par réticence, moins explicite que ne l'est Robespierre dans son manuscrit. « D'où vient le faste qui l'entoure? » dit-il; et plus loin : « Que ceux dont j'ai parlé nous disent d'où vient leur fortune ; que Lacroix dise pourquoi, l'été dernier, il se faisait acheter de l'or par un banquier. » Certes, il n'appartenait qu'à des hommes intègres, comme Robespierre et Saint-Just, de tenir un pareil langage.

Puis, après avoir amèrement reproché à Philippeaux d'avoir, dans des récits pleins de mensonges, attaqué le Comité de Salut public comme associé à la trahison, après lui avoir reproché de s'être mêlé à toutes les intrigues, il termine par des considérations qu'il faut admirer sans réserve, tout en regrettant qu'elles aient été le couronnement du rapport qui a livré Danton et ses amis au Tribunal révolutionnaire.

« Peu importe, dit-il, que le temps ait conduit des vanités diverses à l'échafaud, au cimetière, au néant, pourvu que la liberté reste. On apprendra à devenir modeste; on s'élancera vers la solide gloire et le solide bien, qui est la probité obscure. Le peuple français ne perdra jamais sa réputation; la trace de la liberté et du génie ne peut être effacée dans l'univers. Opprimé dans sa vie, le génie opprime après lui les préjugés et les tyrans...

» Pour vous, après avoir aboli les factions, donnez à cette République de douces mœurs; rétablissez dans l'état civil l'estime et le respect individuel. Français, soyez heureux et libres; haïssez tous les ennemis de la République; mais soyez en paix avec vous-mêmes. La liberté vous rappelle à la nature, et l'on voulait vous la faire abandonner. N'avez-vous point d'épouses à chérir, d'enfants à élever? Respectez-vous mutuellement. Et vous, représentants du peuple, chargez-vous du gouvernement suprême, et que tout le monde jouisse de la liberté, au lieu de gouverner. La destinée de vos prédécesseurs vous avertit de terminer votre ouvrage vous-mêmes, d'être sages et de propager la justice sans courir à la renommée, semblables à l'Être suprême, qui met le monde en harmonie sans se montrer...

» Les jours du crime sont passés; malheur à ceux qui soutiendraient sa cause! sa politique est démasquée! Que tout ce qui fut criminel périsse! On ne fait point de républiques avec des ménagements, mais avec la rigueur farouche, la rigueur inflexible envers tous ceux qui ont trahi. Que les complices se dénoncent, en se rangeant du parti des forfaits! Ce que nous avons dit ne sera jamais perdu sur la terre. On peut arracher à la vie les hommes qui, comme nous, ont tout osé pour la vérité ; on ne peut point leur arracher les cœurs ni le tombeau hospitalier sous lequel ils se dérobent à l'esclavage et à la honte de voir laisser triompher les méchants. »

Après la lecture de ce rapport, qui fut accueilli par les plus vifs applaudissements, l'Assemblée, *à l'unanimité*, décréta d'accusation Danton, Camille Desmoulins, Hérault, Lacroix et Philippeaux, et, en conséquence, ordonna leur mise en jugement, avec Fabre d'Églantine (1).

Où donc étaient alors les partisans de Danton qui plus tard reprocheront niaisement sa mort à Robespierre, après l'avoir eux-mêmes décrétée ? Où donc était ce Courtois, destiné à élever, après thermidor, le plus odieux monument qu'ait jamais imaginé la lâcheté humaine, et à écrire, un jour, de si méchants vers en l'honneur de Bonaparte ?

Dans la soirée du 11 germinal le rapport de Saint-Just fut lu au club des Jacobins et reçu, là aussi, par des acclamations multipliées (2).

On connaît les émouvantes péripéties du procès des dantonistes, l'indignation de ceux-ci d'être confondus, sur le banc criminel, avec Chabot et autres, accusés de vol et de concussion ; on connaît les virulentes apostrophes de Danton, les incertitudes des jurés, les transes de Fouquier-Tinville et du président. L'espace nous manque pour raconter ce drame immense ; notre tâche, d'ailleurs, doit se borner, autant que possible, à l'histoire de Saint-Just. La fatalité voulut qu'il contribuât encore à précipiter le dénoûment de cette sombre tragédie.

(1) Voyez *le Moniteur* du 12 germinal an II, n° 192.
(2) Voyez *le Moniteur* du 16 germinal, n° 196, séance des Jacobins, sous la présidence de Legendre.

Les paroles de Danton avaient causé une profonde impression sur l'auditoire et sur quelques membres du jury. Le tribunal était aux abois ; le troisième jour, il suspendit la séance. Fouquier-Tinville écrivit au Comité de Salut public une lettre où était dépeinte, en termes menaçants, l'agitation des accusés, et dans laquelle il demandait que la Convention prît des mesures qui armassent le tribunal d'un pouvoir extraordinaire. On a beaucoup reproché à Saint-Just de n'avoir pas lu à la Convention la lettre de Fouquier, et de s'être contenté de dire : « L'accusateur public du tribunal a mandé que la révolte des coupables avait fait suspendre les débats de la justice jusqu'à ce que la Convention ait pris des mesures. » Il y a là une subtilité singulière, et l'on peut affirmer, au contraire, que la simple lecture de la lettre de Fouquier eût produit beaucoup plus d'effet que les paroles de Saint-Just. Il y était dit : « *Un orage terrible* gronde depuis l'instant que la séance est commencée ; *des voix effroyables* réclament la comparution et l'audition des députés... *Il est impossible de vous tracer l'agitation des esprits*, malgré la fermeté du tribunal. Il est instant que vous vouliez bien nous indiquer notre règle de conduite, et le seul moyen serait un décret, à ce que nous prévoyons. » — « S'il n'y avait pas de révolte, dit Billaud-Varennes dans son *Mémoire justificatif*, qui pouvait motiver cette demande d'un décret, précédée de ces mots : *Un orage terrible gronde... Des voix effroyables réclament... Il est impossible de vous tracer l'état des esprits* (1)...? » Voilà les excellentes raisons qu'on n'eût pas manqué d'invoquer s'il se fût agi d'un autre.

Presque au même moment, une circonstance fatale

---

(1) Voyez le *Mémoire en réponse à Lecointre*, p. 69-70.

vint prêter à l'accusation un secours inattendu. Le bruit s'étant répandu, dans la prison du Luxembourg, que l'opinion publique semblait pencher en faveur des accusés, une sorte de conspiration s'organisa aussitôt. Quelques détenus entreprenants, à la tête desquels était le général Dillon, résolurent de tenter un soulèvement au moyen de quelques mille livres jetées aux masses. En cas de succès, on devait immoler les membres du Comité de Salut public, dissoudre la Convention nationale et ouvrir les prisons. Dillon eut l'imprudence de prendre pour confident un prisonnier nommé Laflotte, ancien agent de la République à Florence; celui-ci, dans l'espoir d'obtenir sa liberté, dévoila le complot. L'administrateur de police s'empressa de rendre compte au Comité de Salut public des révélations de Laflotte. Billaud-Varennes et Saint-Just étaient seuls présents dans les bureaux. Saint-Just rédigea aussitôt un rapport très-court, mais d'une violence inouïe, et il courut le présenter à la Convention, après l'avoir soumis à ses collègues du Comité de Salut public et aux membres du Comité de Sûreté générale. Il y dépeignait la tenue furieuse des accusés à l'audience, et la conspiration ourdie en leur faveur dans les prisons.

« Nous vous remercions, ajoutait-il, de nous avoir placés au poste de l'honneur; comme vous, nous couvrirons la patrie de nos corps. Mourir n'est rien, pourvu que la Révolution triomphe; voilà le jour de gloire; voilà le jour où le Sénat romain lutta contre Catilina; voilà le jour de consolider pour jamais la liberté publique. Vos comités vous répondent d'une surveillance héroïque. Qui peut vous refuser sa vénération dans ce moment terrible où vous combattez pour la dernière fois contre la faction qui fut indulgente pour vos ennemis, et qui aujourd'hui retrouve sa fureur pour combattre la liberté? »

Billaud-Varennes lut ensuite le procès-verbal de la déclaration de Laflotte, rédigé par l'administrateur de la police (1); puis l'Assemblée, obéissant à je ne sais quelle ivresse qu'expliquent seuls la fureur et l'enthousiasme de ce temps, décréta, toujours *à l'unanimité*, que le président du Tribunal révolutionnaire emploierait tous les moyens fournis par la loi pour faire respecter son autorité, et que tout prévenu de conspiration qui résisterait ou insulterait à la justice nationale serait mis hors des débats sur-le-champ. C'était ôter la parole aux accusés. Amar et Voulland, deux thermidoriens! qui, dans l'affaire de Danton, apportèrent un épouvantable acharnement, allèrent remettre le décret à Fouquier-Tinville. Ce fut à eux que Danton, les apercevant dans la tribune de l'imprimeur, adressa, en les menaçant du poing, cette foudroyante apostrophe : « Voyez-vous ces lâches assassins, ils ne nous quitteront qu'à la mort. » Les dantonistes, en effet, n'avaient plus qu'à mourir.

Ce décret de la Convention nationale est affreux sans doute, tous les historiens l'ont jugé ainsi; mais enfin la passion de l'époque le justifie jusqu'à un certain point. Qui croirait cependant qu'il a passé presque tout entier dans la loi du 9 septembre 1835, sur les cours d'assises, loi par laquelle la cour est investie du droit d'expulser

---

(1) M. Éd. Fleury, qui n'est jamais en reste d'invention quand il s'agit de calomnier la mémoire de Saint-Just, imagine, *proprio motu*, que celui-ci s'était fait préparer à l'avance une dénonciation par un agent de police. Il n'y a pas à répondre à une pareille imputation, il n'y a qu'à la signaler. Voyez dans *le Moniteur* du 16 germinal le procès-verbal de la déclaration à l'administrateur du département de la police.

tout prévenu qui troublerait l'audience, et de passer outre aux débats, nonobstant l'absence de l'accusé (1).

Le 16 germinal (15 avril), jour de funeste et de douloureuse mémoire, quatorze condamnés furent livrés au bourreau, parmi lesquels Danton, Fabre, Philippeaux, Camille Desmoulins, Hérault, Lacroix, Bazire et Westermann, le vainqueur de la Vendée. Leur mort fut héroïque; personne n'ignore l'attitude de Danton à son dernier moment; il atteignit au sublime.

S'il eut des vices, les immenses services qu'il a rendus à la Révolution les couvrent largement à nos yeux. En laissant sacrifier un tel homme, Robespierre et Saint-Juste se privèrent d'un puissant auxiliaire qui eût rendu impossible la catastrophe de thermidor. Ils ne devinèrent pas, eux qui voulaient consolider la République, qu'abattre Danton, c'était enlever une des colonnes de l'édifice ; je crois fermement qu'avec lui le triomphe de la République était assuré dans l'avenir; il en eût été la force; Robespierre, l'âme et la pensée; Saint-Just, la puissance d'organisation.

Ceux-ci le livrèrent, convaincus de sa corruption ; mais leur bonne foi tenait du délire, c'était l'égarement du patriotisme. « Nous ne voulons plus de priviléges, nous ne voulons plus d'idoles, » avait dit Robespierre; l'idole, c'était Danton ; elle fut renversée, mais sa chute porta la joie au cœur de tous les ennemis de la Révolution, et leur apprit combien étaient fragiles les idoles populaires. « J'entraîne Robespierre! » s'était écrié Danton ; la réaction ne s'y trompa point. Un dernier obstacle s'opposait à sa victoire : Robespierre et Saint-Just; dès lors, tous ses efforts se réunirent contre eux pour les dé-

---

(1) Voyez la loi du 9 septembre 1835, art. 9 et 10.

truire à leur tour, et elle y parvint, en quelques mois, en s'associant aux membres les plus sanguinaires et les plus vils de l'Assemblée.

Soixante-quatre ans se sont écoulés depuis le jour où la Convention nationale a immolé Danton, et depuis cette époque les historiens n'ont pas cessé d'agiter les discussions autour de ce fatal holocauste. Les uns ont cherché à le justifier; les autres se sont efforcés d'en rejeter tout l'odieux sur Robespierre; les uns et les autres sont, je crois, hors de la vérité. La mort de Danton a été une irréparable faute; mais elle n'a pas été le fait particulier de celui-ci ou de celui-là, elle a été le fait de la Convention entière : ç'a été le crime, je me trompe, ç'a été l'erreur de tous.

Quant à Saint-Just, il y a vu un acte de politique, cruel, mais indispensable; il a obéi à des convictions morales qui ont étouffé toute pitié dans son cœur. Il s'est expliqué lui-même à cet égard : « On avait beaucoup compté sur cette idée que personne n'oserait attaquer des hommes célèbres environnés d'une grande illusion; j'ai laissé derrière moi toutes ces faiblesses; je n'ai vu que la vérité dans l'univers et je l'ai dite. » Là est son excuse. Réfugié dans la pureté de son âme, il n'a pas été assailli par le remords; et, sa tâche finie dans ce grand procès, il s'est remis à son œuvre de législateur avec la sérénité du devoir accompli (1).

(1) Ce chapitre était écrit depuis longtemps lorsque a paru le tome X de l'*Histoire de la Révolution française*, par M. Louis Blanc. Nous avons trop pris soin de réfuter toutes les calomnies absurdes répandues sur la mémoire des hommes que M. Louis Blanc défend avec la vigueur et le talent qu'on lui connaît, pour ne pas être en droit de protester contre le rôle qu'il a prêté à Saint-Just, à la décharge de Robespierre, dans ce douloureux procès des dantonistes.

D'après l'éloquent historien, il semblerait que Saint-Just a fait manœuvrer Robespierre comme un pantin Cela est tout à fait inadmissible. On a beau dire : « Saint-Just ne céda jamais, » son discours du 9 thermidor est là pour attester que, plus que Robespierre, il était disposé à des concessions.

Sans doute, Robespierre « se leva comme un furieux » le jour où, pour la première fois, Billaud dénonça Danton au Comité ; mais quand il lui parut que Danton abandonnait la bonne voie et qu'il pouvait servir d'avant-garde à la contre-révolution, il n'hésita pas à le sacrifier ; et une fois décidé à ce sacrifice, il y mit une sorte d'acharnement, il faut le dire. Ne fut-ce pas lui qui, si habilement, disposa l'Assemblée à accueillir avec faveur le rapport de Saint-Just ? Et ce rapport n'était-il pas basé sur des notes de Robespierre ? Si calomnie il y a dans les accusations dont Saint-Just se fit l'écho, la responsabilité en doit bien plus peser sur Robespierre que sur lui, qui dut croire de bonne foi à toutes les assertions de celui que, dans une lettre fameuse, il avait appelé un dieu.

Maintenant, que le lecteur compare le projet, ou, si l'on aime mieux, les notes de Robespierre avec le discours de Saint-Just : il verra que toutes les accusations contenues dans le rapport émanent de Robespierre, que Saint-Just en a même négligé quelques-unes comme insoutenables, et qu'enfin il n'y a vraiment de lui que les considérations générales qui forment comme le cadre de ces notes. En conséquence, est-il permis de dire, en parlant du projet de Robespierre : « La pièce n'est, à proprement parler, qu'un recueil de souvenirs personnels que Saint-Just, qui s'était chargé du rapport, demanda à Robespierre de lui fournir. » (*Histoire de la Révolution française*, par M. Louis Blanc, t. X, p 555.) Avouons plutôt, nous qui regrettons la mort de Danton comme impolitique, que Robespierre et Saint-Just se sont trompés, le jour où ils ont consenti à le sacrifier, et ne cherchons pas à décharger l'un au détriment de l'autre de la responsabilité d'un acte dans lequel ils ont également trempé.

LIVRE CINQUIÈME

CHAPITRE I

Principal grief contre Robespierre et Saint-Just. — On invite Legendre et Bourdon (de l'Oise) à les assassiner. — Lucile Desmoulins. — Travaux du Comité de Salut public. — Barère et ses *Mémoires*. — Rapport de Saint-Just sur la police générale de la République. — Loi du 27 germinal. — Saint-Just est de nouveau envoyé à l'armée du Nord.

Le grand crime de Robespierre et de Saint-Just, aux yeux de la réaction, est d'avoir voulu donner à la République un gouvernement énergique et populaire, fondé sur la probité, sur le droit, sur l'égalité et la liberté; car c'était éterniser la République. Établir un pouvoir qui fût en dehors de toute question de personnes, et offrît à la nation les plus solides garanties contre tous les ambitieux, tel était le rêve de ces grands hommes ; de là, leur guerre à outrance contre les exagérés, les fripons et les contre-révolutionnaires. Une fois un pareil gouvernement organisé, la Révolution cessait ; c'en était fait de l'anarchie et de la monarchie en France, et l'on n'aurait pas vu se dresser, par la suite, tant de prétentions rivales sur les ruines de la République.

Ce rêve généreux de Robespierre et de Saint-Just était aussi celui des le Bas, des Carnot, des Lindet, des Grégoire et de tous les conventionnels probes et convaincus ; mais, comme les premiers représentaient par excellence ce parti sérieux et honnête qui voulait l'affermissement de la République, ç'a été surtout sur eux que se sont accumulées les haines des contre-révolutionnaires. Ils eurent aussi pour ennemis tous les membres tarés de l'Assemblée, les Dumont, les Rovère, les Fréron, les Tallien, les Fouché, qui se savaient exclus d'avance d'un gouvernement régulier ; aussi verra-t-on plus tard ces hommes conclure une monstrueuse alliance avec les royalistes, et envoyer à l'échafaud, après thermidor, deux fois plus de victimes qu'il n'y en eut dans les quatorze mois de la terreur ; seulement alors, au lieu de commettre de fatales erreurs, ils agiront sciemment et sans conviction ; au lieu de frapper les fripons débarrassés désormais d'incommodes censeurs, ils frapperont des gens intègres ; au lieu de guillotiner des traîtres et des conspirateurs, ils guillotineront des républicains, et ces étranges modérés, souillés de sang et de boue, iront danser au *Bal des Victimes*.

Ce ne fut pas la mort de Danton qui les souleva et les unit contre Robespierre et Saint-Just, car ils y avaient tous participé, et aucun ne s'était présenté pour défendre l'illustre accusé, mais bien l'ennui d'être surveillés par des hommes d'une probité trop rigide. Leur sourde inimitié contre une partie des membres du Comité de Salut public commença peut-être après le supplice des dantonistes, mais elle fut muette longtemps encore et n'éclata que lorsque la division se fut mise dans ce fameux Comité. Ils se montrèrent donc d'abord d'une excessive docilité. Fouquier-Tinville ayant informé la Convention que plusieurs détenus du Luxembourg allaient passer en jugement pour avoir comploté de s'emparer des clefs des prisons et d'égorger une partie de l'Assemblée, ce furent des thermidoriens qui s'empressèrent de fournir à l'accusation des armes et de nouvelles victimes. Legendre commença, en déclarant qu'il ne pouvait avoir aucun doute sur la conspiration des prisonniers du Luxembourg, et qu'il avait reçu une lettre anonyme dans laquelle de soi-disant patriotes l'engageaient à assassiner Robespierre et Saint-Just au sein même de la Convention, et à porter ainsi le premier coup à l'Assemblée. « D'après cette lettre, ajoutait-il, les destinées de la France étaient remises dans mes mains; j'étais le seul homme capable de la sauver. Je ne me suis pas laissé séduire par ces belles paroles, mais j'ai regardé le Comité de Salut public comme seul capable de garantir la liberté du naufrage. » Puis il demanda le décret d'accusation contre Simond, ce qui fut voté instantanément. Bourdon (de l'Oise) vint ensuite et déclara, à son tour, qu'une lettre semblable lui avait été remise dans la matinée par un huissier (1). Ces lettres, attribuées à la veuve de Camille Desmoulins, déjà compromise dans la conspiration des prisons, furent l'arrêt de mort de l'infortunée jeune femme. Elle fut condamnée avec la veuve d'Hébert, en même temps que

---

(1) Voyez *le Moniteur* du 20 germinal an II, n° 200, séance du 18.

Chaumette, Gobel, Simond, Lapalue, Dillon et autres, et exécutée le 24 germinal. Ah! ce sang de femmes, qu'il soit tombé des veines d'une obscure victime ou d'une princesse, c'est la tache et le remords de la Révolution! Elle eût été trop belle et trop pure, si elle eût su se garder de ces fureurs inutiles.

Tandis que le Tribunal révolutionnaire continuait d'accomplir sa sanglante mission, tandis qu'à la Convention et aux Jacobins les anciens amis de Danton venaient insulter à la mémoire du lion immolé et se déclaraient de plus en plus convaincus de ses crimes, quand ils auraient si bien pu garder le silence, le Comité de Salut public poursuivait le cours de ses travaux, que l'Assemblée sanctionnait invariablement, et quelquefois sans discussion. L'armée révolutionnaire fut licenciée; sur le rapport de Carnot, on supprima le conseil exécutif provisoire, et les ministères furent remplacés par douze commis subordonnés au Comité, entre les mains duquel se trouva ainsi centralisé tout le pouvoir exécutif (1).

Ce fut dans une des discussions auxquelles donna lieu, au sein du Comité de Salut public, la proposition de supprimer les ministères, que Saint-Just prononça, sur la question des neutres, un discours extrêmement remarquable, dans lequel il attaqua vivement les ministres sur l'emploi qu'ils faisaient des fonds secrets. On y lit :

« La liberté française a des temples dans bien des cœurs; mais elle n'en a et n'en aura jamais dans les cabinets des ministres, ni dans les sénats d'aucune république moderne...

(1) Voyez *le Moniteur* du 14 germinal an II, n° 194.

» Le temps, les événements, les principes que les événements ont successivement permis de développer, les extensions que les attaques de nos ennemis ont forcé de donner à nos principes, nos succès, nos revers, les dangers qui nous menacent, ceux que nous avons dû accélérer pour notre défense, tous ces objets réunis ont rendu la guerre que fait la République une guerre inévitable, une guerre universelle, une guerre cosmopolite. Ses succès intéressent l'univers ; ses revers ne l'intéressent pas moins. Nous avons généralisé notre cause; nous avons éclairé les principes; tous les regards sont fixés sur eux; nous n'avons plus à décider que des conséquences. Ainsi, dans cette lutte de la liberté des hommes contre la tyrannie des anciens maîtres des États, l'événement affranchira le monde ou rivera pour jamais ses fers (1). »

L'opinion de Saint-Just dut certainement être d'un grand poids dans la décision qui fut prise. Il faut croire que cette mesure fut peu du goût des employés des ministères, car voici un arrêté de la main de Saint-Just, que nous trouvons, à la date du 18 germinal, dans les cartons du Comité :

« Le Comité de Salut public, informé que, depuis le décret qui supprime le conseil exécutif, les affaires sont négligées par les agents du ministère, moins sensibles à l'intérêt public qu'à leur intérêt personnel, déclare que, conformément aux décrets de la Convention nationale, il poursuivra, selon la rigueur des lois, tout agent du

(1) Voyez ce discours reproduit *in extenso* dans la *Revue rétrospective*, 2ᵉ série, t. IV, p. 425 et suiv.

gouvernement qui aurait négligé ses fonctions et compromis le service jusqu'à l'établissement des commissions ; il charge, en conséquence, les ministres d'une surveillance rigoureuse, sous leur responsabilité, dans toutes les parties de l'administration.

» Signé : Saint-Just, Billaud, Prieur. »

Comme pour inaugurer dignement son omnipotence relative, le Comité préparait une loi de secours publics, véritable monument de sagesse et d'humanité. S'il se montrait inflexible envers tout ce qui tendait à s'opposer à l'établissement du régime républicain, il faisait instituer, pour examiner les motifs de l'arrestation des citoyens détenus comme suspects, une commission souveraine, armée du pouvoir de prononcer la mise en liberté des citoyens injustement incarcérés. Bien que cette institution n'ait pas rendu les services qu'on pouvait attendre d'elle, il n'en faut pas moins savoir gré à ses auteurs, qu'un profond sentiment de justice avait inspirés.

En même temps les vertus civiques, la probité, la décence et la modestie, la pureté des mœurs étaient chaque jour hautement recommandées, préconisées du haut de la tribune ; le Comité de Salut public prêchait d'exemple, et Couthon, dans un magnanime élan, s'écriait, comme pour répondre, de son vivant, à toutes les calomnies futures :

« Rendons tous un compte moral de notre conduite politique, faisons connaître au peuple ce que nous avons été avant la Révolution et ce que nous sommes devenus ; quelle a été notre profession, quelle a été notre fortune, si nous l'avons augmentée, et par quels moyens, ou si nous ne sommes devenus plus riches qu'en vertus. Que chacun de nous fasse imprimer ce compte moral, et qu'il dise : « C'est la vérité que je vous présente ; si je » vous trompe seulement dans une syllabe, j'appelle la » vengeance nationale sur ma tête (1). »

Le lendemain, le même orateur annonça à la Convention que le Comité de Salut public préparait de grandes mesures concernant l'épurement de la morale publique, et que quatre rapports lui seraient successivement présentés sur ce sujet. Saint-Just fut chargé de la rédaction du premier de ces rapports sur la police générale et l'influence morale et politique du gouvernement révolutionnaire. C'est l'exposé des motifs de la fameuse loi du 27 germinal, dont nous parlerons bientôt.

Que se passait-il au sein du Comité de Salut public quand se discutaient ces grands rapports que certains de ses membres étaient plus spécialement chargés de présenter à la Convention? Nul ne le sait; le secret de ces mystérieuses discussions n'a pas été révélé, et pour jamais il est enseveli, car ceux qui auraient pu éclairer l'opinion publique sont morts, victimes de leur dévouement à la chose publique. Un seul homme a vécu jusqu'à nous qui aurait dû rendre à l'histoire ce service de lui dresser avec impartialité ce magnifique monument, c'est Barère. Mais, âme pusillanime, il n'a eu, dans les écrits décousus qu'il a laissés et qui méritent peu de créance, qu'une chose en vue : décliner toute responsabilité des mesures rigoureuses prises par le Comité de Salut public et se faire passer pour un ange de douceur. S'il n'a pas agi avec la plus insigne mauvaise foi, il avait certainement perdu la tête quand il a tracé les notes

---

(1) Séance du 16 germinal. Voyez *le Moniteur* du 17, n° 197.

qu'on a publiées sous le titre de *Mémoires*, notes pleines des plus grossières erreurs. C'est lui qui a attribué à Saint-Just et à le Bas l'arrestation du général Hoche ; ce qu'ont accepté sans examen plusieurs écrivains que nous avons eu déjà l'occasion de réfuter. « Dans un rapport très-malveillant, dit Barère, ils écrivirent au Comité qu'il était urgent de changer le commandant en chef de l'armée de Rhin et Moselle, et qu'en conséquence ils avaient cru devoir faire mettre en arrestation le général Hoche pour l'envoyer rendre compte de sa conduite à Paris (1). » Le général Hoche fut arrêté le 24 germinal de l'an II (13 avril 1794), comme je l'ai dit dans un précédent chapitre ; or, à cette époque, il y avait trois mois que Saint-Just et le Bas avaient quitté Strasbourg et le Bas-Rhin. Il est incroyable de voir un homme qui a été mêlé de si près aux affaires de ce temps se tromper aussi misérablement. Au reste, il y a si peu de suite dans les idées de Barère, que, quelques lignes plus bas, il écrit : « Le Comité de Salut public était irrité de la désobéissance, de l'orgueil et de la rivalité haineuse de Hoche (2). » N'accuse-t-il pas Pichegru d'avoir trahi la République dès la campagne de 1793? Singulière trahison, qui consistait à battre l'ennemi dans toutes les rencontres !

La grande préoccupation de Barère a été de se faire pardonner par la noblesse, avec laquelle il avait déjà essayé de frayer avant la Révolution, les torts sanglants qu'il pouvait avoir eus envers elle. Rien n'est triste comme cet aplatissement posthume d'un homme qui a

---

(1) *Mémoires* de Barère, t. II, p. 174. Voyez, au second chapitre concernant la mission de Saint-Just et de le Bas à Strasbourg, les motifs qui déterminèrent le Comité de Salut public, et non Saint-Just; à faire arrêter le général Hoche.

(2) *Id.*, p. 172.

joué un si grand rôle. J'ai cité à dessein quelques-unes de ses paroles sur l'aristocratie de naissance, tirées, non pas des libelles dont lui aussi avait subi les calomnies, mais de ses propres discours, reproduits par le *Moniteur*; ce sont certainement les plus cruelles qui aient été prononcées sur la noblesse. Était-ce pour effacer le *Vieuxzac*, comme disait Camille Desmoulins? C'est fort probable, car je ne crois guère aux convictions de Barère, mais elles n'en restent pas moins son œuvre. En écrivant ses notes, il a compté sans le *Moniteur*, qui se fût bien gardé de dénaturer les discours d'un membre du Comité de Salut public. Que signifie donc cette reculade impie? Mais n'est-ce pas lui qui, au lendemain même de la catastrophe de thermidor, comme pour bien prouver que Robespierre, Saint-Just et leurs amis avaient été abattus par la terreur et au profit de la terreur, disait à la Convention : « Prenez garde à ce modérantisme funeste qui sait aussi, en parlant de paix et de clémence, tirer parti de toutes les circonstances, même des événements les plus rigoureux. Que l'aristocratie sache bien qu'elle n'a, dans ce temple des lois, que des vengeurs constants et des juges implacables ; que le mouvement révolutionnaire ne s'arrête point dans sa course épuratoire... (1). » Saint-Just n'était plus alors ; Barère est donc bien mal venu à rejeter sur lui seul la responsabilité des lois sévères rendues contre la noblesse.

Il raconte qu'un jour, son jeune collègue vint proposer au Comité de Salut public de faire réparer les grandes routes par les nobles détenus, comme rançon des vexations et des exactions féodales de tous genres commises depuis mille ans sur le peuple français par la noblesse.

(1) Voyez le discours de Barère du 10 thermidor.

Sur l'hésitation du Comité, Saint-Just se serait retiré en s'écriant : « Vous n'êtes pas de taille à lutter contre la noblesse, puisque vous ne savez pas la détruire; c'est elle qui dévorera la Révolution et les révolutionnaires. » Dans tous les cas, il était assez bon prophète. Mais la prétendue réponse de Barère est assez curieuse pour être reproduite ici : « Je crus devoir stipuler pour le caractère national, en disant à Saint-Just et au Comité que la noblesse peut bien être abolie par les lois politiques, mais *que les nobles conservent toujours, dans la masse du peuple, un rang d'opinion, une distinction due à l'éducation*, et qui ne nous permet pas d'agir à Paris comme Marius agissait à Rome (1). » Eh bien, non, en 1794, au sein même du Comité de Salut public, en présence de Billaud-Varennes et de Collot d'Herbois, Barère, qui n'a jamais donné grande preuve de courage, ne s'est pas exprimé ainsi; et j'ai la conviction que les passages les plus rigoureux du rapport et du décret que nous allons analyser, ont eu plutôt son approbation que son blâme. Il n'est pas vrai, comme il l'affirme, que cette loi du 26 germinal soit l'ouvrage de Saint-Just seul; il est constant, au contraire, qu'elle a été élaborée en commun et longuement discutée par les membres du Comité, et la preuve en est dans ces paroles de Couthon, prononcées à la Convention, quelques jours avant la lecture du rapport de Saint-Just : « Le rapport sur la police générale se trouve différé par beaucoup de réflexions que le Comité a faites, et par de nouveaux renseignements qui nécessitent des mesures qui n'avaient pas été prévues et des changements sur beaucoup de points importants. »

La loi du 27 germinal fut le contre-coup du procès

---

(1) *Mémoires* de Barère, t. II, p. 169.

des hébertistes et de celui des dantonistes. Le Comité de Salut public ne se méprit point sur la joie que la mort de tant de républicains avait causée aux contre-révolutionnaires. Aussi, voyant la réaction en tirer de coupables espérances et s'agiter de toutes parts, jugea-t-il à propos de faire rendre contre elle de redoutables mesures. Comme dans les grandes occasions où la question politique était en jeu, ce fut Saint-Just qui, le 26 germinal, fut l'organe du Comité; et en quels termes magnifiques et solennels, on va en juger.

« Il ne suffit pas, citoyens, dit-il en commençant, d'avoir détruit les factions; il faut encore réparer le mal qu'elles ont fait à la patrie. Comme elles voulaient relever la monarchie, elles avaient besoin de faire haïr la République et de rendre les citoyens très-malheureux pour les préparer au changement. »

Il présente alors, à larges traits, le tableau de toutes les misères subies par le peuple français depuis le ministère de Necker, et en décrit admirablement les causes. L'agiotage, les accaparements, les abus auxquels a donné lieu le mode de payement des biens nationaux, tout cela est flétri avec justice.

« Cependant, poursuit-il, il faut assurer tous les droits, tranquilliser les acquisitions; il faut même innover le moins possible dans le régime des annuités pour empêcher de nouvelles craintes, de nouveaux troubles; il faut réparer les crimes des factions, mais il faut le faire avec sagesse et bonté. »

Il dépeint les ennemis de la Révolution portant toutes

les denrées en pays étrangers et répandant sur le commerce de Paris une telle défaveur, qu'on ne voulait plus entendre parler d'approvisionner « cette grande et généreuse ville. » Obtenir la perte de la liberté par la perte de Paris, voilà, suivant lui, le plan de la conjuration.

« Ce plan, reprend-il, n'est pas encore abandonné; on ne s'apercevra de sa destruction totale que lorsque l'abondance aura reparu. Si vous voulez qu'elle reparaisse, il faut éteindre le fédéralisme par une police sévère, par le rappel à l'ordre de toutes les autorités, de tous les magistrats... Il faut que vous fassiez une cité, c'est-à-dire des citoyens qui soient amis et frères; il faut que vous rétablissiez la confiance civile; il faut que vous fassiez entendre que le gouvernement révolutionnaire ne signifie pas la guerre ni l'état de conquête, mais le passage du mal au bien, de la corruption à la probité, des mauvaises maximes aux bonnes; il faut que vous couvriez de honte ces histrions payés par l'étranger pour donner au peuple de mauvais conseils et égarer la raison publique. »

Plus loin, il trace, de main de maître, le portrait du vrai patriote, et certes, si tous se fussent réglés sur ce modèle, la Révolution eût été pure de bien des excès. Écoutez :

« Un homme révolutionnaire est inflexible; mais il est sensé, il est frugal, il est simple, sans afficher le luxe de la fausse modestie; il est l'irréconciliable ennemi de tout mensonge, de toute indulgence, de toute affectation. Comme son but est de voir triompher la Révolution, il ne la censure jamais; mais il condamne ses ennemis sans l'envelopper avec eux. Il ne l'outrage point; mais il l'éclaire, et, jaloux de sa pureté, il s'observe, quand il en parle, par respect pour elle; il prétend moins être l'égal de l'autorité, qui est la loi, que l'égal des hommes, et surtout des malheureux. Un homme révolutionnaire est plein d'honneur; il est policé sans fadeur, mais par franchise, et parce qu'il est en paix avec son propre cœur; il croit que la grossièreté est une marque de tromperie et de remords, et qu'elle déguise la fausseté sous l'emportement. Les aristocrates parlent et agissent avec tyrannie. L'homme révolutionnaire est intraitable aux méchants, mais il est sensible; il est si jaloux de la gloire de sa patrie et de la liberté, qu'il ne fait rien inconsidérément; il court dans les combats, il poursuit les coupables et défend l'innocence devant les tribunaux; il dit la vérité afin qu'elle instruise et non pas afin qu'elle outrage; il sait que pour que la Révolution s'affermisse, il faut être aussi bon qu'on était méchant autrefois; sa probité n'est pas une finesse de l'esprit, mais une qualité du cœur et une chose bien entendue; un homme révolutionnaire est un héros de bon sens et de probité...

» Si vous faites toutes ces choses, continue-t-il, vous contrarierez tous les vices, à la vérité, mais vous sauverez la patrie. Ne vous attendez pas à d'autre récompense que l'immortalité. Je sais que ceux qui ont voulu le bien ont souvent péri : Codrus mourut précipité dans un abîme; Lycurgue eut l'œil crevé par les fripons de Sparte, que contrariaient les lois dures, et mourut en exil; Phocion et Socrate burent la ciguë; Athènes même, ce jour-là, se couronna de fleurs : n'importe, ils avaient fait le bien; s'il fut perdu pour leur pays, il ne fut point caché pour la Divinité. »

Puis le jeune orateur en revient à son thème favori, la

censure des fonctionnaires publics qui se font remarquer par des manières insolentes pour parvenir, au lieu de s'occuper du bien général et de la destruction des abus. Il examine ensuite quels doivent être les principes de la police, et la police des monarchies gagnerait singulièrement à suivre les préceptes de Saint-Just.

« La police, dit-il, a reposé sur de faux principes. On a cru qu'elle était un métier de sbires : non point. Rien n'est plus loin de la sévérité que la rudesse; rien n'est plus près de la frayeur que la colère. La police a marché entre ces deux écueils. Elle devait discerner les ennemis du peuple, ne les point ménager, ne les pas craindre; il arrive souvent le contraire. Au lieu de se conduire avec fermeté et dignité, elle agissait avec faiblesse ou imprudence, et compromettait la garantie sociale par la violence ou l'impunité. Beaucoup de gens traitaient sans distinction un aristocrate et un patriote; ils faisaient une marchandise d'arrêter les gens et de les mettre en liberté. Et, au lieu de rendre leur pouvoir utile au peuple, ils le lui rendaient funeste et protégeaient ses ennemis. Ils disaient aux aristocrates : « Nous faisons ce métier pour » éviter que d'autres plus cruels ne le fassent; » ils disaient au peuple : « Tremblez. » On faisait tout pour corrompre l'esprit public et l'opposer à la Convention.

» *Esprit* n'est pas le mot, mais *conscience*. Il faut s'attacher à former une conscience publique; voilà la meilleure police. L'esprit public est dans les têtes, et comme chacun ne peut avoir une influence égale d'entendement et de lumières, l'esprit public est une impulsion donnée. Ayez donc une conscience publique, car tous les cœurs sont égaux par le sentiment du bien et du mal, et elle se compose du penchant du peuple vers le bien général.

» Honorez l'esprit; mais appuyez-vous sur le cœur. La liberté n'est pas une chicane de palais : elle est la rigidité envers le mal ; elle est la justice et l'amitié. Ces idées avaient disparu : de là, la dissolution et l'impunité générale. Les patriotes, détournés des méditations qui enfantent les belles lois, pour se défendre contre les factions, abandonnaient la République à tous les orages, à toutes les imprudences, à tous les crimes.

» Il n'est point de gouvernement qui puisse maintenir les droits des citoyens sans une police sévère; mais la différence d'un régime libre à un régime tyrannique est que, dans le premier, la police est exercée sur la minorité opposée au bien général et sur les abus ou négligences de l'autorité; au lieu que, dans le second, la police de l'État s'exerce contre les malheureux livrés à l'injustice et à l'impunité du pouvoir.

» Dans les monarchies, tous les hommes puissants sont libres et le peuple est esclave; dans la République, le peuple est libre, et les hommes revêtus du pouvoir, sans être assujettis, sont soumis à des règles, à des devoirs, à une modestie très-rigoureuse.

» Vous avez été sévères; vous avez dû l'être, mais vous l'avez été judicieusement : il a fallu venger nos pères et cacher sous ses décombres cette monarchie, cercueil immense de tant de générations asservies et malheureuses; il a fallu résister au crime par la justice inflexible, détruire les conjurations et punir l'hypocrisie sanguinaire de ceux qui, sans courage, prétendant relever le trône et dissimulant avec la République, ont occasionné la tourmente de l'État par des forfaits sombres, des écueils cachés.

» Que serait devenue une république indulgente contre des ennemis furieux? Nous avons opposé le glaive au glaive, et la liberté est fondée; elle est sortie du sein des orages. Cette origine lui est commune avec le monde, sorti du chaos, et avec l'homme, qui pleure en naissant. »

Ici, des salves d'applaudissements interrompirent l'éloquent rapporteur du Comité de Salut public. Les souffrances de nos pères évoquées, cette lutte de cinq ans si fièrement retracée, la conduite des rois comparée à celle des peuples, tout cela arrachait à l'Assemblée émue des acclamations enthousiastes. Ah! c'est que ce n'étaient point des paroles de rhéteur celles qui tombaient de la bouche de cet héroïque jeune homme; elles retentissaient aussi fort que le canon grondant aux frontières; et, quand on les répétait dans les camps, à la lueur des feux du bivac, le soldat sentait grandir son patriotisme et son intrépidité !

Que de fortes maximes! que de mots profonds, qui devaient frapper les esprits !

« Qu'est-ce qu'un roi près d'un Français?... Que la loi soit pleine de roideur envers les ennemis de la patrie; qu'elle soit douce et maternelle envers les citoyens !... Une révolution comme la nôtre n'est pas un procès, mais un coup de tonnerre sur tous les méchants !... Ce sont les chefs qu'il faut discipliner, parce que tout mal résulte de l'abus du pouvoir... Ambitieux, allez vous promener une heure dans le cimetière où dorment les conjurés et le tyran, et décidez-vous entre la renommée, qui est le bruit des langues, et la gloire, qui est l'estime. »

Le parti pour lequel la liberté du peuple est un joug, doit être expulsé, suivant Saint-Just, parce qu'il n'y a pas de paix possible à conclure avec lui.

« Vous ne parlez pas la même langue, vous ne vous entendrez jamais ; chassez-le donc ! L'univers n'est point inhospitalier, et le salut public est parmi nous la loi suprême. Ces partisans incorrigibles de la tyrannie ne respirent que notre perte, et, chaque jour, ils font un ennemi de plus à la République. Qu'ils soient superbes partout ailleurs ; on ne peut être ici que citoyen.

» Il y aurait de l'inhumanité à leur sacrifier tout un peuple ; il y aurait aussi de l'injustice à ne pas distinguer les bons des méchants. La cruauté frappe sans mesure ; mais la sagesse concilie tout. Purgez donc la patrie de ses ennemis déclarés. La modestie républicaine les indigne ; il leur faut la puissance qui n'appartient ici qu'à la démocratie. Qu'ils soient bannis et tous les vices avec eux, et que la Providence les conduise dans un autre hémisphère, et les instruise à la vertu par le malheur. Interdisez le séjour de Paris, celui des ports, celui des places fortes à tous les nobles, à tous les étrangers ; la cour était autrefois interdite aux plébéiens... Heureux ceux qui essuieraient le reproche d'avoir été funestes aux ennemis de la patrie. Il n'y eut personne assez éhonté dans Rome pour reprocher la sévérité qui fut déployée contre Catilina comme un acte de tyrannie ; mais Rome aimait alors la liberté. Il n'y eut que César qui regretta ce traître, et qui prétendit que la liberté, qu'il devait un jour détruire lui-même, était violée dans la personne de Catilina.

» L'aristocratie, sous le régime monarchique, foulait aux pieds la religion, objet de ses railleries ; la probité était ridicule à ses yeux. Elle inventait des passions et des sottises pour irriter sa satiété ; elle foulait les campagnes ; elle insultait à la misère et se moquait de la terre et du ciel. Aujourd'hui l'aristocratie hypocrite, qui, elle-même, sans s'en apercevoir, a détruit ce qu'elle regrette, nous oppose effrontément des bienséances qu'elle foula toujours aux pieds ; il n'y a point de bienséances à respecter envers les ennemis du peuple...

» Le peuple est juste, dit-il un peu plus loin; les pouvoirs sont souvent iniques. C'est une chose affreuse de tourmenter le peuple. Les lois et le gouvernement doivent peser sur les pouvoirs qui tendent toujours à l'indépendance. Il n'en sera plus de même désormais...

» Vous vous êtes étrangement trompés, vous qui avez cru que l'insolence était une sauvegarde de la justice et des lois, et qui vous êtes environnés d'audace pour leur échapper ! Tout sera pesé au poids du bon sens. Ceux-là surtout seront poursuivis sans pitié qui violeraient la garantie de la liberté publique en outrageant la représentation. Vous vous êtes trompés aussi, vous qui avez volé l'État, et croyez jouir longtemps du prix de vos forfaits... Attendez-vous aux gémissements éternels de tous les fripons; ils deviendront une faction de publicistes, accusant de rigueur la main qui les frappe. Vous n'aurez pas plutôt fait régner un mois la justice distributive, que la République changera de face et que l'abondance renaîtra... Que la justice se répande donc comme un torrent partout où il est demeuré des complices. Le moment est venu de tirer du sommeil tous les dépositaires de l'autorité publique.

» La comptabilité aura à justifier son indulgence envers les comptables.

» Les départements rendront compte de l'affreux état des chemins, qui menacent de la famine par l'interception des convois et des communications.

» L'administration des postes rendra compte de la nullité du service. Nous déclarons la guerre à tous les abus par lesquels on a servi les factions pour faire abhorrer la liberté et provoquer la tyrannie.

» Les départements répondront de l'air de souveraineté qu'ils ont souvent pris devant les malheureux.

» Les pouvoirs répondront de toute coalition criminelle contre la liberté publique.

» Les juges de paix rendront compte de la justice refusée aux pauvres des campagnes.

» Les tribunaux des armées rendront compte de la discipline des chefs de corps et de leur courtoisie envers les hommes puissants. Ce n'est point là le despotisme, sans doute; ce serait un étrange privilége que celui de pouvoir récuser comme despotisme l'âpreté nécessaire pour châtier les méchants! Favorisez la justice de toute votre puissance, elle seule rétablira nos affaires. Annoncez à la France que tout abus reconnu sera foudroyé, et que tout homme injuste envers le peuple en portera la peine. »

S'il y a, en révolution, une exaltation honorable et permise, poursuit-il, c'est celle de Caton, celle qui pousse au mépris des richesses et à la simplicité courageuse des mœurs, car alors elle est vertu et non pas fureur.

« Formez les institutions civiles, les institutions auxquelles on n'a point pensé encore; il n'y a point de liberté durable sans elles; elles soutiennent l'amour de la patrie et l'esprit révolutionnaire, même quand la Révolution est passée. C'est par là que vous annoncerez la perfection de votre démocratie, que vous annoncerez la grandeur de vos vues, et que vous hâterez la perte de vos ennemis en les montrant difformes à côté de vous. Bientôt, les nations éclairées feront le procès à la mémoire de ceux qui ont régné sur elles, et traîneront leurs ossements sur l'échafaud ; l'Europe foulera aux pieds et la poussière et la mémoire des tyrans. Alors, tout gouvernement qui ne sera point fondé sur la justice sera abhorré. L'esprit humain est aujourd'hui malade, et sa faiblesse produit le malheur parce qu'elle souffre l'oppression. N'en doutez pas, tout ce qui existe autour de nous doit changer et finir, parce que tout ce qui existe autour de nous est injuste : la victoire et la liberté couvriront le monde. Ne méprisez rien, mais n'imitez rien de ce qui est passé avant nous : l'héroïsme n'a point de modèles. C'est ainsi, je le répète, que vous fonderez un puissant empire, avec l'audace du génie et la puissance de la justice et de la vérité. Ce sont des choses dont l'aristocratie ne peut point abuser. N'imposez point d'autres vertus aux citoyens que la probité, que le respect de la liberté, de la nature, des droits de l'homme et de la représentation nationale... Que la Convention plane sur les pouvoirs ; qu'ils la respectent et fassent le bien. Qu'on mette de la différence entre être libre et se déclarer indépendant pour faire le mal. Que les hommes révolutionnaires soient des Romains et non pas des Tartares.

» Je termine par ce principe invariable : c'est que l'autorité publique doit religieusement exécuter vos décrets. Voilà la source et l'unique règle de la police générale de la République et du gouvernement révolutionnaire, qui n'est autre chose que la justice favorable au peuple et terrible à ses ennemis. »

Tel est ce discours étincelant de tant de beautés, plein des vues les plus judicieuses et les plus élevées, et que nous regrettons de n'avoir pu reproduire en entier (1).

(1) Voyez cet immense rapport dans *le Moniteur* du 27 germinal an II, n° 287.

Cette âpre censure qui n'épargnait aucun vice, aucun abus; cette lumière portée dans les ténèbres de la tyrannie administrative, dans le dédale de ce pouvoir occulte qu'on appelle la bureaucratie, cette austérité enfin n'était guère de nature à concilier à Saint-Just les sympathies des fonctionnaires; aussi, après thermidor, se sentant débarrassés d'un grand poids, pousseront-ils un cri d'allégresse, tandis que, refoulés dans l'ombre, les vrais amis du peuple gémiront, muets et désespérés. C'est cette vertu farouche qui a fait dire à Barère, dans une des rares occasions où il a rendu justice à Saint-Just : « Ses mœurs politiques étaient sévères, quel succès pouvait-il espérer? »

A la suite de ce rapport, fut présenté un important décret que, après une discussion de deux jours, l'Assemblée adopta avec quelques modifications plus rigoureuses, ceci est à noter. Il était dit, entre autres dispositions :

« Les prévenus de conspiration seront traduits, de tous les points de la République, au tribunal révolutionnaire à Paris...

» Aucun ex-noble, aucun étranger, avec lesquels la République est en guerre, ne peut habiter Paris, ni les places fortes, ni les villes maritimes pendant la guerre. Tout noble ou étranger dans les cas ci-dessus, qui y serait trouvé dans dix jours, est mis hors la loi. »

Saint-Just avait proposé le délai d'un mois; Bréard, un thermidorien! demanda celui de huit jours : « Les ci-devant nobles, dit-il, n'ayant pas mis si longtemps pour venir à Paris y tramer des conspirations contre la liberté. » L'Assemblée, comme on le voit, prit un terme moyen. De nombreuses exceptions, au reste, adoucissaient la rigueur de cet article.

« Le séjour de Paris, des places fortes, des villes maritimes est interdit aux généraux qui n'y sont point en activité de service. »

On reconnaît là les appréhensions de Saint-Just, à l'égard des usurpations et du despotisme militaires.

« Tous les citoyens seront tenus d'informer les autorités de leur ressort, et le Comité de Salut public, des vols, des discours inciviques et des actes d'oppression dont ils auraient été victimes ou témoins. »

Plus loin, que de précautions pour sauvegarder la liberté individuelle!

« La Convention nationale ordonne à toutes les autorités de se renfermer rigoureusement dans les limites de leurs institutions, sans les étendre ni les restreindre. Elle ordonne au Comité de Salut public d'exiger un compte sévère de tous les agents, de poursuivre ceux qui serviront les complots et auront tourné contre la liberté le pouvoir qui leur aura été confié.
» Le respect envers les magistrats sera religieusement observé; mais tout citoyen pourra se plaindre de leur injustice, et le Comité de Salut public les fera punir selon la rigueur des lois. »

Enfin, portait l'article XXIII :

« Le Comité de Salut public encouragera, par des indemnités et des récompenses, les fabriques, l'exploitation de mines, les manufactures ; il protégera l'industrie, la confiance entre ceux qui commercent ; il fera des avances aux négociants patriotes qui offriront des approvisionnements au maximum ; il donnera des ordres de garantie à ceux qui amèneront des marchandises à Paris ; pour que les transports ne soient pas inquiétés, il protégera la circulation des rouliers dans l'intérieur, et ne souffrira pas qu'il soit porté atteinte à la bonne foi publique. »

Que si quelques-uns des articles de ce décret sont empreints d'une excessive rigueur, nécessitée par les circonstances, combien d'autres renferment de sages, d'utiles dispositions, et témoignent, devant la postérité, de l'amour que portait au peuple cette Convention tant calomniée !

Ruhl proposa l'impression et la traduction du rapport, et l'Assemblée, comme de coutume, adopta avec enthousiasme cette proposition.

Ce fut la dernière fois que Saint-Just prit la parole à la tribune, jusqu'à la funeste journée du 9 thermidor. Depuis lors, il fut presque toujours absent de Paris. Quelques jours après avoir prononcé ce discours, il fut de nouveau envoyé comme commissaire général près l'armée du Nord, vers laquelle se tournaient avec anxiété les regards de la France et où il restera presque constamment désormais. Il partit le 10 floréal de l'an II, avec le Bas, son fidèle ami ; tous deux allaient donner au monde le spectacle du plus absolu dévouement que de grands citoyens aient jamais offert à leur patrie.

Mais, avant de suivre dans leur glorieuse mission ces héroïques envoyés de la Convention nationale, il convient de venger Saint-Just de la plus infâme calomnie dont on ait essayé de ternir sa mémoire, et d'appeler sur ceux qui l'ont inventée l'éternel mépris des honnêtes gens.

CHAPITRE II

Calomnies des thermidoriens sur Robespierre, Saint-Just et leurs amis. — Barras moraliste! — Les libellistes de la Restauration.— Madame de Sainte-Amaranthe. — Odieuses calomnies. — Une lettre de M. Philippe le Bas (de l'Institut). — Défense de Saint-Just. — Une page des *Mémoires* de Levasseur. — Les *Mémoires* de Senar. — Alexis Dumesnil, auteur de l'*Esprit des religions*. — Affaire de la famille de Sainte-Amaranthe. — Bonne foi d'un prétendu biographe de Saint-Just. — Conclusion.

Quand les thermidoriens eurent tué Robespierre, Saint-Just, le Bas, Couthon, c'est-à-dire les hommes les plus intègres et les plus vertueux de la République, ils essayèrent de souiller la mémoire de leurs victimes, dont le prestige semblait déposer contre eux. Après s'être emparés de tous les papiers de leurs ennemis morts, ils s'empressèrent d'anéantir ce qui était de nature à les compromettre eux-mêmes, à prouver leurs dilapidations et leur infamie, et livrèrent à la publicité des pièces insignifiantes à l'aide desquelles ils bâclèrent contre les vaincus du 9 thermidor un acte d'accusation dont le ridicule égale seul la mauvaise foi.

Mais si, à l'aide de mensonges habiles, savamment calculés et répétés sans cesse, ils parvinrent à envelopper d'une sanglante auréole le souvenir de ces grands citoyens, ils s'efforcèrent en vain de ternir leur réputation de probité, de désintéressement et d'honnêteté. Ce fut Barras, qui le croirait? Barras ! le cynisme fait homme ! qui, le premier, se chargea d'attaquer cette réputation au sein de la Convention. Le 27 thermidor, il monta à la tribune, et après avoir lu quelques arrêtés concernant la prétendue conspiration, il insinua que Robespierre avait entretenu de nombreuses concubines, et que les « conjurés » s'étaient constamment livrés à d'excessives dépenses. « Ces satyres, dit-il, avaient, dans presque toutes les communes environnant Paris, des lieux de plaisance où ils s'adonnaient à tous les excès. » Et à l'appui de cette calomnie, quelle preuve, que dis-je? quelle ombre de vraisemblance présente-t-il ? C'est curieux, en vérité ! « *Il paraît,* » voilà tout, « *il paraît* que Robespierre s'était réservé Monceau; Bagatelle était pour Couthon; Saint-Just avait le Raincy (1). » Jamais on n'avait vu la vertu si impudemment souffletée par le

---

(1) Voyez *le Moniteur* du 29 thermidor an II, n° 329. M. Éd. Fleury, qui ne s'est même pas donné la peine de lire *le Moniteur,* suppose que Barras parut, une lettre dénonciatrice à la main. Cet écrivain, grand pourfendeur des réputations révolutionnaires, accepte comme des réalités et développe complaisamment ces odieuses calomnies, trop niaises et trop bêtes pour être réfutées. Il est donc bien naïf ou de bien mauvaise foi. Nous le défions de sortir de ce dilemme. Voyez *Saint-Just et la Terreur,* t. II, p 210-219.

vice. Ah! pour qu'à cette étrange accusation, l'Assemblée ne se soulevât pas indignée, il fallait qu'elle fût déjà tombée bien bas! Courtois ne manqua pas de ramasser ces mensonges, et, dans son monstrueux rapport, il laissa entendre que les vaincus de thermidor avaient l'habitude de se plonger dans de *royales* orgies. Mais, si la Convention resta muette devant ces ridicules déclamations, le bon sens public en fit justice, et jusqu'à la chute de l'empire, ces stupides calomnies demeurèrent enfouies dans le mépris et dans la boue.

Quand vint la Restauration, nombre d'écrivains royalistes, emportés, les uns par un zèle de réaction fougueuse, les autres par l'appât d'un gain facile et abondant, fouillèrent cette fange et en tirèrent ces sottises depuis longtemps oubliées. Alors parurent la *Biographie des Conventionnels*, l'*Histoire pittoresque de la Convention*, l'*Histoire secrète du Tribunal révolutionnaire*, les *Mémoires de Senar* et autres libelles de la même farine (1). En effet, il ne pouvait entrer dans l'esprit de la réaction de laisser à des hommes comme Robespierre et Saint-Just cet éclatant reflet de pureté qui les couvre encore, qu'on a essayé vainement de leur enlever et qui, à lui seul, suffirait pour justifier et immortaliser leur mémoire.

En 1794, vivait à Paris une femme de mœurs dou-

---

(1) Si l'on veut savoir jusqu'à quel point la calomnie se donnait carrière à cette époque, on n'a qu'à lire les *Souvenirs et anecdotes sur la Révolution*, par M. Harmant, ancien député et préfet du Bas-Rhin. Voilà un de ces fantaisistes de la calomnie que l'implacable justice doit clouer au pilori de l'histoire. C'est dans son livre qu'on lit que Saint-Just, ayant envoyé à la guillotine une jeune fille dont il avait vainement sollicité les faveurs, avait fait tanner sa peau et s'en était fait confectionner une culotte qu'il portait toujours.

teuses, âgée alors de 42 ans (1); elle se nommait madame de Sainte-Amaranthe, et se disait veuve d'un ancien garde du corps, tué dans les journées d'octobre. Sa maison était un rendez-vous de plaisir où s'étaient longtemps réunis des hommes appartenant à tous les partis; on y jouait et l'on y conspirait à la fois; le conspirateur de Batz en était le principal habitué.

Madame de Sainte-Amaranthe avait deux enfants : une fille, mariée à M. de Sartines, fils de l'ancien lieutenant de police, et un fils, âgé de 18 ans à peine. Toute cette famille, compromise par ses relations avec Proly et Desfieux, avait été arrêtée peu de jours après le supplice des hébertistes; elle était détenue depuis cette époque, quand, sur le rapport d'Élie Lacoste, elle fut livrée au Tribunal révolutionnaire, avec Lamiral et Cécile Renaud. Ni Robespierre, ni Saint-Just ne se mêlèrent de ce grand procès dans lequel furent impliqués cinquante-quatre accusés, et, lorsqu'il se dénoua tragiquement sur l'échafaud, le 27 prairial (7 juin 1794), Saint-Just était en mission à l'armée du Nord. C'est cependant de la mort de madame de Sainte-Amaranthe, qu'à défaut d'autres sujets plus vraisemblables, les écrivains royalistes se sont servis pour les calomnier l'un et l'autre.

Les uns, comme Nougaret, Beuchot et Georges Duval, ont prétendu que Robespierre avait fait périr madame de Sainte-Amaranthe dans la crainte qu'elle ne trahît des projets qu'il aurait dévoilés chez elle, dans un dîner où il se serait laissé échauffer par le vin. Ils ne se sont pas demandé si, à l'époque où ils ont placé cette prétendue scène d'ivresse et ces prétendues révélations, madame de Sainte-Amaranthe n'était pas en prison depuis deux mois;

---

(1) Archives de la préfecture de police.

les calomniateurs n'y regardent pas de si près. D'autres, comme l'espion Senar, dans des Mémoires *arrangés*, ont attribué la mort de madame de Sainte-Amaranthe à Saint-Just, furieux de n'avoir pu obtenir les faveurs de cette dame, âgée alors, ainsi que nous venons de le dire, de 42 ans.

Or, ni Robespierre ni Saint-Just ne mirent jamais les pieds dans la maison de madame de Sainte-Amaranthe; au reste, il n'est pas d'historiens sérieux et honorables qui aient accepté ces fables grossières. Si quelques-uns, comme M. de Lamartine, ont pu croire qu'en effet Robespierre avait dîné un jour chez madame de Sainte-Amaranthe, ils ont au moins répudié cette ignoble scène d'ivresse, inventée par un libelliste sans conscience. L'auteur des *Girondins* suppose que Robespierre « entr'ouvrit ses desseins pour y laisser lire l'espérance (1). »

Ici, nous cédons pour quelques instants la place à l'honorable et savant membre de l'Institut, M. Philippe le Bas, fils de l'ami de Saint-Just, qui a cru devoir répondre à l'assertion de M. de Lamartine, et qui a bien voulu nous communiquer sa réfutation. Les lecteurs nous sauront gré de mettre sous leurs yeux cette noble et digne réponse.

« Les chapitres consacrés à madame de Sainte-Amaranthe reposent sur des données qui ne méritent aucune confiance. M. Duplay, mon oncle, dont le témoignage ne saurait être récusé, m'a donné l'assurance formelle que Robespierre n'avait jamais eu aucune relation avec cette femme, qu'il regardait comme une intrigante de mœurs plus que suspectes, et que, par conséquent, le dîner au-

(1) *Histoire des Girondins*, t. VIII, p. 235.

quel il aurait été conduit par Trial, n'est rien autre chose qu'une fable. Il ajoutait que ce comédien n'était point, comme on l'a dit, un des familiers de Robespierre, et ma mère, de son côté, atteste qu'elle ne l'a jamais vu dans la maison paternelle. Ce qui vient à l'appui de ces assertions, c'est que Trial fut nommé, le 11 thermidor, par le Comité de Salut public, pour recevoir les actes civils de la Commune de Paris, et que les actes de décès des cent cinq victimes de la journée du 9, actes qui n'ont été rédigés que dix-sept jours après l'exécution, sont tous revêtus de la signature de ce personnage, prenant le titre d'officier municipal. On doit donc en conclure que, loin d'avoir été l'ami de Robespierre, il était bien plutôt lié avec ses antagonistes, puisque ceux-ci, au lieu de le proscrire comme dévoué à leur ennemi, l'admirent au nombre des membres de la Commune *régénérée*.

» Mais, si Robespierre n'a jamais vu madame de Sainte-Amaranthe, s'il n'a jamais mis les pieds chez elle, on n'en peut dire autant de son frère. Longtemps avant le procès de Danton, Robespierre le jeune, mon oncle et Simon Duplay, neveux de mon grand-père, y furent conduits, un soir, au sortir de l'Opéra, par Michot, un des sociétaires du Théâtre-Français, et cette escapade fut si sévèrement blâmée par Maximilien, que, malgré tout l'attrait d'une pareille maison pour des hommes dont le plus âgé avait à peine vingt-neuf ans, ils se gardèrent bien d'y retourner.

» A-t-on, de cette visite qui n'avait rien de prémédité, conclu que des rapports existaient entre madame de Sainte-Amaranthe et Robespierre? A-t-on pris le jeune pour l'aîné, et bâti postérieurement sur cette erreur la fable qui a eu malheureusement trop de cours? Je l'ignore; mais il n'en reste pas moins démontré que le récit en question est tout ce qu'il y a de plus mensonger.

» Du reste, monsieur, vous paraissez avoir reconnu qu'il y a dans toute cette anecdote beaucoup d'invraisemblance, puisque vous n'avez pas admis, avec Nougaret, avec M. Beuchot et surtout avec Georges Duval, la prétendue scène d'ivresse où Robespierre aurait trahi ses projets. Il est à regretter que vous n'ayez pas cru devoir pousser la critique plus loin. Ce qui aurait pu vous y engager, c'est une autre version qu'on trouve dans les *Mémoires* de Senar. Suivant ce dernier, madame de Sainte-Amaranthe n'aurait dû son supplice et celui de sa famille qu'à une ignoble vengeance de Saint-Just, furieux de ce qu'elle lui avait refusé ses faveurs pour les accorder à un autre. De ces deux données, si contradictoires, il y en a nécessairement une qui est fausse, si elles ne le sont pas toutes deux. Je crois vous avoir prouvé que la première n'a aucune valeur historique, voyons ce qu'il faut penser de la seconde.

» Évidemment, vous n'y croyez pas, puisque vous n'en avez tenu aucun compte et que vous avez adopté la première, en en faisant disparaître ce qu'elle avait de trop odieux et de trop invraisemblable. Et cependant, monsieur, de ces deux versions, la seule qui eût quelque apparence de vérité, c'était celle que vous avez rejetée, puisqu'il résulte d'une note de police, trouvée dans les papiers de Saint-Just, « que la dame Sainte-Amaranthe était surveillée, comme suspecte de complicité, dans une conspiration royaliste dont elle tenait tous les fils et dont sa maison était le centre. Mais cette pièce a-t-elle toute la valeur qu'on paraît avoir voulu lui donner? La surveillance en question était-elle vraiment exercée par ordre de Saint-Just? Ne l'était-elle pas plutôt par ordre du Comité de Salut public? Saint-Just a-t-il fait usage de la note dont il s'agit? Ce qui porterait à admettre le contraire, c'est qu'elle était encore, au 9 thermidor, dans les papiers qui furent saisis à son domicile, et que le rapport sur la conspiration du baron de Batz et de l'étranger, où furent enveloppés madame de Sainte-Amaranthe et ses enfants, fut rédigé et présenté à la Convention, non par Saint-Just, mais par Élie Lacoste, un des vainqueurs du 9 thermidor.

» Prétendra-t-on que Saint-Just se cachait derrière le rapporteur? Mais une pareille lâcheté n'était pas dans le caractère de celui qui, six semaines auparavant, dans son rapport du 11 *germinal contre les dantonistes*, n'avait pas craint de reprocher au chef de ce parti ses dîners avec l'infâme Sainte-Amaranthe, le fils de Sartines et Lacroix.

» Pour ma part, monsieur, je ne puis me persuader que les faits sur lesquels reposait l'accusation d'Élie Lacoste étaient entièrement dénués de fondement, quand je songe que les conclusions du rapport de ce conventionnel furent approuvées par l'Assemblée, quand je me rappelle le rôle que de Batz, le principal accusé, a joué dans cette circonstance, et pendant toute la durée de la République, et quand, enfin, je vois que, sous la Restauration, sans jamais avoir été militaire, il obtint le grade de maréchal de camp et fut chargé, en cette qualité, de commander le département du Cantal. Entièrement dévoué à la cause royaliste, Batz déploya une activité infatigable pour la faire triompher. Tous les moyens, tous les agents lui étaient bons, et un lieu de plaisir, comme la maison de madame de Sainte-Amaranthe, était pour lui et pour ses complices le quartier général le plus commode, puisqu'ils pouvaient s'y voir et s'y concerter sans trop craindre d'exciter les soupçons du gouvernement. Il paraît constant que, depuis assez longtemps, madame de Sainte-Amaranthe était dans le secret de ce conspirateur, et que l'attention du Comité de Salut public était éveillée à cet égard. On en voit la preuve dans les paroles de Saint-Just que j'ai citées plus haut. Si donc elle fut comprise dans l'acte d'accusation du 26 prairial, c'est que, probablement, les soupçons s'étaient changés en preuves. Assurément, tous ceux qui comparurent avec madame de Sainte-Amaranthe devant le Tribunal révolutionnaire n'étaient pas innocents. Le fait est hors de doute pour Desvaux, secrétaire de Batz; pour Cortey et pour Michonis, qui, d'après les aveux mêmes de Desvaux et les témoignage des pièces que M. Eckard a pu vérifier aux archives du Tribunal révolutionnaire, avaient secondé de Batz dans ses tentatives pour délivrer Louis XVI, le 21 janvier, et pour faire évader Marie-Antoinette du Temple, puis de la Conciergerie. On peut conjecturer qu'il en était de même de beaucoup d'autres, et si la communication des dossiers de ce genre de procès n'était pas exclusivement réservée aux écrivains royalistes, il est probable que ce qui n'est aujourd'hui que conjecture deviendrait bientôt une certitude.

» D'après tout ce qui précède, monsieur, je ne puis admettre, avec les écrivains que j'ai nommés, que Robespierre ait ordonné la mort de la famille de Sainte-Amaranthe pour prévenir les dangers auxquels il s'était exposé par son intempérance; mais je ne saurais non plus me persuader qu'il se soit opposé, comme vous le dites, à la mise en accusation de cette famille, si, comme le rapport de Lacoste le fait supposer, elle avait trempé dans le complot du baron de Batz, et si, en effet, Vadier avait entre les mains toutes les pièces qui prouvaient sa culpabilité. Je puis encore moins croire que l'indulgence de Robespierre ait eu pour cause, plus ou moins directe, l'initiation de madame de Sainte-Amaranthe et de ses filles aux mystères de Catherine Théot (et non pas Théos). Si ce fait eût eu la moindre vraisemblance, Vadier n'eût pas manqué de s'en faire un argument. Or, il n'en dit pas un seul mot dans son rapport, qui, permettez-moi de vous le faire observer, n'a point précédé, comme vous le dites, celui d'Élie Lacoste, mais qui l'a suivi, d'assez près, il est vrai, puisqu'il fut présenté le 27 prairial, c'est-à-dire le lendemain, et cela comme une affaire entièrement distincte de la conspiration de l'étranger. Assurément, monsieur, toute votre construction est de l'effet le plus dramatique ; mais, en définitive ce n'est rien autre chose qu'une construction ne reposant sur aucune base solide, et qui ne peut avoir la durée de la vérité. »

Il nous reste à compléter la défense de Saint-Just ; nous allons le faire avec une exactitude d'analyse et une sévérité auxquelles, nous en avons la ferme assurance, tous les hommes de bonne foi donneront leur entière approbation.

Un écrivain dont je regrette d'être obligé de tracer si souvent le nom sur ces pages, M. Édouard Fleury, s'est imaginé, vers l'année 1852, d'arracher à Saint-Just ce renom de pureté de mœurs qui ne lui a jamais été contesté par ses ennemis loyaux. Que certains romanciers, peu soucieux de l'honnêteté littéraire, aient trouvé piquant de transformer en Lauzuns sanguinaires les grands hommes de notre Révolution, passe encore ; le public sérieux n'a pas à se préoccuper de ces puériles inventions et nous n'avons pas à y répondre ; mais quand, sous prétexte d'histoire, on ose inventer et rééditer de lâches et cruelles calomnies, à cette heure où, grâce à tant d'honorables travaux, la vérité commence enfin à luire sur l'épopée révolutionnaire, c'est un devoir pour nous de démasquer les calomniateurs et de les stigmatiser hautement.

Nous avons déjà justifié Saint-Just de l'enlèvement de cette femme d'un notaire de Blérancourt, si perfidement mis à sa charge, par M. Fleury, et l'on a pu voir que certain passage d'une lettre de Thuillier, qui paraît être, à cet écrivain, la preuve convaincante de la culpabilité de Saint-Just, offre, au contraire, la plus éclatante manifestation de son innocence.

Mais il n'a pas suffi à M. Édouard Fleury de gratifier Saint-Just de cette maîtresse équivoque, il le dépeint quelque part courant après Théroigne de Méricourt, oubliant que cette malheureuse avait été fouettée *comme réactionnaire* par quelques harpies, dans les premiers jours de 1793, et qu'elle était devenue folle des suites de cet indigne traitement. Cette fois, il ne cite aucune pièce à l'appui de la calomnie, et sa seule imagination en fait les frais (1). Plus loin, avec une grâce de style dont nous serions fâché de ne pas donner un échantillon à nos lecteurs, il montre Saint-Just « *filant le parfait amour aux pieds de mademoiselle le Bas,* » et convoitant la jeune madame de Sartines (2). Senar est dépassé ! Il y a là un petit tour d'adresse sur lequel nous nous expliquerons tout à l'heure.

Si nous défendons aujourd'hui cette réputation de

---

(1) Voyez *Saint-Just et la Terreur*. Mentionnons, pour mémoire, une lettre de Théroigne écrite à Saint-Just, le 8 thermidor, de la Salpêtrière, où elle était enfermée, lettre dans laquelle, au milieu des choses les plus incohérentes, elle demande de l'argent et la liberté.

(2) Voyez *Saint-Just et la Terreur*, t. II, p. 10 et 220.

continence qu'ont élevée à Saint-Just ceux qui ont vécu près de lui, et qu'il n'a jamais recherchée, ce n'est pas que nous lui ferions un crime d'avoir succombé à quelqu'une de ces faiblesses si audacieusement affichées par les rois et les grands seigneurs du bon temps, et pour lesquelles les écrivains royalistes se montrent d'ordinaire si indulgents; mais il vanta dans ses discours la pureté des mœurs, et personne plus que lui n'en donna l'exemple. Que si, dans les premières années de sa jeunesse, il eut de ces liaisons faciles si communes à cet âge, il faut lui savoir gré d'avoir toujours conservé une grande dignité et un profond respect de lui-même par sa réserve et sa discrétion.

Nos patientes recherches nous ont fait découvrir que, il y a une vingtaine d'années, est morte, à Versailles, une femme qui, dans sa jeunesse, avait été comédienne, et qui portait publiquement le nom de madame de Saint-Just, avouant tout bas, à ses intimes, qu'elle avait gardé ce nom en souvenir de ses rapports avec l'illustre conventionnel. Qu'une liaison intime ait existé entre cette femme et Saint-Just, il n'y a rien là que de très-possible, et nous signalons ce fait sans trop savoir ce qu'il faut en penser. Mais, dans tous les cas, cette liaison eût été antérieure à 1792, car, depuis cette époque, nous possédons sur la vie privée de Saint-Just les renseignements les plus positifs, et nous pouvons affirmer que, du jour où il fut question de son mariage avec mademoiselle le Bas, il se renferma dans la plus stricte austérité de mœurs. Dès lors, jeune homme, il n'eut qu'un amour ardent et fiévreux : la patrie, et lui sacrifia tout; poëte, il n'eut qu'une Muse, la République, qui l'inspira si magnifiquement dans quelques-uns de ces rapports dont j'ai cité les plus lyriques passages.

Les sentiments qui l'attachaient à mademoiselle le Bas étaient graves et réels sans doute, mais son affection pour cette jeune personne n'avait rien de romanesque, comme l'ont prétendu quelques écrivains, et il faut ranger au nombre des assertions imaginaires, quoique bien innocentes, les lettres brûlantes qu'il lui aurait adressées. Le roman y perd, mais l'histoire y gagne. A cet égard, les affirmations de madame le Bas, qui ne quittait pas sa belle-sœur, ne peuvent souffrir aucune contradiction. Un mariage, retardé par les circonstances politiques, devait unir Henriette et Saint-Just; malgré le léger nuage dont nous avons déjà parlé, et qui s'éleva entre eux peu de jours avant le départ de Saint-Just pour sa seconde mission à l'armée du Nord, il se serait très-probablement accompli, sans les événements de thermidor; mais une fiancée n'est point une maîtresse; dans la sœur de son ami, Saint-Just respectait avant tout la femme qui devait être un jour l'honneur et la joie de son foyer domestique.

En dehors de cette liaison, si réservée, Saint-Just n'eut, pour ainsi dire, pas de vie privée; tous ses instants étaient absorbés par les affaires publiques; ce dont on se convaincra aisément en songeant aux immenses travaux dont il accepta le poids, dans le court espace qui s'écoula entre sa mission sur le Rhin et ses missions dans le Nord. Il est bon de citer ici, au sujet des membres du Comité de Salut public, le passage suivant des *Mémoires* du représentant Levasseur (de la Sarthe) qui, dans l'amertume de l'exil, déplora jusqu'à son dernier jour l'erreur d'avoir applaudi un moment, de loin, à la catastrophe de thermidor (1).

(1) Levasseur était en mission à Namur lors du 9 thermidor. M. Éd. Fleury, toujours exact, en fait un témoin oculaire.

« On conçoit à peine comment huit hommes pouvaient suffire à tant de travail ; seuls, ils composaient toute l'administration supérieure ; fardeau qui, même dans un temps calme, écrase souvent neuf ministres entourés de la plus vaste bureaucratie. Chaque jour, les mêmes hommes rédigeaient une foule de lois et décrets sur toutes les matières d'intérêt public ; chaque jour aussi on les voyait à la tribune lire de longs rapports et soutenir dans leurs discours tout le poids des discussions. Lois de circonstance, lois générales, mesures de salut public, direction de la police et des tribunaux, direction du chaos immense de nos finances que compliquaient et l'aliénation des domaines nationaux et la création des assignats, enfin direction de quatorze armées dépourvues encore de généraux illustres, tout partait du Comité de Salut public et revenait aboutir à lui. Quand on examine ce dédale et qu'on songe au petit nombre de têtes chargées de le débrouiller, on trouve presque impossible ce qu'ont su faire ces hommes si décriés. Cependant les écrivains mercenaires du royalisme et de l'émigration ont voulu peindre les républicains comme plongés dans les plus sales orgies. C'est une calomnie, au moins, que je n'ai pas à réfuter : aucun homme qui se respecte n'oserait la rappeler aujourd'hui (1). »

Lorsque l'honnête Levasseur écrivait ces lignes, il ne se doutait guère que, près de trente ans plus tard, un homme qui parle bien haut de modération, de morale et d'honnêteté, trouverait le moyen de renchérir sur Senar.

Il est temps de dire quelques mots des Mémoires de

---

(1) *Mémoires* de Levasseur, t. III, p. 83-84.

cet ancien agent des Comités, Mémoires livrés à la publicité par Alexis Dumesnil, vingt-huit ans après la mort de Senar (1). C'est un tissu d'absurdités et de mensonges; c'est là qu'on retrouve toutes les expressions odieuses et cruelles mises dans la bouche des républicains par certains écrivains royalistes. Quand, bien jeune encore, je lus pour la première fois ces infâmes Mémoires, il me vint à l'esprit une réflexion qui certainement a dû venir à l'esprit de tous les gens sensés qui les ont lus : comment ce misérable a-t-il pu entendre et voir tout ce qu'il raconte avec un si dégoûtant cynisme?

Aujourd'hui, après avoir étudié ce libelle avec le soin le plus minutieux, j'ai acquis l'intime conviction qu'excepté ce qui a trait à Tallien, il n'est pas l'œuvre de Senar, mais bien celle de Dumesnil lui-même, qu'avec tant de raison, dans une lettre indignée et charmante, madame Tallien, devenue princesse de Chimay, appelait : « Ce reptile (2). » Voici maintenant sur quelles preuves repose ma conviction : le manuscrit de Senar a été acheté à un ancien employé de police nommé Dossonville, plusieurs fois compromis dans des conspirations royalistes et déporté le 18 fructidor. Ce Senar, entièrement inconnu à Robespierre et à Saint-Just, ainsi que cela résulte de quelques mots dits par Couthon aux Jacobins, le 3 thermidor, fut cependant arrêté comme partisan de Robespierre, quelque temps après la chute de celui-ci, et mourut en 1796, à Tours, où il avait occupé le poste d'agent national. Pendant sa captivité, il rédigea une dénonciation dirigée contre ceux des thermidoriens à qui il attribuait

---

(1) M. Éd. Fleury, toujours exact et sincère, ose écrire : « Senar publia, en 1824, des *Mémoires* qu'il intitula....., etc. » Voyez *Saint-Just et la Terreur*, t. II, p. 223.

(2) *Lettre à M. Pougens*; Bruxelles, 18 juin 1824.

son arrestation, et principalement contre Tallien, comme on peut s'en convaincre par ces paroles de Cambon, prononcées à la Convention, dans la séance du 13 nivôse de l'an III. « Un nommé Senar, que je ne connais pas, m'a envoyé des pièces où j'ai trouvé un tissu de calomnies contre Tallien (1). » Et Garnier (de Saintes) ajouta : « Senar est un conspirateur. » Or, il est évident que, si dans ces pièces il y avait eu la moindre accusation contre Robespierre et contre Saint Just, la réaction thermidorienne n'eût pas manqué d'en tirer parti, au moment où, chaque jour, la tribune de l'Assemblée retentissait de récriminations calomnieuses contre ces illustres vaincus ; il est évident que Senar, qui avait le courage de s'en prendre au *héros* Tallien, tout-puissant alors, n'avait aucun intérêt à calomnier ceux à l'occasion desquels il était persécuté ; il est évident enfin que ce sont ces mêmes pièces qui, tombées dans les mains de l'agent Dossonville, ont été vendues à Dumesnil, puisque en effet les Mémoires publiés par ce dernier portent presque exclusivement sur Tallien et sur les vainqueurs de thermidor.

Au reste, les calomniateurs, malgré toute leur adresse, laissent toujours quelque prise à la vérité, et ce Dumesnil s'est trahi lui-même, en écrivant dans sa notice sur Senar : « On a aussi éclairci le sens de l'auteur dans plusieurs endroits... Mais aucun de ces changements, qui ne portent, *en général*, que sur des mots, n'a fait perdre aux Mémoires de Senar leur couleur originale (2). » Or, on sait ce que c'est, dans de pareils libelles, que des changements qui ne portent, *en général*, que sur des mots.

(1) Voyez *le Moniteur* du 12 nivôse an III, n° 102.
(2) Voyez dans les *Mémoires* de Senar (1 vol. in-8°. Paris, 1824), la notice par Dumesnil, p. viij et ix.

Et puis quelle belle occasion de flétrir la mémoire de tous ceux qui avaient trempé dans la Révolution, et surtout celle des anciens membres du gouvernement révolutionnaire, que de publier contre eux des Mémoires qu'on intitule : « *Révélations puisées dans les cartons des Comités de Salut public et de Sûreté générale*, comme s'il eût été loisible à un infime agent de fouiller dans les pièces des Comités, et que l'on attribue en entier à un homme auquel on donne mensongèrement le titre de secrétaire-rédacteur du Comité de Sûreté générale, afin de leur ajouter plus de poids (1). Senar n'était nullement secrétaire de ce dernier Comité, mais simplement agent, et non pas à Paris, mais à Tours, où il cumulait en même temps les fonctions d'agent national de cette commune; en conséquence, il devait être bien imparfaitement renseigné sur tout ce qui se passait à Paris, au sein des Comités, car il ne fut guère employé, comme *espion*, que dans l'affaire de la malheureuse Catherine Théot, tandis qu'il pouvait en savoir beaucoup sur Tallien, puisque celui-ci avait été en mission à Tours.

De tout ce qui précède, on doit donc conclure, suivant nous, que, dans ces Mémoires, les passages relatifs à Tallien appartiennent seuls à Senar, et que le reste est de l'invention du sieur Dumesnil, auteur de l'*Esprit des Religions*, qui, pour décorer son libelle d'un plus grand air de vérité, a mis le tout sur le compte de Senar, lequel, étant mort depuis vingt-huit ans, en 1824, n'était assurément pas en état de réclamer contre cet abus de son nom. Au reste, quel que soit l'auteur de ces Mémoires, et qu'ils aient été plus ou moins revus, corrigés, augmentés et embellis par Alexis Dumesnil, ils sont, dans

---

(1) Voyez la notice par Dumesnil, p. iij.

tous les cas, comme l'a fort bien dit M. Michelet : « l'œuvre d'un coquin devenu à moitié fou. »

Veut-on avoir une idée des gentillesses qui s'y rencontrent ? On y accuse, en termes formels, le duc d'Orléans, appelé *le roi des assommeurs*, d'avoir fait massacrer la princesse de Lamballe, sa belle-sœur, pour se libérer d'un payement annuel de cinq cent mille livres de douaire qu'il avait à lui servir. Évidemment, cette accusation ne vient pas de Senar. Comment pouvait-il connaître les affaires privées de la famille d'Orléans ? N'y aurait-il pas là plutôt une ignoble vengeance royaliste, dont le sieur Dumesnil a été l'exécuteur ? Je ne puis m'empêcher de le croire, pour ma part, quand je songe que la censure de 1824 a laissé passer ces lignes : « Déjà la princesse de Lamballe avait passé la porte, comme libre, lorsque par malheur survient un chef égorgeur qui, la reconnaissant d'abord, se rappelle que le roi des assommeurs a donné l'ordre de tuer et d'immoler à sa cupidité sa faible sœur (1). » N'est-ce pas à fermer le livre de dégoût ? Le libraire a beau avertir, par une note de commande sans doute, que l'assertion est dénuée de tout fondement (ce qu'il eût dû répéter pour presque tout le reste s'il eût été un tant soit peu honnête), la calomnie est lancée, et toute calomnie lancée fait son chemin ; les experts en ces sortes de choses le savent bien. De nos jours même, n'avons-nous pas entendu circuler et vu prendre consistance, auprès de gens d'une trop complaisante crédulité, les fables les plus grossières et les plus absurdes, répandues sur le compte des membres du gouvernement provisoire de 1848 ?

---

(1) *Mémoires* de Senar, ch. VII, p. 34 et 44. Qu'en pense M. Cuvillier-Fleury, qui a accepté sans examen et avec tant d'empressement les calomnies éditées par M. Éd. Fleury sur Saint-Just ?

Si l'atrocité mise, dans ces Mémoires, à la charge du duc d'Orléans, est invraisemblable, celle attribuée à Saint-Just l'est mille fois plus encore; la fausseté peut en être démontrée mathématiquement. Dans ce libelle, il n'est presque point question de Saint-Just; un seul passage lui est consacré, et son nom ne figurait certainement pas dans les pièces envoyées par Senar à Cambon. Cependant on ne pouvait laisser debout cette réputation d'honnêteté encore intacte; une note de police, relative à madame de Sainte-Amaranthe, et trouvée, après la mort de Saint-Just, dans ses papiers, fournit, à coup sûr, l'idée de la calomnie infâme à l'aide de laquelle on se flattait de ternir sa mémoire. Voici cette dénonciation anonyme, et non point de la main de Saint-Just, comme l'avance mensongèrement M. Éd. Fleury :

« La citoyenne veuve Amaranthe demeure à Paris, rue Vivienne, n° 7. Il y a longtemps qu'elle n'y est venue. Elle demeure maintenant à une campagne, à S..., près de B..., route de Maisons. Il est certain qu'il s'y fait un rassemblement, soit pour le jeu ou toute autre chose. J'observe qu'il n'est pas besoin de passe-port pour se rendre chez elle, et que cela facilite soit les joueurs, soit les conspirateurs qui s'y rendent journellement.

» Sart... fils, pour n'être point soupçonné, demeure rue Caumartin, chez Bourlier, et c'est là qu'on suppose qu'il voit les différentes personnes qui vont journellement chez la citoyenne Amaranthe, sa belle-mère, et qui les instruit de tout ce qui se passe (1). »

Les membres des Comités de Salut public et de Sûreté

---

(1) Voyez *Papiers trouvés chez Robespierre, Saint-Just, Payan et autres*, collection Baudoin.

générale étaient assaillis de ces sortes de dénonciations, provenant d'un patriotisme plus ou moins éclairé, et, trop souvent, de vengeances particulières. Ceux qui les recevaient les transmettaient à leur Comité respectif, où ces pièces étaient examinées et où il y était donné suite, s'il y avait lieu. Or, Saint-Just demeura tellement étranger à l'affaire de madame de Sainte-Amaranthe, qu'il ne se servit même pas de cette note de police, car s'il en avait fait usage, elle n'eût pas été retrouvée dans ses papiers, et serait aujourd'hui, parmi toutes les autres dénonciations, aux archives de la préfecture de police, où elle manque à la collection.

Mais poussons plus loin la critique, et citons les onze lignes, bien certainement interpolées, qui concernent Saint-Just dans les Mémoires de Senar, en demandant pardon au lecteur de l'obscénité des expressions que nous sommes obligé de mettre sous ses yeux :

« Le cruel et féroce Saint-Just avait fait arrêter la Sainte-Amaranthe par ressentiment de n'avoir pu jouir d'elle, et par crainte ou soupçon qu'un autre, en cet instant, ne lui eût été préféré. Elle était en prison; elle avait osé se plaindre du despotisme révoltant de ce monstre : Saint-Just demanda sa tête en la déclarant complice de cette conspiration à laquelle elle était absolument étrangère. Saint-Just l'exigea, et on la lui sacrifia sans preuve, sans aucun indice de suspicion (1) »

Autant de mots, autant de mensonges révoltants. Aucun historien n'y a cru, non, pas même M. de Barante. Lorsque ces misérables forgeaient de pareilles calom-

---

(1) *Mémoires* de Senar, ch. XIII, p. 102.

nies, ils ne se doutaient pas qu'on pourrait un jour, pièces en mains, rétablir la vérité dans tout son lustre; car, en cette année 1824, la monarchie de droit divin semblait reconstituée sur des bases inébranlables, et la communication des documents originaux était absolument refusée aux écrivains suspects de quelque tendresse pour la Révolution française. Grâce à Dieu, nous possédons aujourd'hui tous les éléments nécessaires pour anéantir ces odieuses inventions, et à l'égard de la famille Sainte-Amaranthe, voici la vérité tout entière, telle qu'elle nous a été révélée par nos recherches aux archives de la préfecture de police : Madame de Sainte-Amaranthe fut arrêtée et enfermée à Sainte-Pélagie le 12 germinal an II, sur la proposition et par les soins du comité révolutionnaire de la Halle au blé; l'ordre d'écrou est signé : « *Voiriau, Fleury, Collet et autres,* » membres de ce comité (1). Elle fut transférée aux Anglaises avec une foule d'autres détenus, sur l'ordre du Comité de Sûreté générale, le 27 germinal, et deux mois après, tandis que Saint-Just était en mission dans le Nord, quand déjà la scission avait éclaté entre les divers membres des deux Comités, elle fut livrée au Tribunal révolutionnaire, comme complice de Batz, sur le rapport d'Élie Lacoste, un des plus ardents thermidoriens, qu'il serait souverainement absurde de faire passer pour un complaisant de Saint-Just.

Voilà, je crois, des preuves matérielles, positives, et il me paraît impossible que l'esprit le plus prévenu conserve encore le moindre doute sur l'absolue abstention de Saint-Just dans cette affaire Sainte-Amaranthe; mais il y a, en outre, des considérations morales d'un grand

---

(1) Archives de la préfecture de police.

poids, et que je me reprocherais de passer sous silence : elles seront la conclusion de ce chapitre.

Pour persuader que Saint-Just s'était laissé prendre à une passion effrénée, il fallait au moins la présenter dans des conditions naturelles et la rendre compréhensible. A l'époque où, suivant les Mémoires de Senar, Saint-Just se serait mis à aimer et *à désirer* madame de Sainte-Amaranthe, cette dame avait 42 ans accomplis, comme nous avons eu soin déjà d'en faire la remarque (1). Or, si bien conservée que puisse être une femme, j'en appelle à tous les jeunes gens, ce n'est pas à cet âge qu'elle exerce de puissantes séductions; et madame de Sainte-Amaranthe, avec sa réputation équivoque et d'ancienne date, entourée d'une fille, d'un gendre, et d'un fils, bientôt homme lui-même, n'était nullement dans la position de subjuguer un jeune homme de 26 ans, surtout quand ce jeune homme était Saint-Just.

Mais, si Saint-Just avait voulu, de combien de femmes jeunes, charmantes et de tout rang, n'eût-il pas touché le cœur? Il était beau, de cette beauté qui fascine et attire; il avait un nom célèbre et respecté; quand il entrait dans l'Assemblée, son aspect causait une sensation singulière, on se levait dans les tribunes, en disant : Le voilà (2); enfin c'était un des puissants de l'époque, et qui ne sait comme, avec le prestige du pouvoir, on trouve peu de cruelles? Il était donc ridicule au dernier point de le présenter comme amoureux fou d'une

---

(1) Son âge est constaté sur le registre d'écrou. Voyez, d'ailleurs, le *Moniteur* du 5 messidor an II, n° 275, à l'article *Tribunal révolutionnaire*.

(2) J'ai entendu raconter ce détail par M. Dubois-Dubais, fils du conventionnel de ce nom, qui a été témoin du fait.

intrigante sur le retour; l'accusation tombe par son absurdité même.

C'est ce qu'a parfaitement compris M. Édouard Fleury : aussi, pour réparer la maladresse de Senar ou plutôt celle de Dumesnil, auteur de l'*Esprit des religions*, a-t-il essayé de faire prendre le change aux lecteurs et mis la fille à la place de la mère, madame de Sartines au lieu de madame de Sainte-Amaranthe.

Si M. Édouard Fleury procède quelquefois du père Loriquet, comme, par exemple, lorsqu'il se demande si les gentilshommes français qui combattaient dans les rangs des Prussiens et des Autrichiens étaient bien l'ennemi (1), il procède ici de Basile. Lisez plutôt, je ne voudrais pas priver mes lecteurs des grâces de ce style prime-sautier et galant : « Saint-Just livrera *aux baisers de la guillotine la jeune madame de Sartines*, qui a repoussé son amour. » Et plus loin : « Saint-Just aime *mademoiselle de Sainte-Amaranthe*, se voit repoussé et jure de se venger (2). » Nous voilà loin des Mémoires de Senar. Que dire d'une pareille impudence ? Je laisse au lecteur le soin de la flétrir, ne trouvant pas de flagellation assez forte.

Ah ! grand calomnié que je défends aujourd'hui avec la conscience d'un homme de bien, si la justice n'est pas un vain mot sur la terre, tu seras vengé de ces calomnies par le mépris déversé sur les calomniateurs, et

---

(1) Voyez *Saint-Just et la Terreur*, t. II, p. 14. M. Éd. Fleury, qui a reproché à Saint-Just quelques fautes d'orthographe échappées à la plume dans la rapidité de l'exécution, écrit : « des *gentilhommes*, » t. II, p. 14; et, plus loin, p. 271, en parlant des thermidoriens : « avant qu'ils n'eussent, » etc., etc.

(2) Voyez *Saint-Just et la Terreur*, par M. Éd. Fleury, t. II, p. 9 et 226.

ta mémoire occupera une place glorieuse dans les souvenirs de cette patrie que tu as aimée avec tant de désintéressement, et qui t'a dû une bonne part de ses victoires.

CHAPITRE III

Retour à l'armée du Nord. — Saint-Just et Bonaparte. — Les lettres de le Bas. — Prise de Landrecies. — Premières mesures des commissaires. — Désorganisation de l'armée. — Arrêtés sévères de Saint-Just et de le Bas. — La discipline est rétablie. — Lettre de Carnot. — Combat sur la Sambre. — Échec et succès. — Lettre au Comité de Salut public. — Le représentant Levasseur (de la Sarthe). — Combats des 2 et 3 prairial. — Nos troupes repassent la Sambre. — Décret de la Convention. — Inquiétudes du Comité de Salut public. — Retour de le Bas. — Apparition de Saint-Just à Paris.

Retournons à l'armée du Nord, où, dans les derniers jours d'avril, le Comité de Salut public crut devoir envoyer de nouveau Saint-Just et le Bas pour rétablir la discipline altérée, écraser la trahison sans cesse renaissante et forcer les troupes républicaines à la victoire. Aussi bien ces grandes missions, qui suffiraient à immortaliser ceux qui les ont remplies, servent-elles à prouver notre ingratitude envers ces hommes tant décriés. Ah !

s'ils n'ont pu nous léguer cette république digne, libre et forte que la fureur des partis ne leur a pas permis de fonder, ils nous ont du moins conservé une patrie intacte et glorieuse.

De toutes nos frontières, la plus importante, la plus vulnérable et la plus menacée était certainement celle du Nord. En donnant à Saint-Just des pouvoirs illimités sur l'armée chargée de défendre cette partie du territoire, les membres du Comité de Salut public témoignaient de la haute idée qu'ils avaient de leur collègue. Que si plus tard, dans son lâche et mensonger rapport, le représentant Courtois traite d'écolier le héros de Charleroi et de Fleurus, il ne faut voir dans cette niaise injure que la boutade d'un envieux se vengeant après coup d'une influence qui lui avait longtemps pesé. C'était le coup de pied de l'âne.

Saint-Just avait près de 27 ans lorsqu'il accomplit sa seconde mission dans le Nord, l'âge de Bonaparte courant à la conquête de l'Italie, et, certes, le génie de l'un ne le cédait pas à celui de l'autre. Si celui-ci avait une spécialité militaire plus accentuée et plus étendue, celui-là s'entendait autrement aux institutions civiles et aux rapports sociaux qui doivent exister entre les hommes. Le second réorganisa merveilleusement le monde ancien, à l'aide de quelques-uns des principes révolutionnaires ; le premier eût résolûment constitué le monde nouveau sur les bases de l'égalité, de la morale et de la justice.

Au reste, Carnot, qui n'a pas laissé la mémoire d'un flatteur et d'un courtisan, et dont l'opinion fait autorité en pareille matière, appréciait alors hautement Saint-Just ; toute sa correspondance avec son jeune collègue en fait foi.

Le départ pour l'armée du Nord dut être plein d'amertume cette fois. Un dissentiment s'était élevé entre Henriette le Bas et Saint-Just, dont la délicatesse s'était offusquée pour ce futile motif dont nous avons déjà parlé. Dans ce moment de découragement, il s'était écrié : « Je vais me faire tuer ! » S'il ne mourut pas de la mort du soldat, ce ne fut certainement pas de sa faute. Il faut regretter qu'il ne soit pas tombé sur un champ de bataille. Frappé par l'ennemi, il eût été chanté comme un héros, et tout un peuple fût accouru à ses funérailles ; mais la destinée lui réservait le martyre, qu'il accepta avec tant de dignité et de stoïcisme, sans forfanterie et sans faiblesse.

La brouille entre Henriette et Saint-Just avait légèrement rejailli sur le Bas, et un peu de froideur s'était glissé entre les deux amis ; ce fut un nuage à peine sensible et qui ne tarda pas à s'effacer. Ils quittèrent ensemble Paris le 10 floréal, et arrivèrent à Noyon dans la matinée du 12. Saint-Just profita de son passage dans cette ville pour courir embrasser sa mère, à Blérancourt, comme nous l'apprenons par une lettre de le Bas.

« Nous sommes arrivés hier ici, écrit ce dernier à sa femme, le 12 floréal. Saint-Just et Thuillier nous ont quittés, l'un pour aller voir sa mère, l'autre pour aller voir sa femme qui demeurent peu loin de Noyon. Ils reviennent ce matin, et nous comptons aller tous aujourd'hui à Réunion-sur-Oise. Nous avons rencontré en chemin une personne qui se rendait de l'armée à Paris, pour y porter de bonnes nouvelles que sûrement tu connais déjà. J'espère, ma chère Élisabeth, n'avoir que des choses agréables à t'annoncer : nous supporterons bien mieux l'un et l'autre notre séparation en voyant la République prospérer. Nous sommes actuellement très-bons amis, Saint-Just et moi; il n'a été question de rien... Recommande à Henriette de ne plus être si triste; mais il est possible qu'une voix plus puissante que la mienne ait parlé. Tant mieux! Mille amitiés à toute la famille et à notre bon frère Robespierre. »

Mais cette voix plus puissante n'avait pas encore parlé, et l'on peut suivre, dans les lettres de le Bas, la trace de ces blessures du cœur, si douloureuses et si cuisantes.

« Nous sommes tous à quelques lieues de Maubeuge, ma chère Élisabeth, écrit-il le 25 floréal, nous suivons l'armée qui agit de ce côté. Nous avons beaucoup de mal et menons une vie très-dure. Ma position n'est pas agréable; les chagrins domestiques viennent se mêler aux peines inséparables de ma mission... Que je sois le plus malheureux des hommes pourvu que la République triomphe! Nos affaires, de ce côté-ci, vont assez bien. Mille amitiés à Henriette. Je n'ose parler d'elle à Saint-Just... »

Et deux jours après :

« Je suis toujours, ma chère Élisabeth, dans les environs de Maubeuge, dans un village à trois lieues de cette ville; il s'appelle Colsore... Comment va ta santé, pauvre Élisabeth? Qu'il m'en coûte d'être loin de toi, dans la position où tu te trouves! Mais enfin, je n'ai pu faire autrement. Souviens-toi, ma chère amie, de ce dont nous sommes convenus, en dernier lieu, pour notre enfant; je tiens absolument à mon idée, tu peux le dire. Annonce à Lanne mon intention, et dis-lui que je suis toujours son bon ami (1). Je n'ai avec Saint-Just aucune

(1) Le Bas avait prié Lanne de servir de témoin pour l'acte civil de la naissance de son enfant.

Ancien juré au Tribunal révolutionnaire et, plus tard, adjoint à la commission de l'administration civile et des tribunaux, Lanne a été une des plus regrettables victimes de la réaction thermidorienne. Voici la lettre touchante qu'au moment d'aller à l'échafaud, il écrivit à sa femme :

« Ma Flavie, je vais à la mort, mais non pas à l'ignominie ; car il n'y en a que pour les ennemis du peuple. Mes juges m'ont condamné. Pourquoi? Parce qu'ils sont plus égarés que coupables ; parce que ce qui était vertu, il y a un an, est un crime aujourd'hui. Aimer le peuple, il y a un an, poursuivre ses ennemis, poursuivre les ennemis de l'égalité, était une vertu. Aujourd'hui insulter au peuple, insulter à sa misère est une vertu. Ne perds pas de vue ces vérités. Jamais tu ne cesseras de conserver l'estime et l'attachement que ton époux mérite.

» Ne pleure pas sur sa mort, va, elle est digne d'envie. Un jour viendra, si notre pays n'est pas gouverné par un roi, où la mémoire de ton mari sera vengée. Élève toujours tes enfants dans les sentiments de la liberté. Dis-leur qu'après toi ce sont eux que j'aime le plus. Dis à mon fils, quand il sera capable de servir sa patrie, que son père est mort pour la cause de la liberté. Dis-lui qu'il suive mon exemple, dût-il mourir aussi en défendant la cause du peuple.

» Dis à mes sœurs, dis à leurs maris, que ma mort seule est le terme de mon attachement pour eux. Dis-en autant à mes amis. Et pour toi, tu sais combien je t'aime ; et si je regrette la vie, c'est pour toi, mes enfants et mes sœurs, mais plus encore pour ma patrie. — Adieu, mon amie ; je ne serai plus à l'instant où tu liras ma lettre. Je serai enseveli dans le sommeil de la paix. Adieu ; aime toujours mes enfants et conserve-toi pour eux.

» Ton frère va à la mort, chère Rose, et mérite toujours ton estime et ton attachement. Je recommande à ton amitié ma femme et mes enfants. Console-les, ou plutôt consolez-vous ensemble. Conservez-vous l'une pour l'autre, pour mes enfants que je vous recommande. Élevez-les dans le sentier de l'honneur et de la liberté. Dis à....., dis à Henriette, dis à conversation qui ait pour objet mes affections domestiques ou les siennes. Je suis seul avec mon cœur. Embrasse Henriette pour moi. »

Le lendemain du jour où le Bas écrivait ainsi à sa femme, une lettre d'Henriette arriva, adressée à le Bas et à Saint-Just. Celui-ci l'ouvrit, et après l'avoir parcourue, la rendit à son ami en lui disant : « Elle est pour toi seul. » Cette indifférence affectée dont Saint-Just souffrait cruellement, plus qu'il ne voulait en avoir l'air, dura pendant toute cette mission dans le Nord, et quand, au retour, la bonne harmonie se rétablit entre les deux fiancés, il n'était plus temps déjà de la sceller par un mariage : la mort allait les séparer pour jamais.

L'entente cordiale de le Bas et de Saint-Just, au sujet des affaires de la République, ne se ressentit aucunement de ce petit orage domestique ; leur dévouement à la patrie fut à la hauteur des circonstances. Comme nous l'avons dit, ils avaient quitté Paris le 10 floréal de l'an II (29 avril 1794). Que si, postérieurement à cette date, quelques pièces émanées du Comité de Salut public portent encore la signature de Saint-Just, ce n'est pas, comme le pense un biographe de Saint-Just, que quelqu'un de ses collègues ait signé pour lui (1), les choses se passaient plus gravement au sein du Comité de Salut public, c'est tout simplement que ces pièces préparées et imprimées, avec la date en blanc, lors de la présence de Saint-Just, n'ont été datées à la plume qu'après son

---

leurs maris que je les ai aimés jusqu'à la mort. Dis-leur que je meurs pour la liberté.

» Adieu, chère sœur ; console-toi. Va, la mort est le commencement de l'immortalité.   LANNE. »

(1) *Saint-Just et la Terreur*, par M. Éd. Fleury. t. II, p. 235.

départ(1). Elles sont, au reste, en fort petit nombre et de très-médiocre importance.

Le Bas et Saint-Just arrivèrent à l'armée du Nord au moment où les troupes républicaines, sous les ordres de Moreau et de Souham, venaient d'emporter Courtrai et Menin. Mais presque en même temps nous perdions Landrecies, malgré les efforts tentés pour conserver cette ville. Ce revers tenait à la fois et à la trahison et à la dissémination de nos forces sur une trop grande étendue de terrain. Aussi, dans une première dépêche, en date du 11 floréal, adressée à Saint-Just et à le Bas, Carnot recommanda-t-il de concentrer les troupes et d'agir en masse. Du reste, la prise de Landrecies n'affecta que médiocrement le grand organisateur des armées de la République.

« Nous ne croyons pas que ce revers puisse avoir des suites bien funestes, écrit-il à Saint-Just et à le Bas, le 12 floréal. On nous assure que l'ennemi se porte sur Cambrai ; c'est de toutes ses manœuvres celle qui nous donne le moins d'inquiétude, cette ville étant très-forte. Nous ne craignons pour cette place que la trahison ; mais nous espérons que votre présence saura la déjouer... Défendez à présent les passages de la petite Elpe et de la Sambre, et poursuivez invariablement le projet de cerner l'ennemi et de l'enfermer dans la trouée qu'il a faite. Il y a sous les murs d'Avesnes, du côté de la Capelle, une position qui pourrait devenir excellente et garantir la ville d'un siége, avec une seule redoute qu'on pourrait exécuter dans très-peu de jours ; il serait bon que Pichegru reconnût ou fît reconnaître cette position.

---

(1) J'ai vérifié le fait aux archives de la guerre.

» Nous allons vous parler d'une autre idée dont vous ferez l'usage qui vous paraîtra convenable. Nous vous invitons seulement à la peser attentivement. Si, comme on l'assure, Landrecies ne s'est rendue qu'après la destruction entière de son artillerie, l'ennemi ayant mené la sienne devant Cambrai pour en faire le siége, il ne doit plus y en avoir pour défendre cette première ville, si elle se trouvait brusquement attaquée par vous. Nous pensons donc qu'il serait possible de la reprendre par un coup de main bien préparé, si le secret est bien gardé... Dites à Pichegru que Jourdan doit marcher, dans peu de jours, vers la Belgique, avec 25,000 ou 30,000 hommes, pour seconder ses opérations; mais, s'il peut les faire sans attendre Jourdan, il ne faut pas qu'il perde un instant (1). »

Comme on le voit, les plans d'opérations imaginés par le génie de Carnot, étaient spécialement adressés à Saint-Just et à le Bas; ceux-ci, dans des conseils de guerre, fréquemment tenus, les communiquaient aux généraux et veillaient à leur exécution sur le terrain. Suivant les jeunes représentants, la prise de Landrecies ne tenait pas seulement à l'éparpillement des troupes, et, le 14 floréal, ils écrivaient, de Réunion-sur-Oise, à leurs collègues du Comité de Salut public :

« Nous avons appris la nouvelle de la reddition de Landrecies. Ce malheur vient du désordre extrême qui règne dans cette partie de l'armée du Nord, depuis

(1) Toute la correspondance de Saint-Just et de le Bas avec le Comité de Salut public et les divers arrêtés pris par eux, que nous avons cités dans les chapitres consacrés aux missions, sont tirés des archives de la guerre ou des archives nationales.

Maubeuge jusqu'à Cambrai. L'administration n'est pas meilleure; il manque une grande quantité d'effets de campement, et surtout des patriotes pour administrer. La division d'Avesnes occupe encore Maroelles, près Landrecies. Les régiments de cavalerie sont bons; mais la réquisition, ayant été incorporée tard, manque d'instruction. Nous avons trouvé de l'abattement parmi les généraux; aucun plan n'existait. Il faut à tout un but déterminé; l'on n'en a point ici. Hâtez-vous de nous envoyer un plan des mouvements depuis Cambrai jusqu'à Beaumont. L'ennemi n'est point en force; nous pourrions avancer dans la Flandre maritime, cerner Valenciennes, le Quesnoy, Landrecies, et marcher en avant. Répondez-nous sur-le-champ, ne perdez pas une heure. Nous allons essayer de rétablir l'ordre.

» Salut et amitié. »

L'intrigue et la trahison ne cessaient, en effet, de se dresser partout contre la République et la poussaient, malgré elle, à des mesures extrêmes. Quelquefois, au plus fort d'un combat, des cris de *sauve qui peut* partaient du milieu des troupes; assurément, ce n'étaient pas des bouches patriotes qui prononçaient ces honteuses paroles. Le général Goguet, ayant essayé de rallier ses soldats pour les ramener contre l'ennemi, après une panique causée par quelques traîtres, fut assassiné par un de ces misérables revêtus de l'uniforme français (1). Ces faits, retracés à la tribune de la Convention, avaient excité au sein de l'Assemblée une indignation et une fureur bien naturelles. Qu'on s'étonne donc, après cela, qu'un jour Saint-Just se soit écrié à Réunion-sur-Oise : « Il

---

(1) Voyez *le Moniteur* du 12 floréal an II, séance du 11, n° 222.

faut que les cimetières plus que les prisons regorgent de traîtres (1) ! »

Les Autrichiens étaient entrés à Landrecies, accompagnés d'un corps d'émigrés, et ils avaient horriblement maltraité les magistrats patriotes et les défenseurs de la ville, dont plusieurs furent lâchement massacrés, après la reddition. Saint-Just et le Bas ordonnèrent, en manière de représailles, l'arrestation des nobles et des anciens magistrats de Menin, de Courtrai et de Beaulieu, comme nous l'apprend cette lettre de Pichegru au général Moreau (1) :

« Je reçois à l'instant, général, un arrêté des représentants Saint-Just et le Bas, par lequel il m'est enjoint de faire arrêter les nobles et les magistrats de Menin, Courtrai et Beaulieu. Tu voudras bien, en conséquence, faire arrêter ceux de Menin et des environs, et les faire conduire à Lille sous bonne et sûre garde. Tu auras l'attention de ne point faire comprendre, dans cette disposition, ceux des magistrats ou municipaux nommés depuis notre arrivée dans le pays. J'écris au général

---

(1) Ces paroles sont, assure M. Éd. Fleury, consignées sur le registre des délibérations du club de Guise.

(2) Voici, au reste, l'arrêté de Saint-Just et de le Bas :

« Des magistrats du peuple, à Landrecies, ont été assassinés par les troupes autrichiennes, au mépris du droit des gens.

» Le général Pichegru fera arrêter sur l'heure, par représailles, les nobles et magistrats de Menin, Courtrai et Beaulieu, et les enverra, sous bonne garde, à Péronne pour y être détenus et gardés, sous la responsabilité du commandant.

» A Réunion-sur-Oise, le 14 floréal an II de la République française une et indivisible.

» Saint-Just, le Bas. »

(Archives nationales.)

Souham d'en faire autant du côté de Courtrai. C'est une représaille envers les Autrichiens, qui ont, dit-on, assassiné les magistrats du peuple à Landrecies.

» Salut et fraternité.

» Pichegru. »

Pour remédier aux désordres et réprimer la licence dont les camps étaient le théâtre, les représentants prirent des mesures sévères, sans doute, mais qui furent le salut de l'armée et de la France. Avant leur arrivée, les soldats quittaient leurs postes pour venir à Réunion-sur-Oise et s'y livrer à la débauche; l'arrêté suivant mit fin à cet abus :

« Les représentants près l'armée du Nord, voulant fortifier la discipline qui fait vaincre, interdisent jusqu'à nouvel ordre, sous peine de mort, à tout militaire qui n'est point de la garnison et de l'état-major, l'entrée des quartiers généraux après la publication du présent arrêté.

» Il ne sera donné chaque jour que deux permissions par corps pour porter les demandes au quartier général. Dans aucun cas, les militaires porteurs de permissions ne peuvent coucher dans la ville, et devront en être sortis à cinq heures après midi, à peine d'un mois de prison.

» Nul ne peut quitter son drapeau et son quartier.

» Les tribunaux militaires sont chargés de poursuivre les infractions au présent ordre qui sera publié et imprimé dans l'armée.

» Les tribunaux militaires répondent de l'impunité de tous ceux, quels qu'ils soient, chefs ou soldats, qui auront violé la discipline, et seront poursuivis eux-mêmes.»

De plus, l'entrée des camps fut sévèrement interdite aux femmes, et les officiers qui donnaient aux soldats l'exemple d'une vie licencieuse en introduisant leurs maîtresses dans leurs tentes, furent obligés de revenir à des mœurs plus rigides et plus pures. Pour donner plus de force à ces arrêtés, et prévenir les conséquences désastreuses de la débauche, Saint-Just et le Bas décrétèrent des peines assez rigoureuses contre les hommes atteints de maladies vénériennes. Les soldats et les officiers furent donc obligés, sous peine de mort, de renvoyer sur-le-champ les femmes de mauvaise vie qu'ils menaient avec eux, et un soldat de la 36ᵉ division de gendarmerie ayant gardé sa maîtresse, malgré l'arrêté des représentants, la commission militaire le fit fusiller.

Mais il ne suffisait pas de rétablir la discipline, il fallait encore délivrer l'armée du brigandage des fournisseurs, et empêcher les traîtres de se faufiler parmi les troupes; en conséquence, le 15 floréal, les commissaires généraux arrêtèrent que « les agents ou partisans de l'ennemi qui pouvaient se trouver soit dans l'armée du Nord, soit dans les environs de cette armée, et les agents prévaricateurs des diverses administrations militaires, seraient fusillés en présence de l'armée. » Le tribunal militaire séant à Réunion-sur-Oise fut érigé en commission spéciale et révolutionnaire et, pour juger dans les cas ci-dessus mentionnés, dispensé de la formalité du jury et des autres formes de la procédure ordinaire.

Ces mesures ne tardèrent pas à produire d'excellents résultats. Elles étaient, d'ailleurs, parfaitement conformes aux instructions que presque chaque jour les commissaires recevaient de leurs collègues.

« Nous ne doutons pas, leur écrivait Carnot à la date du 15 floréal, que la perte de Landrecies ne soit l'effet de la trahison ou de l'ignorance, au moins, de plusieurs des chefs. Nous vous invitons à prendre, à ce sujet, des renseignements exacts, et à les remplacer le plus promptement possible par des hommes dignes de votre confiance. Hâtez-vous de remettre l'ordre dans cette partie de l'armée du Nord, dont vous vous plaignez avec tant de raison. Il faut que la désorganisation ait été bien grande pour n'avoir pu exécuter une opération qui paraît aussi facile que l'était la levée du siége de Landrecies... Ce qu'il faut faire, c'est de rétablir l'ordre dans l'armée ; d'empêcher toujours le passage de la Sambre depuis Beaumont jusqu'à Landrecies ; de presser l'ennemi sur son flanc gauche pour empêcher qu'il ne puisse se porter du côté de la Capelle, et assurer vos commucations qui sont, en ce moment, de la plus haute importance ; couvrir Cambrai, pousser l'ennemi, s'il est possible, comme vous le proposez, jusque sous les murs de Valenciennes, et marcher sur Bavay... Comment parviendrez-vous au quartier général de l'armée ennemie si vous n'enlevez d'abord les postes avancés? Commencez donc par ceux-ci ; mettez les Autrichiens en déroute, et poussez-les ensuite aussi loin que vous pourrez aller. Il est certain que ce n'est pas à nous d'attendre l'ennemi, que c'est à nous de l'attaquer sans cesse ; mais il faut que vos opérations soient fortement secondées par celles qui sont entamées dans la Flandre maritime et celles qui doivent s'exécuter par l'armée des Ardennes. Celle-ci est trop faible et à peine en état de rester sur la défensive. Il faut que Pichegru tâche de la renforcer. Nous croyons qu'il le peut avec les forces immenses qui sont à sa disposition. Conférez-en avec lui ; prévenez-le que nous avons donné l'ordre à Jourdan de marcher sur Namur avec toutes ses forces disponibles... La prise de Landrecies n'est qu'un échec qui sera bientôt réparé par l'impétuosité des troupes républicaines réorganisées et encouragées par vous. Nous ne croyons pas vous flatter en comptant sur les succès les plus certains et les plus prompts. »

Saint-Just et le Bas, impatients de justifier la confiance de leurs collègues et d'obtenir des résultats décisifs, résolurent de hâter le passage de la Sambre par les divisions de la droite de l'armée du Nord et celles de la gauche de l'armée des Ardennes, à la tête desquelles étaient les généraux Charbonnier, Desjardins, Schérer, Kléber et Marceau. Franchir la Sambre pour bloquer ensuite Namur et se porter sur Mons, tel était le plan du Comité de Salut public dont les commissaires extraordinaires poursuivaient l'exécution.

« Toutes les troupes sont rassemblées, mandaient-ils à Carnot le 20 floréal ; l'attaque aura lieu demain, à deux heures du matin. Nous allons délibérer sur le mouvement que pourraient faire les troupes du camp retranché pendant demain et après pour faire diversion. Nous vous envoyons copie de la lettre que nous écrivons à Pichegru. »

Dans cette lettre, ils informaient Pichegru de l'attaque décidée pour le lendemain et l'invitaient à les prévenir des mouvements qu'il ordonnerait à l'aile gauche de l'armée.

Le 21 floréal (10 mai), tandis que, sous les ordres de Souham et de Moreau, les divisions de la gauche refoulaient les Autrichiens sur la chaussée et dans les faubourgs de Bruges, et contraignaient Clerfayt à se retirer en désordre, les troupes de la droite tentaient le passage de la Sambre. Malgré d'héroïques efforts, cette opération échoua complétement. Recommencée quelques jours après, par les ordres exprès de Saint-Just, elle fut d'abord couronnée de succès, comme on peut s'en convaincre par la dépêche suivante que Saint-Just et le Bas adressèrent à leurs collègues du Comité de Salut public.

« *Au quartier général de Hantes, le 3 prairial, l'an II de la République une et indivisible.*

» Chers collègues,

» Nous vous transmettons le compte rendu par les généraux de l'armée où nous sommes.

» D'après les mouvements concertés, en vertu de vos ordres, avec le général en chef Pichegru, et la réunion de l'armée des Ardennes avec la droite de l'armée du Nord, l'objet du général Desjardins étant de déborder l'aile gauche de l'ennemi et de le presser sur son flanc, d'intercepter ses convois et de gêner en tous sens ses communications, l'avis unanime de tous les généraux a été de passer la Sambre sur plusieurs points, de s'emparer des bois de Bonne-Espérance, de former une pointe sur la ville de Binche et de l'occuper.

» Cette expédition a réussi au delà de nos souhaits. Deux divisions partirent, le 1er prairial, de l'abbaye de Lobbes, que nous avions conservée malgré les efforts de l'ennemi, et se dirigèrent l'une sur les bois de Bonne-Espérance, l'autre sur le mont Sainte-Geneviève. Deux autres divisions passèrent la Sambre sur plusieurs ponts que l'on avait jetés sur cette rivière.

» Le mouvement général ayant commencé à onze heures du matin, les quatre colonnes se trouvèrent, vers les cinq heures, à la même hauteur. Les troupes légères qui précédaient les colonnes, ayant successivement débusqué les postes avancés de l'ennemi, trois divisions commandées par les généraux Dépeaux, Fromentin et Mayer, marchèrent au bois qu'occupaient les ennemis, et après une résistance assez vigoureuse, l'emportèrent au bout d'une demi-heure. Une forte pluie qui survint empêcha qu'on ne poursuivît l'ennemi plus loin. L'armée bivouaqua tout entière sur le champ de bataille.

» La position que l'on venait de prendre, inquiétant singulièrement l'ennemi, le força à prolonger sa gauche jusque du côté de Rouvoix, et, le lendemain 2 prairial, l'ennemi résolut d'attaquer la position que notre armée avait prise. Pour cet effet, il dirigea plusieurs corps de cavalerie, tant sur notre droite que sur notre gauche, pour chercher à nous débusquer, par la vivacité de ses attaques, des points essentiels dont nous nous étions emparés la veille. L'attaque de l'ennemi fut soutenue par de très-fortes batteries qu'il avait placées très-avantageusement.

» Le feu commença à huit heures du matin. L'ennemi poussa alors dans la plaine une cavalerie nombreuse qui fit plusieurs charges sur la nôtre, commandée par le général de brigade d'Hautpoul. L'ennemi songea alors à tourner le village d'Erquelines pour prendre en flanc notre gauche. Le général de division Dépeaux ordonna à trois bataillons de chasser l'ennemi de ce village et de se mettre en position. Ces trois bataillons exécutèrent cet ordre, et l'ennemi se retira.

» Le but de l'ennemi était sans doute de nous attirer hors de notre position, dans la plaine, pour nous accabler ensuite par une nouvelle cavalerie, soutenue de toute son infanterie. La bonté des dispositions nous empêcha de donner dans ce piége. Le général d'Hautpoul, avec sa cavalerie, repoussa toute celle de l'ennemi. Notre cavalerie légère fit trois charges vigoureuses dans lesquelles un régiment de chevau-légers fut presque entièrement sabré. Deux pièces qui avaient été enveloppées furent dégagées à l'instant.

» Les généraux Kléber et Fromentin, présentant partout des têtes formidables d'infanterie qui brûlaient de l'ardeur de charger, et les faisant soutenir par des batteries habilement placées, rendirent nuls les efforts de l'ennemi qui, après un combat de six heures, fut obligé de se retirer dans sa position.

» La dernière brigade, composée des 49e bataillon du Calvados et 2e de Mayenne et Loire, sous les ordres du général Ponset, montra la plus grande intrépidité dans une sortie que lui fit faire le général Kléber pour prendre en flanc une batterie ennemie qui nous incommodait beaucoup sur le centre, et qu'elle parvint à déloger malgré la mitraille qui la criblait de toutes parts.

» Les généraux de division Mayer et Marceau attaquèrent de leur côté et repoussèrent l'ennemi de toutes parts.

» La position dont notre armée s'est emparée dans la journée du 1er prairial, et qu'elle a maintenue dans celle du 2, a fait connaître aux ennemis que, si les républicains savent attaquer avec vigueur au besoin, ils savent tout aussi bien modérer leur impétuosité lorsqu'il s'agit de conserver une position avantageuse. Les redoutes dont nous nous sommes emparés le 1er prairial nous servent comme si elles avaient été faites pour nous, les ennemis ne s'attendant guère à être attaqués de ce côté-ci.

» Notre perte se monte à trois cents hommes tant tués que blessés ; celle de l'ennemi peut s'évaluer à douze à quinze cents hommes au moins. L'artillerie légère a fait un prodigieux effet sur l'ennemi.

» Nous avons organisé l'armée de la manière suivante : Desjardins commande en chef, dans cette partie, sous le général Pichegru. Nous lui avons adjoint Kléber et Schérer, qui ont montré des talents dans la dernière journée. Ces trois généraux se concertent ensemble et se distribuent le centre et les ailes dans les combats. Les généraux de division sont sous eux. La plus grande harmonie règne ; tout présage d'heureux succès.

« Le Bas, Saint-Just.

» Lisez cette lettre à la Convention ; c'est nécessaire qu'elle soit publiée pour encourager de braves gens (1). »

Conformément à la recommandation des commissaires, cette dépêche fut lue à la Convention, dans la séance du 5 prairial, par Barère ; le même jour, il donna lecture d'une lettre du général Charbonnier, confirmant le succès annoncé par Saint-Just et par le Bas.

Les écrivains qui ont rédigé le *Manuel des braves* et les *Victoires et conquêtes des Français* sont donc tombés dans une grave erreur en reprochant à Saint-Just d'avoir, à cinq reprises différentes, ordonné infructueusement le passage de la Sambre et sacrifié inutilement le

(1) Cette importante pièce, dont la minute, de la main de le Bas, est aux archives de la guerre, se trouve insérée dans *le Moniteur* du 6 prairial an II, n° 246.

sang français (1). Si nos troupes ne purent se maintenir dans les positions dont elles s'étaient emparées dans les journées des 1er et 2 prairial, ce fut par des circonstances indépendantes de la volonté de Saint-Just et contre lesquelles échoua toute son énergie ; les événements postérieurs ont, d'ailleurs, justifié la nécessité d'occuper les deux rives de la Sambre. Mais au moins ces écrivains, très-réactionnaires du reste, ont-ils rendu pleine justice au courage obstiné de Saint-Just, et serviraient-ils, au besoin, à prouver à quel point il prenait part aux opérations militaires, si ses arrêtés, ses rapports, ceux des généraux, et sa correspondance suivie avec Carnot, n'étaient là pour en témoigner. Il est donc étrange que Levasseur (de la Sarthe), qui parle si favorablement de Saint-Just chaque fois qu'il s'agit des affaires de l'intérieur, se soit montré, dans ses Mémoires, si injuste envers lui lorsqu'il y est question de la guerre et de l'armée. Il va même jusqu'à l'accuser d'avoir manqué de bravoure. Il raconte, en effet, qu'un jour de combat, ayant rencontré Saint-Just avec les généraux Schérer, Kléber et Desjardins, il leur reprocha de venir du quartier général au lieu d'être sur le champ de bataille. « Croyez-vous, dit Kléber d'un ton fort dur et d'un air fâché, que nous ayons peur (2) ? » Je ne veux pas d'autre justification pour Saint-Just que cette brève réponse du vainqueur d'Héliopolis.

M. Édouard Fleury, animé cette fois d'un esprit de justice dont il faut lui savoir d'autant plus de gré qu'il est plus rare chez lui, a pris chaudement fait et cause pour Saint-Just, et il a accumulé preuves sur preuves

(1) Voyez *Manuel des braves*, t. III, p. 199, et *Victoires et conquêtes des Français*, t. II, p. 261.

(2) *Mémoires* de Levasseur, t. II, p. 240.

afin de bien établir l'héroïsme de l'austère ami de Robespierre. Il est seulement à regretter qu'il ait commencé cette défense par une grossière erreur que je tiens à signaler pour démontrer une fois de plus avec quelle déplorable légèreté ce farouche ennemi de la Révolution a écrit son livre. « Un jour, raconte-t-il, Pichegru voulut présenter Levasseur à Saint-Just, et Levasseur dit à celui-ci : « Il me semble que tu devrais bien plutôt me » présenter le général (1). » M. Fleury veut dire que ce fut Saint-Just qui présenta Levasseur à Pichegru, au lieu de présenter ce dernier à Levasseur, suivant la hiérarchie qui mettait un représentant du peuple au-dessus d'un général ; sa plume n'a pas rendu sa pensée ; mais là n'est point la grande erreur. Lisons les Mémoires de Levasseur :

« Pendant que j'étais à Thuin, le général Pichegru vint visiter notre armée ; je me rendis à l'abbaye de Lobbes, où était le quartier général. *Un de mes collègues*, qui accompagnait Pichegru, s'avança vers moi, m'embrassa, me prit par la main et dit au général Pichegru : « Général, j'ai l'honneur de vous présenter mon collègue » Levasseur (de la Sarthe). » Je reculai trois à quatre pas, et je répliquai avec fierté : « Il me semble que tu devrais plutôt me présenter le général. » Pichegru me témoigna le plaisir qu'il avait de faire ma connaissance... Le soir, il rejoignit son armée. *Après son départ*, les généraux tinrent un conseil de guerre. Saint-Just et le Bas s'y trouvèrent ; *c'était la première fois* que je voyais ces deux députés à l'armée... (2). »

(1) Voyez *Saint-Just et la Terreur*, par M. Éd. Fleury, t. II, p. 251.
(2) *Mémoires* de Levasseur, t. II, p. 237-238.

Donc, si Levasseur a vu Saint-Just pour la première fois à l'armée du Nord dans ce conseil tenu après le départ de Pichegru, il n'a pu être présenté par lui au général, et M. Édouard Fleury a eu grand tort d'attribuer à un manque d'observation d'étiquette, auquel Saint-Just a été entièrement étranger, les injustices de Levasseur envers son collègue.

En essayant de rabaisser le rôle de Saint-Just, Levasseur a cédé uniquement à ce petit sentiment de jalousie qui, dans les missions, animait les commissaires ordinaires contre les envoyés du Comité de Salut public, dont l'influence effaçait la leur. Comme *le Moniteur*, les rapports des généraux et les pièces officielles parlaient beaucoup de Saint-Just et assez peu de lui, Levasseur, avec cet amour-propre irritable dont les quelques lignes citées plus haut ont donné un échantillon, entreprit de faire le contraire, quand, plus tard, et bien vieux, il écrivit les notes sur lesquelles on a rédigé ses Mémoires. Alors il se met amplement en scène, gagne les batailles et sauve la patrie : mais il faut pardonner ce léger écart de l'orgueil froissé à l'honnête vieillard qui supporta avec tant de stoïcisme les douleurs de l'exil.

Il s'est, d'ailleurs, contredit lui-même et s'est montré plus juste en d'autres passages de ses Mémoires, comme par exemple, lorsqu'il a écrit :

« On admirait chez les commissaires conventionnels un dévouement sans bornes qui ne connaissait ni obstacles, ni dangers. C'est ainsi que la plupart d'entre nous devenaient militaires au moment du combat et chargeaient sur les ennemis en entonnant l'hymne *Marseillaise*. « J'ai oublié ma plume et n'ai apporté que mon épée, » répondait Saint-Just à je ne sais plus quel chef des coalisés qui sommait les Français de capituler (1). »

Et ce brave Levasseur, qui se battait comme un lion, avait lui-même une si haute opinion de son jeune collègue, comprenait tellement la supériorité de celui-ci sur les autres commissaires de la Convention, et sentait si bien combien la présence de Saint-Just, qui se multipliait et allait sur tous les points menacés, était indispensable, que, le 13 prairial, il lui écrivait de Marchienne-au-Pont :

« ... L'armée a été deux jours sans pain; les mauvais chemins arrêtent les convois... Il y a aussi bien de la faute des généraux et des commissaires. *Ta présence, mon cher collègue, est ici très-nécessaire.* Viens le plus tôt possible; ce sera un bon renfort (2). »

L'incessante coopération de Saint-Just et la part prise par lui à cette admirable campagne dans le Nord nous semblent trop clairement établies pour qu'il soit nécessaire d'apporter de plus amples preuves à l'appui, et il serait souverainement injuste de ne pas faire remonter à lui la meilleure partie des succès de nos troupes. Non que je veuille dépouiller ses collègues de l'honneur qui leur revient, à bon droit, d'avoir utilement et glorieusement servi la République; les Guyton-Morveau, les Gillet, les Laurent, les Levasseur, les Choudieu et autres, commissaires comme Saint-Just et le Bas à l'armée du Nord, rendirent aussi d'immenses services, et leurs noms doi-

---

(1) *Mémoires* de Levasseur, t. II, p. 11.
(2) Lettre de Levasseur à Saint-Just (archives de la guerre).

vent être inscrits également au Panthéon de l'histoire. Mais Saint-Just, avec des pouvoirs plus étendus, avait plus qu'eux je ne sais quelle puissance de fascination qui lui donnait sur les généraux et sur les soldats un immense ascendant et qui faisait dire à un parlementaire autrichien : « Ce M. de Saint-Just est un bien grand homme. »

Les auteurs des *Victoires et conquêtes* ont raconté avec une impardonnable négligence les combats acharnés livrés sur la Sambre, cinq fois passée et repassée. Sans doute, ces divers passages furent mêlés d'alternatives de succès et de revers, mais n'a-t-on jamais vu les meilleures dispositions et des efforts désespérés échouer contre des forces supérieures ? Saint-Just comprenait parfaitement, avec cette intuition de la guerre dont il était doué, la nécessité de s'établir sur les deux rives de la Sambre, avant d'attaquer Charleroi qu'il montrait sans cesse aux généraux comme le but de la campagne. Et si cette ville, clef de la Belgique, fut emportée enfin, ce fut grâce à l'énergie et à l'obstination de Saint-Just.

Les succès obtenus par nos troupes dans les journées des 1er et 2 prairial n'amenèrent pas immédiatement les résultats qu'il en avait espérés, et voici en quels termes il annonça au Comité de Salut public l'échec dont ils furent suivis trois jours après (1) :

« Le 5, avant le jour, les avant-postes ont été attaqués au-dessus de Merbes ; ils ont été surpris. La gauche a lâché pied et s'est repliée précipitamment sur la Sambre et l'a repassée. Au même instant, l'ennemi parut sur les hauteurs, il descendit même une pièce de 7 au bord de la

(1) Archives de la guerre.

Sambre, sur le pont de Solre, vraisemblablement pour nous empêcher de le détruire et pour tenter le passage. La pièce de 7 fut démontée; ceux qui la conduisaient mis en fuite et le pont a été défait.

» Le général Kléber, en ce moment, conduisait quinze mille hommes au delà de Lobbes pour faire une pointe au-dessous de Mons, et faciliter les mouvements de la gauche sur le camp de Grivelle. Il fut obligé de revenir sur ses pas ; il n'était encore que cinq heures du matin, et nos divisions de droite couraient risque d'être coupées. Duhem commandait à Lobbes, Mayer à Binche; ils opérèrent heureusement leur jonction. Je leur donne de justes éloges ; ils ont soutenu toute la journée le feu à mitraille de huit ou dix pièces de gros calibre. Trois heures d'un feu roulant de mousqueterie et de bonnes manœuvres ont tellement couvert leurs troupes, que, quoique plus faibles, ils ont perdu peu de monde, se sont emparés, au pas de charge, de quelques positions de l'ennemi, lui ont tué ou blessé plus de douze cents hommes, encloué une pièce de canon et fait deux cents prisonniers. En sorte que nous avons conservé le cours de la Sambre, et que la journée a fini par être funeste à l'ennemi.

» Le 6, l'ennemi a tenté le passage de la Sambre sur plusieurs points, et il a partout été repoussé avec perte. Le soir, il est descendu des hauteurs de la Tombe, sous Charleroi, et a fait une attaque assez vive sur Montigny; il a perdu du monde, mais il a pris le village.

» Le 7, tout s'est mis en mouvement pour attaquer Montigny et le camp redoutable de la Tombe ; la journée s'est passée en une canonnade assez vive et en marches. L'ennemi a cependant tellement souffert, qu'aujourd'hui 8, il a abandonné son camp. On le poursuit.

» De grâce, veillez à l'approvisionnement de cette

armée; ses combats continuels épuisent beaucoup de munitions. Nous sommes obligés, en ce moment, de prendre sur l'approvisionnement de Maubeuge; remplacez le tout promptement.

» Je ferai faire tout ce que je pourrai. Je vous préviens que je crois que l'ennemi se porte dans la pointe d'entre Sambre et Meuse pour couvrir Namur et nous inquiéter par Charleroi. Réglez là-dessus des considérations que vous pourriez présenter à Jourdan sur sa marche. Il est, dans ce moment, à Neufchâteau. Je vous demande des munitions, des chevaux d'artillerie et des conseils. Comptez sur mon cœur.

» J'ai fait rassembler 1,600 hommes à Maubeuge pour attaquer Grivelle, 20,000 hommes à Lobbes comme colonne intermédiaire; 30,000 hommes, ce soir, attaquent Charleroi. J'écris à Jourdan, avec qui, s'il prend Dinant, nous irons sur Bruxelles et Mons (1). »

Ce léger échec dut étonner médiocrement les membres du Comité de Salut public, car, trois jours auparavant, Pichegru leur avait annoncé que l'ennemi venait de recevoir un renfort de trente mille hommes, en ajoutant, avec ce style militaire qui le caractérise : « Si cela est, ils vont nous donner de la *tablature.* » Néanmoins, l'exaspération fut grande au sein de la Convention laquelle, après avoir entendu un rapport de Barère, décréta, dans la séance du 7 prairial, qu'il ne serait fait aucun prisonnier anglais ou hanovrien. De son côté, Saint-Just crut devoir sévir contre ceux dont la négligence ou l'imprudence avaient jeté le trouble dans l'armée,

(1) Lettre au Comité de Salut public, de la main de Saint-Just, et signée par lui et par Levasseur (archives de la guerre).

et, de concert avec ses collègues Guyton et Laurent, il arrêta, le 10 prairial, que le tribunal militaire prendrait connaissance de la conduite des chefs du 22ᵉ régiment de cavalerie, prévenus d'avoir ordonné, dans la retraite du 5, des manœuvres qui avaient culbuté l'infanterie, exposé l'artillerie, rompu les rangs et entraîné les soldats à une espèce de déroute ; qu'en outre ce tribunal étendrait ses recherches aux généraux de brigade coupables de ne s'être point conformés à l'ordre qu'ils avaient reçu de tenir leurs troupes en bataille pendant la nuit, et d'avoir occasionné, par cette infraction à leurs devoirs, la surprise qui avait eu lieu dans la matinée du 5.

Tandis qu'à la voix de Saint-Just, la discipline, mère du succès, se rétablissait dans les camps; tandis que, grâce à ses énergiques mesures, les troupes ennemies étaient refoulées sur leur territoire et que la République d'envahie devenait envahissante, Paris continuait d'être un foyer d'intrigues et de conspirations, et, dans le sein des comités, commençaient à germer de funestes divisions. De nouveaux rassemblements dont la cherté des vivres était le prétexte, des tentatives d'assassinat pratiquées contre quelques représentants du peuple inquiétèrent les membres du Comité de Salut public, qui désirèrent le retour de Saint-Just. Dans une lettre datée du 6 prairial et signée de Prieur, Carnot, Barère, Billaud-Varennes et Robespierre, on lui disait :

« Le Comité a besoin des lumières et de l'énergie de tous ses membres. Calcule si l'armée du Nord, que tu as puissamment contribué à mettre sur le chemin de la victoire, peut se passer quelques jours de ta présence. Nous te remplacerons, jusqu'à ce que tu y retournes, par un représentant patriote. »

Saint-Just ne crut pas devoir se rendre immédiatement à cette invitation : l'importance des opérations commencées sous sa surveillance, la nécessité de ramener les troupes sous un commandement uniforme et de leur imprimer une impulsion plus centrale et plus rapide, rendaient sa présence indispensable. Le Bas revint seul, laissant à son ami le soin d'achever l'œuvre qu'ils avaient si bien commencée ensemble. Depuis lors, il ne retourna plus en mission ; mais il n'en rendit pas moins les plus grands services. Nommé représentant de la Convention près l'école de Mars, établie dans la plaine des Sablons, par un décret de l'Assemblée en date du 15 prairial, il consacra, jusqu'au 9 thermidor, tous ses soins à l'organisation de cette école, qui devint une pépinière d'héroïques soldats.

Saint-Just n'arriva à Paris que neuf jours après le retour de son ami, le 14 prairial. Avant son départ, il avait, de concert avec ses collègues à l'armée du Nord, pris un arrêté des plus importants, par lequel l'armée de la Moselle était réunie à celle des Ardennes et à la droite de l'armée du Nord, sous le commandement du général Jourdan, lequel, toutefois, demeura subordonné à Pichegru.

Saint-Just quitta à regret cette armée si bien préparée par lui à accomplir les grandes choses qui, sous peu, allaient étonner l'Europe, et il se promit d'en demeurer éloigné le moins longtemps possible. J'ai pu constater rigoureusement, à l'aide des registres du Comité de Salut public, la date précise de son arrivée et de son départ. Il resta en tout cinq jours à Paris (1).

(1) Cela était resté parfaitement dans la mémoire de Billaud-Varennes, qui, dans sa réponse à Lecointre, s'exprimait ainsi : « Saint-Just s'en alla, comme il était venu, cinq ou six jours après. » (*Mémoires* de Billaud, p. 29.)

A peine descendu de voiture, il se rendit au Comité, et demanda les motifs qui avaient inspiré la lettre si pressante de ses collègues. S'il faut en croire le Mémoire des anciens membres des comités, dont le témoignage est infiniment suspect chaque fois qu'il est question de Robespierre, de Saint-Just et de Couthon, Robespierre aurait répondu qu'on l'avait rappelé pour qu'il rédigeât un rapport sur les factions nouvelles menaçant la Convention nationale (1). Il n'y a rien là que de très-probable, attendu qu'on était au lendemain des tentatives d'assassinat dont avaient été l'objet certains représentants, et que la lettre de rappel écrite à Saint-Just, lettre dont nous avons désigné les signataires, portait exclusivement sur les dangers que courait la liberté de l'Assemblée. Mais ce qui est beaucoup plus douteux, pour ne pas dire tout à fait, c'est le silence avec lequel les membres du Comité auraient accueilli la proposition de leur collègue; d'abord parce qu'à cette époque la scission n'existait pas encore, ensuite parce qu'un rapport sur les factions fut, en effet, rédigé, une quinzaine de jours après, au nom des deux comités, par un ennemi de Robespierre et de Saint-Just, par un thermidorien, par Élie Lacoste. Il est donc à peu près certain que Saint-Just, sentant la nécessité de sa présence à l'armée, déclina l'offre qui lui fut faite. Il quitta Paris précipitamment le 19 au soir, et retourna à son poste.

(1) *Mémoire des anciens membres des comités*, note 5, p. 102.

CHAPITRE IV

Quelques mots sur la fête à l'Être suprême et la loi du 22 prairial. — Germes de division. — Rôle de Barère. — Saint-Just à Marchienne-au-Pont. — Arrêté concernant les vivres de l'armée. — Rigueurs déployées envers quelques officiers. — Promotions faites par Saint-Just. — Absurde calomnie. — Marguerite Bontems. — Siége de Charleroi. — Échec du 28 prairial. — Mot de Saint-Just. — La Sambre repassée. — Reprise des travaux. — Propositions du gouverneur de la place. — Réponses de Saint-Just. — Reddition de Charleroi. — Bataille de Fleurus. — Retour de Saint-Just.

Au moment où Saint-Just repartait seul pour l'armée du Nord, se préparaient des événements dont il est important de dire quelques mots, parce qu'ils ont été l'origine des divisions qui éclatèrent entre Robespierre et les comités, et par conséquent la cause fatale de la catastrophe de thermidor : je veux parler de la fête à l'Être suprême et de la loi du 22 prairial.

Ce fut cependant un jour radieux pour la jeune République, que celui où, du sein d'un peuple immense, entourant ses représentants, sur la place de la Révolution, s'éleva comme un immense concert d'adoration vers Dieu.

Saint-Just, pressé de retourner à l'armée du Nord où allaient s'accomplir de si grandes choses, n'assista pas à cette solennité; il avait quitté Paris dans la nuit du 19 au 20 prairial.

Cette fête, chantée par les poëtes et illustrée par le génie de David, fut saluée par d'unanimes acclamations, comme une espérance de pacification intérieure et de clémence. Quel bon citoyen n'eût applaudi, qui n'applaudirait encore aujourd'hui à ces belles paroles que Robespierre, comme président de la Convention, prononça au moment où la statue de la Sagesse fut dévoilée aux regards du peuple?

« Homme, qui que tu sois, tu peux concevoir encore de hautes pensées de toi-même : tu peux lier ta vie passagère à Dieu et à l'immortalité. Que la nature reprenne donc tout son éclat, et la sagesse, tout son empire. L'Être suprême n'est point anéanti. C'est surtout la sagesse que nos coupables ennemis voulaient chasser de la République. C'est à la sagesse seule qu'il appartient d'affermir la prospérité des empires; c'est à elle de nous garantir les fruits de notre courage. Associons-la donc à toutes nos entreprises. Soyons graves et discrets dans toutes nos délibérations, comme des hommes qui stipulent les intérêts du monde; soyons ardents et opiniâtres dans notre colère contre les tyrans conjurés, imperturbables dans les dangers, patients dans les travaux, terribles dans les revers, modestes et vigilants dans les succès. Soyons généreux envers les bons, compatissants envers les malheureux, inexorables envers les méchants, justes envers tout le monde. Ne comptons point sur une prospérité sans mélange et sur des triomphes sans obstacles, ni sur tout ce qui dépend de la fortune ou de la perversité d'autrui ; ne nous reposons que sur notre constance et sur notre vertu. Seuls, mais infaillibles garants de notre indépendance, écrasons la ligue impie des rois par la grandeur de notre caractère, plus encore que par la force de nos armes (1). »

Cette fête indisposa certains patriotes qui crurent y voir un retour à des idées religieuses qu'ils avaient voulu proscrire à jamais ; mais le plus grand malheur pour Robespierre fut d'avoir été, ce jour-là, président de la Convention nationale ; car la popularité dont il recueillit le fruit, les applaudissements dont il fut salué, les marques d'affection qu'on lui prodigua, excitèrent, chez une foule de représentants, cette basse jalousie si facile à émouvoir dans une nation qui a la haine des sommités intellectuelles et ne s'incline que devant la force. Les ennemis de Robespierre, les conventionnels rappelés de mission pour leurs excès sanglants ou leurs dilapidations dans les départements, comme les Fouché, les Tallien, les Fréron, les Rovère, surent tirer parti de cette disposition et se ménager, pour thermidor, de puissants auxiliaires.

Deux jours après une fête qui aurait dû réunir dans un fraternel accord tous les membres de la Convention, et qui devint, au contraire, la source des plus funestes divisions, fut présentée à l'Assemblée cette terrible loi du 22 prairial, supprimant les défenseurs officieux, et

(1) Voyez *le Moniteur* du 22 prairial an II, n° 262.

pour tout délit contre la République, ne prononçant qu'une seule peine, la mort. Évidemment dirigée contre les quelques membres corrompus dont Robespierre eût voulu purger la Convention, elle fut vivement combattue par eux et passa malgré leur opposition. Rédigée, dit-on, à l'improviste, pour ainsi dire, par le président du Tribunal révolutionnaire, Dumas, et présentée par Couthon, au nom des Comités de Salut public et de Sûreté générale, elle fut résolûment soutenue par Robespierre. Mais avait-elle été conçue, comme ose l'affirmer Barère dans ses Mémoires, en dehors de toute participation des autres membres présents des deux Comités? Il n'y a qu'à ouvrir *le Moniteur* pour se convaincre du contraire. « J'en demandai en vain l'ajournement (1), » a écrit Barère, et nous lisons au *Moniteur* :

« RUAMPS. Ce décret est important; j'en demande l'impression et l'ajournement. S'il était adopté sans l'ajournement, je me brûlerais la cervelle.

» LECOINTRE (de Versailles). J'appuie l'ajournement indéfini que l'on demande.

» BARÈRE. Ce n'est pas, sans doute, un ajournement indéfini que l'on demande?

» QUELQUES VOIX. Non, non!

» BARÈRE. Lorsqu'on propose une loi toute en faveur des patriotes et qui assure la punition prompte des conspirateurs, les législateurs ne peuvent avoir qu'un vœu unanime. Je demande qu'au moins l'ajournement ne passe pas trois jours. »

Le 23 prairial, Merlin (de Douai) ayant proposé la

(1) *Mémoires* de Barère, t. II, p. 202.

question préalable avec un considérant, afin de faire tomber une proposition de Bourdon (de l'Oise) hostile au décret, et la Convention ayant adopté la question préalable avec ce considérant par lequel l'Assemblée réservait son droit de décréter seule ses membres d'accusation, ce fut Barère qui supplia, le lendemain, la Convention de passer à l'ordre du jour sur les diverses motions et de rapporter le considérant adopté la veille, parce qu'il semblait mettre en doute les intentions des membres du Comité de Salut public.

« Je demande, dit-il en terminant un discours à l'éloge de Jean-Bon-Saint-André et de Robespierre, que le considérant du décret rendu hier soit rapporté, et que l'Assemblée passe à l'ordre du jour sur toutes les motions qui ont été faites à raison du décret sur le Tribunal révolutionnaire (1). »

Sur cette proposition, l'Assemblée, docile, passa à l'ordre du jour et rapporta le décret rendu la veille. On voit ce qu'il faut penser des assertions de Barère. Aussi, M. Michelet n'a-t-il été que juste en lui appliquant les épithètes *lâche* et *double* (2).

Quel que fût l'état d'exaspération auquel l'audace des conspirateurs et les intrigues des factions avaient amené les sincères amis de la République, ce décret du 22 prairial est une des erreurs de Robespierre et du Comité de Salut public qu'il ne faut pas chercher à justifier. « C'était, a dit un historien consciencieux, une de ces lois déplorables qui suivent ordinairement un grand attentat, et qui indiquent que l'aveugle colère des gou-

---

(1) Voyez *le Moniteur* du 24 prairial et celui du 26, nos 264 et 266.
(2) Voyez l'*Histoire de la Révolution française*, t. VII, p. 338.

vernements a remplacé la justice (1). » Certes, dans les réactions royalistes, des mesures aussi sanglantes et plus iniques encore ont été prises dans le seul intérêt d'un petit nombre d'hommes, mais cela n'excuse en rien, à nos yeux, la rigueur de cette loi de prairial. Arme terrible aux mains d'hommes sans pitié, elle ne fut même pas dirigée par ceux qui l'avaient forgée, et Robespierre, en désertant les comités, l'abandonna à ses ennemis qui en firent un si désastreux usage, et plus tard essayèrent d'en rejeter tout l'odieux sur lui.

Ce qu'il y a de certain et d'incontestable, c'est que Saint-Just resta complétement étranger à cette loi. Il l'improuva, sans nul doute, puisque, trois jours avant qu'elle fût présentée, il quitta Paris précipitamment, au lieu de demeurer pour la soutenir quand sa présence eût été d'un puissant secours. Sur ce point, il se sépara de ses amis, et Thuillier, son cher et intime confident, écrivait, du fond de son cachot, après thermidor, quelques jours avant de mourir : « J'ai été témoin de son indignation à la lecture de la loi du 22 prairial, dans le jardin du quartier général de Marchienne-au-Pont, devant Charleroi... « On ne peut proposer une loi rigou-
» reuse et salutaire, disait-il, que l'intrigue, le crime, la
» fureur ne s'en emparent et ne s'en fassent un instru-
» ment de mort, au gré des caprices et des passions (2). »

C'est qu'en effet, si Saint-Just comprenait combien la rigueur était indispensable à un gouvernement attaqué de toutes parts et de toutes les manières, du moins voulait-il que cette rigueur fût exercée contre les seuls ennemis de la patrie, et demanda-t-il constamment que la

---

(1) Léonard Gallois : *Histoire de la Convention*, t. VII, p. 79.
(2) Voyez cette lettre en tête des *OEuvres de Saint-Just*, éd. Nodier.

justice fût substituée à la terreur qui se maintint en dépit de lui. En écrivant cela, je ne prétends point lui rien ôter de l'inflexibilité dont il donna tant de preuves vis-à-vis de ceux qui lui parurent vouloir s'opposer à l'établissement d'une République honnête et forte, ce beau rêve pour lequel il dévoua sa mémoire et marcha résolûment à la mort. Non, il ne fut pas indulgent, parce que l'indulgence devait, selon lui, éterniser la guerre civile et encourager la résistance; non, il ne fut pas indulgent, parce qu'il savait bien que détendre trop tôt le ressort révolutionnaire et essayer de rallier les dissidents par la clémence, c'était ouvrir la carrière à toutes les apostasies et fournir aux ennemis de la Révolution le moyen d'étouffer la République en l'embrassant; ce qui précisément arriva après le 9 thermidor pour le châtiment des sanglants vainqueurs, lesquels ne tardèrent pas à être renversés eux-mêmes et proscrits par les traîtres et les faux républicains dont ils avaient recherché l'alliance et à qui ils avaient tendu la main.

Mais, quand Saint-Just frappait, il obéissait à un ordre impérieux de sa conscience, en dehors de toute préoccupation personnelle, et la sévérité de ses mesures avait uniquement en vue l'intérêt de la patrie. C'est ainsi que, quelques jours après son arrivée au quartier général, à Marchienne-au-Pont, ému des souffrances de l'armée, qui, par suite d'abus coupables, manquait de vivres, il rendit, le 25 prairial, de concert avec son collègue Gillet, l'arrêté suivant :

« Les représentants du peuple près les armées du Nord, de la Moselle et des Ardennes,
» Informés qu'on s'est permis d'arrêter, dans des places, des convois destinés pour l'armée;

» Que des vivres arrivés à l'armée, et destinés pour une division, ont été arrêtés dans une autre division ;

» Considérant que de pareils faits, en paralysant le service, peuvent exposer l'armée et la République aux plus grands malheurs ;

» Arrêtent qu'aucune autorité, aucun individu ne pourra, sous quelque prétexte que ce soit, arrêter ou retarder la marche des convois destinés pour l'armée.

» Le commissaire ordonnateur en chef fera faire à l'armée les distributions par division, et nul ne pourra se permettre d'intervertir l'ordre de ces distributions, ni arrêter, dans une division, les subsistances ou approvisionnements destinés à une autre division.

» Quiconque sera convaincu d'avoir contrevenu aux dispositions ci-dessus, sera réputé ennemi de la patrie, traduit à la commission militaire et puni de mort.

» Les convois seront toujours escortés, et l'escorte sera responsable des objets confiés à sa garde. »

Trois jours après la publication de cet arrêté sévère, qui eut pour effet immédiat de remédier aux abus déplorables dont était infestée l'administration des vivres, nos troupes, sous les yeux de Saint-Just, livrèrent aux Autrichiens, devant les murs mêmes de Charleroi, un sanglant combat dans lequel l'ennemi, quoique victorieux, perdit plus de six mille hommes et sept pièces de canon (1). Parmi les bataillons engagés dans cette journée du 28 prairial, un seul manqua à son devoir, et, en se débandant, permit à l'ennemi de pénétrer dans la ville assiégée. Kléber, profondément irrité, en référa

---

(1) Lettre de Saint-Just au Comité de Salut public ; voyez le *Moniteur* du 10 messidor an II, n° 280.

aux représentants Saint-Just, Gillet et Guyton-Morveau, et, dès le 29, ceux-ci firent imprimer et publier dans toute l'armée cet ordre général pour le 30 prairial :

« Les représentants du peuple près les armées du Nord, de la Moselle et des Ardennes,

» Sur le compte qui leur a été rendu par le général de division Kléber que, dans la journée d'hier, le deuxième bataillon de la Vienne a fui honteusement devant l'ennemi, tandis que les drapeaux des autres bataillons des deuxièmes divisions de l'armée du Nord flottaient sur le chemin de la victoire, et qu'il a méconnu la voix du général qui le rappelait à son poste ;

» Considérant que ce crime ne peut être celui du bataillon entier, parce que la bravoure et la haine des tyrans existent dans les cœurs de tous les Français et que, lorsqu'une troupe quitte son poste de bataille, la cause est dans la lâcheté des officiers ou dans la négligence qu'ils ont mise à maintenir la discipline et à former les soldats qu'ils commandent à l'amour de la gloire, qui consiste à braver les dangers de la guerre et à vaincre ou à mourir au poste que la patrie leur a confié ;

» Arrêtent que le chef de bataillon et tous les capitaines du deuxième bataillon de la Vienne seront destitués et mis en état d'arrestation ;

» Ils seront remplacés sur-le-champ, conformément à loi. »

Cet échec du 29 prairial irrita profondément Saint-Just ; doux aux soldats, il ne pardonnait pas aux officiers convaincus d'avoir commis quelque faute ou de n'avoir pas donné à leurs troupes un suffisant exemple d'héroïsme. Le général Tarreau, chef de l'état-major de l'armée des Ardennes, fut destitué et reçut l'ordre de se retirer à vingt lieues des frontières. Le 1ᵉʳ messidor, Saint-Just et Gillet rendirent encore cet arrêté :

« Les représentants du peuple, considérant que le citoyen Capella, chef de brigade, commandant la 132ᵉ demi-brigade, n'a ni les connaissances, ni l'énergie nécessaires pour remplir un poste aussi important;

« Que cette demi-brigade, composée de bataillons qui se sont acquis dans la guerre la plus haute réputation, a été exposée à voir sa gloire s'éclipser sous un chef inhabile et sans caractère, notamment dans la journée du 28 du mois dernier, sous les yeux mêmes d'un des représentants du peuple;

» Arrêtent que le citoyen Capella cessera d'être employé. Il présentera à la commission de la guerre l'état de ses services pour obtenir sa retraite.

» Le citoyen Pouchin, capitaine au 4ᵉ bataillon de la Manche, est promu au grade de chef de brigade. Il prendra en cette qualité le commandement de la 132ᵉ demi-brigade d'infanterie.

» Il est ordonné à tous officiers, sous-officiers et soldats de le reconnaître et de lui obéir conformément aux lois militaires. »

Le même jour, ils destituèrent, firent mettre en état d'arrestation et renvoyèrent devant la commission militaire le chef du premier bataillon de la 9ᵉ demi-brigade d'infanterie légère, pour avoir, malgré les ordres de son général, refusé de rallier ses troupes, et nommèrent à sa place, sur la demande de Marceau, le capitaine des carabiniers Verger.

Si Saint-Just sévissait sans pitié contre ceux à l'impéritie ou à la lâcheté desquels il attribuait l'insuccès de nos armes, il savait aussi récompenser les braves officiers qui s'étaient attiré l'estime et la confiance des troupes. Ainsi, sur la demande même des soldats du deuxième bataillon du Nord, il promut au grade de chef de bataillon le capitaine des grenadiers Bisson, à la place du commandant Brunet, nommé général de brigade. Les capitaines Charpentier et Taout, du même bataillon, furent aussi promus au grade de chef de bataillon, en récompense de leur belle conduite dans l'affaire du 28 (1). Toutes ces nominations, faites hiérarchiquement, et presque toujours sur le champ de bataille même, étaient consignées dans des arrêtés envoyés au Comité de Salut public et sanctionnées par lui.

Cependant, tels sont l'aveuglement et l'injustice des partis, que les fables les plus ridicules ont eu cours sur la manière dont Saint-Just faisait et défaisait les officiers. Un misérable du nom de Lejeune, qui avait longtemps mendié la faveur de Saint-Just, en se recommandant de sa qualité de Soissonnais, et que l'illustre conventionnel avait, par pitié, placé dans les bureaux du Comité de Salut public, raconte, dans des Mémoires qui sont un tissu d'odieux mensonges, que Saint-Just fit un jour d'un courrier un général de brigade, et du général qui le lui avait dépêché, un courrier, « pour remettre chacun à sa place, » le premier étant de beaucoup supérieur au second. Il n'y a pas à réfuter une aussi niaise assertion; mais il était bon de la signaler, afin de montrer quel cas on doit faire des Mémoires de ce coquin qui, pour échapper aux vengeances des thermi-

(1) Archives nationales.

doriens et se faire pardonner l'intérêt que lui avait témoigné Saint-Just, composa, après thermidor, un infâme libelle contre le généreux protecteur aux genoux duquel il s'était longtemps prosterné. Voilà bien une ingratitude de valet (1) !

Mais, si jamais la faveur et le caprice furent pour peu de chose dans la distribution des emplois publics, ce fut surtout à cette époque où, d'ailleurs, l'élection populaire jouait le principal rôle. Quant aux choix militaires faits par les représentants en mission, on ne songe pas, j'imagine, à les leur reprocher. Ce n'est ni le talent, ni le génie, ni le courage qui ont manqué aux officiers protégés par eux. Bonaparte a été une créature de Robespierre jeune, comme Jourdan et Pichegru, le meilleur général de la République, au dire de Napoléon, ont été des créatures de Saint-Just. Au reste, ce dernier était si peu jaloux de ses prérogatives de membre du Comité de Salut public, il était si scandalisé des manœuvres et de la bassesse des solliciteurs, qu'il proposa un jour, au club des Jacobins, qu'aucun membre de la Société ne pût remplir un emploi public, sans avoir été directement élu par le peuple.

Toute injustice, toute méchanceté lui étaient odieuses; aussi, quand il en pouvait réparer une, il le faisait avec éclat et avec rigueur. Quelques jours avant la prise de Charleroi, une jeune fille vint se plaindre à lui et à Gillet de la barbarie des officiers municipaux de sa commune, qui l'avaient forcée de suivre à pied les voitures et les chevaux de son père, chargé d'amener les vivres à l'armée du Nord. Saint-Just et Gillet, après

---

(1) Nous ne connaissons les *Mémoires* de ce Lejeune que par les citations qu'en a faites M. Éd. Fleury, qui a largement puisé à cette source impure.

s'être convaincus de l'exactitude de ce fait, rendirent l'arrêté suivant :

« Les représentants du peuple près les armées du Nord, de la Moselle et des Ardennes,

» Informés que les officiers municipaux de la commune de Mesnil-Lahorne, district de Commercy, département de la Meuse, ont eu l'indécence et l'inhumanité de contraindre Marguerite Bontems, fille âgée de vingt-deux ans, dont les frères sont dans les armées, à accompagner à soixante lieues de son pays la voiture et les chevaux de son père à l'armée du Nord; informés que la malignité a fait commettre cet acte d'injustice envers une femme, et que les officiers municipaux de Mesnil-Lahorne se sont exemptés personnellement de réquisitions;

» Chargent le commissaire ordonnateur de l'armée de la Moselle de notifier au directoire du district de Commercy, de la part des représentants du peuple, qu'ils aient à faire contribuer sur-le-champ lesdits officiers municipaux pour une somme de dix mille livres, au marc la livre de leurs impositions, et de faire remettre cette somme à la fille Bontems, en indemnité de l'acte d'oppression dont elle a été la victime.

» Le directoire de Commercy rendra compte de l'exécution du présent ordre au Comité de Salut public, sous un mois.

» A Marchienne-au-Pont, le 5 messidor de l'an deuxième de la République une et indivisible. »

L'objet principal de la mission de Saint-Just était la prise de Charleroi. Pendant sa courte absence, les troupes avaient eu des fortunes diverses; mais la place avait tenu bon, et le gouverneur, sommé par Jourdan de se rendre, avait répondu que son poste n'était pas entamé et qu'il le défendrait jusqu'à la dernière extrémité.

A l'arrivée de Saint-Just, on poussa le siége avec plus de vigueur, et, le 25 prairial, la tranchée fut ouverte. La prise de la ville paraissait imminente, quand, le 28, au matin, une armée autrichienne parut pour secourir la place, sous les murs de laquelle s'engagea le sanglant combat dont nous avons parlé plus haut. Malgré les efforts de Kléber, de Championnet et de Marceau, l'ennemi, supérieur en nombre, parvint à trouer l'armée française et à pénétrer dans Charleroi, mais après avoir subi de telles pertes, que Saint-Just dit au général Jourdan, le soir de cette journée : « Je souhaite aux Autrichiens de remporter souvent de pareilles victoires. Pour la première fois, on fut obligé de se retirer de l'autre côté de la Sambre. Saint-Just voulait qu'on la franchît de nouveau le 29 ; mais les munitions de l'artillerie étaient épuisées ; les soldats, les cavaliers et les chevaux, excédés de fatigue ; un jour de repos fut jugé indispensable, et Saint-Just se décida à attendre au lendemain.

Le 30, dès la pointe du jour, l'armée s'ébranla, et la Sambre fut repassée aux cris de Vive la République ! Vive la Convention ! Vivent les représentants du peuple ! On reprit immédiatement les travaux du siége, qui furent poussés activement, et, dès le 4, les troupes eurent l'ordre de se disposer à l'assaut.

« Le siége de Charleroi, écrivaient Saint-Just et ses collègues Gillet et Guyton au Comité de Salut public, à la date du 5 messidor, se pousse avec toute l'activité qui peut dépendre de nous. Le peu d'instruction de quelques artilleurs, la mauvaise qualité des affûts, la difficulté de nous procurer sur-le-champ des mortiers en état de service, tout cela nous a beaucoup contrariés... Le peu de forces qui paraissent actuellement devant nous, nous donne lieu de craindre un mouvement général vers la gauche de l'armée du Nord. Demain, un corps d'environ 36,000 hommes se dirige vers Mons pour éclairer cette partie et inquiéter ce mouvement... Chaque jour, de jeunes citoyens du Brabant, pleins d'horreur pour le joug impérial, sortent de Mons, de Bruxelles et du reste du pays, et désertent pour passer sous nos drapeaux... Soyons constants dans nos desseins politiques, comme impétueux à la guerre. L'Europe est en décadence, et nous allons fleurir.

« Pour vous tranquilliser, ajoutait Saint-Just en *post-scriptum*, je crois pouvoir vous assurer que nous sommes à la veille de remporter de grands avantages dans la Belgique. Il nous faut beaucoup de canons et de munitions. Après Charleroi, nous tomberons sur Namur et Mons. Vous ne ferez pas mal d'attendre la prise de Charleroi pour annoncer le tout à la Convention. »

Les espérances de Saint-Just étaient à la veille de se réaliser ; cependant le feu de la place continuait toujours avec beaucoup de vivacité. La lenteur de l'artillerie de siège exaspéra tellement les représentants du peuple et le général en chef, que, le 5, un capitaine d'artillerie, coupable d'infraction à un ordre important, fut fusillé dans la tranchée. Ce même jour, Saint-Just fit retirer de la place de Givet deux mortiers de douze pouces et quelques pièces de canon pour compléter l'équipage de siège et pousser plus vivement l'attaque.

Dès le lendemain, les feux de l'ennemi s'éteignirent.

Jourdan envoya alors sommer le gouverneur de se rendre et lui accorda un quart d'heure pour tout délai. Au bout de ce temps, les batteries françaises recommencèrent à jouer, et toute la nuit une artillerie terrible tonna sur Charleroi.

Le 7, au matin, un parlementaire se présenta et demanda, au nom du gouverneur, à entrer en arrangement ; mais il lui fut répondu « que la seule capitulation que dût attendre la ville, était de se rendre à discrétion. »

Quelques heures après, un officier supérieur vint, porteur d'une lettre du gouverneur pour le général en chef. Saint-Just se trouvait alors avec Jourdan, qui prit la lettre et la lui présenta ; Saint-Just refusa de l'ouvrir et la rendit à l'officier autrichien en lui disant : « Ce n'est pas du papier, mais la place que je vous demande. — Mais si la garnison se rend à discrétion, objecta l'envoyé, elle se déshonore. — Nous ne pouvons ici vous honorer ni vous déshonorer, répondit Saint-Just, comme il n'est pas en votre pouvoir de déshonorer ni d'honorer la nation française. Il n'y a rien de commun entre vous et nous. » Et, comme l'officier autrichien insistait encore pour obtenir une capitulation quelconque, Saint-Just ajouta pour le congédier : « Hier on aurait pu vous écouter, aujourd'hui il faut vous rendre à discrétion ; j'ai parlé. J'ai fait usage des pouvoirs qui me sont confiés, il ne m'en reste plus pour me rétracter ; je compte sur le courage de l'armée et sur le mien (1). »

L'officier partit avec cette fière réponse qui donna sans doute à réfléchir au gouverneur, car, peu d'instants après, l'envoyé revint annoncer que la garnison se ren-

---

(1) Tous ces détails sont extraits de la *Relation du siége de Charleroi*, par le commandant du génie Marescot, fait général de brigade après la prise de la ville. (Archives de la guerre.)

dait à discrétion et se confiait à la générosité du peuple français. Les vainqueurs, usant de clémence, permirent aux Autrichiens de sortir avec les honneurs de la guerre; l'ennemi dut seulement déposer ses armes et ses drapeaux sur les glacis de la ville; on laissa aux officiers leurs épées et leurs équipages. Voici en quels termes Saint-Just, Gillet et Guyton-Morveau annoncèrent au Comité de Salut public cet important succès :

« ... Le général Reygnac, commandant la place de Charleroi, s'est rendu à discrétion, se remettant à la générosité de la République. Jourdan doit vous adresser les articles honorables par lesquels vous verrez que l'orgueil de la maison d'Autriche a passé sous le joug. La garnison prisonnière est de trois mille hommes; nous avons trouvé cinquante pièces de canon. La place est en poudre et n'est plus qu'un poste.

» Nous regrettons de ne pouvoir vous faire part aujourd'hui d'une infinité de traits d'intrépidité; nous les rechercherons et nous les ferons connaître au peuple français.

» Ce point de Sambre-et-Meuse est devenu le plus intéressant; l'ennemi y porte ses forces; nous présageons la victoire. Nous envoyons les drapeaux. »

A peine avions-nous pris possession de la ville, que le bruit du canon se fit entendre dans le lointain. C'était l'ennemi, qui accourait au secours de Charleroi et qui annonçait son arrivée. Les alliés, en effet, attachaient une grande importance à la conservation de cette place. Les troupes autrichiennes, renforcées des garnisons de Landrecies, de Valenciennes et de Mons, venues à marches forcées, et d'un corps d'émigrés sous les ordres du prince de Lambesc, formaient une masse de plus de quatre-vingt-six mille combattants; le prince d'Orange, Cobourg et Beaulieu, qui les commandaient, comptaient bien avoir facilement raison de l'armée française, beaucoup moins nombreuse que la leur. Nous n'avions que soixante et dix mille hommes. Mais Jourdan avait prévu la tactique de l'ennemi, auquel on cacha la prise de Charleroi, et, dans la nuit du 7 au 8, il disposa tout pour le bien recevoir.

Le 8, avant le jour, à trois heures du matin, la bataille s'engagea sur une ligne de plus de deux lieues d'étendue. Elle fut acharnée et sanglante, et dura jusqu'à sept heures du soir. Jamais, depuis le commencement de la guerre, pareil choc d'hommes n'avait eu lieu. Seule contre trois nations coalisées, la France républicaine combattit et fut victorieuse. Que de prodiges de valeur tu fis accomplir, enthousiasme sacré de la liberté! Que de héros inconnus sont tombés en laissant échapper, avec leur dernier soupir, le cri de Vive la République! Dans ces plaines de Fleurus, célèbres déjà par le triomphe de nos armes, et où l'on vit quelques officiers s'élancer en ballon pour observer les mouvements de l'ennemi, s'illustrèrent les généraux Jourdan, Championnet, Kléber, Lefebvre et Marceau, qui se battit comme un lion, d'après le témoignage de Saint-Just, et eut deux chevaux tués sous lui. Les représentants Guyton-Morveau, Gillet, Duquesnoy, Laurent et Saint-Just, rivalisant de patriotisme, s'étaient trouvés partout, chargeant à la tête des troupes et les électrisant par leur courage. Du champ de bataille même, à sept heures du soir, ils écrivirent au Comité de Salut public :

« L'armée sur Sambre a remporté aujourd'hui la plus brillante victoire dans les champs de Fleurus, déjà fameux par la valeur française. Nous vous adressons les détails de la victoire. L'ennemi avait ramassé toutes ses forces ; il est en déroute, après douze heures d'efforts et de combats ; on le poursuit (1).

La Belgique ouverte de toutes parts ; Maubeuge dégagé ; les Autrichiens en fuite ; l'ascendant de la République porté au plus haut degré : tels furent les résultats de la bataille de Fleurus. Ah ! glorieuse et mémorable journée, qui as immortalisé Jourdan, reste à jamais dans nos souvenirs, comme une des plus pures de nos victoires ! Ils ont droit à notre éternelle gratitude, ceux qui, sous les yeux de Saint-Just, t'ont pour toujours illustrée. Ils ne combattaient pas pour le contentement d'une ambition fatale et sans bornes ; ce n'était pas pour quelque couronne à distribuer ou quelque province à conquérir, qu'ils tombaient fiers et joyeux : non, c'était pour la plus sainte des causes, la seule qui légitime ces immenses hécatombes humaines, et qui fasse de la victoire un objet digne de l'admiration des hommes, c'était

---

(1) M. de Barante, fidèle à son système de dénigrement envers la Convention, et avec cette bonne foi que nous avons déjà signalée, travestit indignement le rôle de Saint-Just. Il accuse Barère d'avoir mensongèrement exagéré les forces de l'ennemi, et place à la date du 8 messidor une lettre adressée à Saint-Just et à le Bas par Joseph. le Bon, le 23 floréal, non pas en réponse à une lettre de Saint-Just et de le Bas (il n'y a pas de lettre à le Bon signée Saint-Just et le Bas), mais à propos d'un arrêté de ces conventionnels. On voit qu'en fait de mensonge M. de Barante n'est pas en reste. Mais puisqu'il en veut à Barère d'*avoir trop fait mousser la victoire*, au moins aurait-il dû rendre justice à Saint-Just, qui voulait qu'on se contentât de lire purement et simplement à la Convention le rapport de Jourdan. A la manière dont cet historien gentilhomme parle des triomphes de la République, on serait tenté de croire son livre écrit par une plume autrichienne.

pour le salut de la patrie opprimée et envahie. Ah! si beaux que soient les lauriers d'Austerlitz et de Wagram, combien sont plus sacrées et plus belles les palmes de Jemmapes et de Fleurus!

Certes, grande et légitime dut être la joie de Saint-Just, car la prise de Charleroi, la victoire de Fleurus, c'était à lui, c'était à son opiniâtre persévérance qu'on les devait. Sur la Sambre, comme sur les bords du Rhin, il avait trouvé une situation à peu près désespérée; en quelques jours, sous sa puissante main, tout avait changé comme par enchantement. Comme il le dit avec tant de concision et d'énergie dans son discours-testament : « Il fallait vaincre; on a vaincu. » Ce double triomphe fut le glorieux couronnement de ses missions. Les auteurs des *Victoires et conquêtes* avaient bien mal étudié l'importance de ces événements quand ils ont écrit que Saint-Just s'était montré trop prodigue du sang français en faisant repasser cinq fois la Sambre, autrement ils eussent gardé ce reproche pour ceux qui l'ont encouru à plus juste titre. Ah! combien la France serait heureuse si le sang de ses enfants n'avait jamais été plus inutilement répandu!

Deux jours après la bataille de Fleurus, Saint-Just quitta l'armée du Nord, qu'il ne devait plus revoir, et partit pour Paris. Son voyage fut une longue ovation. Les courriers qui l'avaient précédé avaient annoncé nos succès, et partout sur son passage retentissaient les cris de : Vive Saint-Just! Qui pouvait prévoir qu'à un mois de là, jour pour jour, ce victorieux jeune homme tomberait victime d'une sorte de guet-apens, et que ses assassins essayeraient de le faire passer pour un traître et pour un tyran, lui qui fut la fidélité, le dévouement même à la patrie et au peuple?

Il arriva dans la nuit du 10 au 11 messidor (1) et se rendit immédiatement au Comité de Salut public, qui était encore en séance, et auquel il raconta tous les actes d'héroïsme dont il avait été témoin. S'il faut en croire Barère, les membres du Comité prièrent Saint-Just de rédiger lui-même, pour la Convention, un rapport détaillé des événements où il avait joué un si grand rôle. Mais Saint-Just s'y refusa. Tout était, suivant lui, dans la lettre du général Jourdan; il n'y avait pas autre chose à dire. Ce que Barère ne comprenait pas alors, et ce qu'apercevait si bien Saint-Just, avec la profondeur de vue dont il était doué, c'est que, dans une nation vaniteuse et amoureuse de gloriole comme la nôtre, il ne faut pas trop exagérer le prestige militaire, à l'aide duquel, disait Saint-Just, on parvient tôt ou tard à confisquer les libertés d'un peuple. Cette prophétie d'homme d'État frappa Barère, il l'avoue (2), mais il jugea intempestive la crainte de Saint-Just et n'en fit pas moins le lendemain, en très-beaux termes, il faut le reconnaître, et sur les renseignements fournis par Saint-Just, le récit de nos triomphes.

Son rapport fut accueilli par les plus chaleureuses acclamations, et, le même jour, sur la proposition du Comité de Salut public, le Convention nationale, dans un élan d'indescriptible enthousiasme, décréta que les armées du Nord, de la Moselle et des Ardennes avaient

---

(1) Nous garantissons comme rigoureusement exactes toutes les dates des allées et venues de Saint-Just. Nous en avons fait le relevé avec le plus grand soin, d'après les pièces mêmes du Comité de Salut public, qui ont été mises à notre disposition avec une bonne grâce dont nous ne saurions trop remercier l'honorable directeur général des archives.

(2) *Mémoires* de Barère, t. II, p. 150.

bien mérité de la patrie et resteraient dorénavant réunies sous le nom d'armée de Sambre-et-Meuse (1).

Saint-Just resta muet sur son banc, et n'ajouta pas une parole au discours de Barère. Ah! disons-le hautement, on ne saurait trop admirer la modestie de ce jeune homme, laissant à un autre le soin de raconter les grandes choses dont l'accomplissement lui était dû. Peu lui importait la renommée; il ne songea jamais à appliquer son mérite à sa fortune.

« J'aime beaucoup qu'on nous annonce des victoires, disait-il avec une certaine amertume, dans son discours du 9 thermidor, mais je ne veux pas qu'elles deviennent des prétextes de vanité. On annonça la journée de Fleurus, et d'autres qui n'en ont rien dit y étaient présents; on a parlé de siéges, et d'autres qui n'en ont rien dit étaient dans la tranchée. »

Rendons aujourd'hui une éclatante justice à ce puissant génie si mal connu encore. La postérité, j'en ai la conviction, défera bien des renommées et restituera à d'autres la place qui leur convient. La gloire de Saint-Just est de celles qui s'élèveront quand d'autres perdront de leur éclat factice. Déjà la main du génie a coulé en bronze sa belle et noble tête (2); on érigera un jour une statue au citoyen illustre qui a rendu à la France les lignes de Wissembourg, et qui, comme Épaminondas, a laissé en mourant deux filles immortelles : Charleroi et Fleurus.

(1) Voyez *le Moniteur* du 12 messidor de l'an II, n° 282.
(2) Qui ne connaît le beau médaillon de *Saint-Just*, par David (d'Angers)?

CHAPITRE V

Un mot de Cambacérès sur le 9 thermidor. — Discussion à ce sujet. — Robespierre abandonne les Comités. — Situation personnelle de Saint-Just. — Aveu de Billaud-Varennes. — Saint-Just au Comité. — Arrêtés signés de lui. — Le bureau de police. — Les thermidoriens et Fouquier-Tinville. — Saint-Just attaque l'arbitraire des Comités. — Réfutations. — Encore les *Mémoires* de Barère. — Trois lettres au représentant Joseph le Bon. — Diverses créations révolutionnaires. — La commission du Muséum. — Les Listes. — Conjuration contre Robespierre et ses amis. — Comment ceux-ci comprenaient la République. — Saint-Just jugé par les thermidoriens.

Nous avançons rapidement vers l'époque critique et désespérée d'où la réaction sortira triomphante, furieuse, ivre. Tandis que la République resplendissait au dehors et plantait fièrement son drapeau, à la stupéfaction de l'Europe, elle se minait au dedans; et l'heure n'était pas loin où l'œuvre si laborieusement conçue et enfantée allait commencer d'être battue en brèche sans relâche, pour s'abîmer bientôt dans les flaques de sang et de boue de la terreur blanche.

Un jour Napoléon, dont le jugement très-désintéressé est bien plus favorable à Robespierre qu'aux ennemis de ce grand homme, demanda à Cambacérès ce qu'il pensait du 9 thermidor. « Sire, répondit l'archichancelier qui, dans cette néfaste journée, avait eu au moins le mérite de rester neutre, cela a été un procès jugé, mais non plaidé (1). »

Depuis le jour où Cambacérès flétrissait ainsi implicitement cette date sombre, une des plus funestes qui soient dans l'histoire de notre pays, de grands écrivains n'ont pas eu de peine à démontrer que la dignité, la morale, la justice et le bon droit furent du côté des vaincus de thermidor. Je viens, à mon tour, en ce qui concerne Saint-Just, prendre la parole dans ce grand débat, et prouver que cette révolution, si chère aux réactionnaires de toutes les nuances, ce qui ne veut pas dire modérés, grand Dieu ! a été accomplie par ce qu'il y avait de plus impur et de plus vil dans la Convention, aidé cette fois par quelques envieux, quelques aveugles et quelques ennemis ; qu'elle a empêché la solution des grands problèmes sociaux agités depuis 1789, et qu'elle doit être maudite par tous les sincères partisans de la démocratie, quand les sanglantes et déplorables conséquences de cet abominable coup d'État n'en seraient pas la plus sûre condamnation.

Un homme d'un grand caractère (2), un des écrivains les plus versés dans l'histoire de notre Révolution, me disait un jour : « Mais que serait-il arrivé sans le 9 thermidor ? » A quoi je répondis : « Je ne sais ce qui serait

(1) Voyez le *Mémorial de Sainte-Hélène*, t. I, p. 424, éd. 1823.
(2) Que M. Édouard Carteron me permette de le nommer ici et de saisir cette occasion de le remercier publiquement des excellents conseils et des renseignements utiles que je lui dois.

arrivé sans le 9 thermidor, mais je sais trop quels en ont été les résultats. Assurément rien de pis ne pouvait survenir. » Il fut bien obligé de me faire cette concession. Maintenant, pour ma part, puisque nous en sommes réduits à l'état d'hypothèse, je crois fermement que, si le parti de Robespierre et de Saint-Just avait triomphé, le gouvernement révolutionnaire, indispensable encore jusqu'à la paix, mais dégagé de ce que quelques hommes lui avaient imprimé d'odieux et d'arbitraire, terrible aux méchants, eût été le salut des bons, et que la République démocratique, si forte déjà au dehors, n'eût pas tardé à se consolider au dedans, sur les bases indestructibles de la morale, avec le désintéressement de ses fondateurs pour sauvegarde. Cette croyance est fondée sur tous les actes, sur toutes les paroles de Robespierre, de Saint-Just, de Couthon et de le Bas, et quiconque aura profondément étudié, comme nous, la conduite de ces grands citoyens, n'aura pas d'autre opinion.

Quand Saint-Just arriva, Robespierre avait, depuis quinze jours environ, abandonné les Comités, froissé par une de ces criantes injustices qu'il aurait voulu empêcher. L'affaire de Catherine Théot est assez connue; j'en dirai seulement quelques mots pour prouver, contre l'opinion générale, à combien peu se réduisait, en définitive, l'influence personnelle de Robespierre au sein des deux Comités. Il lui paraissait souverainement absurde et odieux qu'on livrât au Tribunal révolutionnaire, *comme conspirateurs*, une diseuse de bonne aventure, quelques femmes convaincues de pratiques superstitieuses et l'ex-constituant dom Gerle, à qui, quelques jours auparavant, il avait délivré un certificat de civisme. Il s'y pposa donc de toutes ses forces. Après avoir essayé en vain d'empêcher Vadier de rédiger un rapport sur ce qu'il appelait une farce ridicule, il pria aussi inutilement Fouquier de laisser de côté ce procès-verbal. « Tu es le tyran des Comités, » lui aurait dit Vadier dans la discussion ; à quoi Robespierre aurait répondu, s'il faut en croire un témoin du temps : « Ah ! je suis un tyran ! eh bien, je vous affranchis de ma tyrannie ; sauvez la patrie sans moi, je me retire des Comités. » Il se retira en effet.

Mais, si Robespierre, blessé au cœur, déserta le gouvernement, il n'en fut pas de même de Saint-Just, qui à lui seul (Couthon, malade, était presque toujours absent) (1), lutta contre l'excessive influence de quelques membres du Comité de Salut public et l'arbitraire qu'il leur reprochait.

« Quand je revins pour la dernière fois de l'armée, lisons-nous dans son dernier discours, je ne reconnus plus que quelques visages : les membres du gouvernement étaient épars sur les frontières et dans les bureaux ; les délibérations étaient livrées à deux ou trois hommes avec le même pouvoir et la même influence que le Comité même, qui se trouvait presque entièrement dispersé, soit par des missions, soit par la maladie, soit par les procès intentés aux autres pour les éloigner. Le gouvernement, à mes yeux, a véritablement été envahi par deux ou trois hommes. C'est pendant cette solitude qu'il me semblait avoir conçu l'idée très-dangereuse d'innover dans le gouvernement et de s'attirer beaucoup d'influence... Tout était changé, le gouvernement n'était point divisé, mais il était épars et abandonné à un petit nombre qui,

---

(1) Barère l'avoue lui-même dans ses *Mémoires* : « Quant à Couthon, dit-il, il était infirme et venait peu au Comité. » Voyez t. II, p. 105.

jouissant d'*un absolu pouvoir*, accusa les autres d'y prétendre, pour le conserver. C'est dans ces circonstances qu'on a conçu la procédure d'hommes innocents; qu'on a tenté d'armer contre eux de très-injustes préventions. Je n'ai point à m'en plaindre; on m'a laissé paisible comme un citoyen sans prétention, et qui marchait seul. »

La plupart des historiens ont fait revenir Saint-Just quelques jours seulement avant la catastrophe dont il fut victime; c'est une erreur. Dût sa part de responsabilité s'en trouver accrue aux yeux des réactionnaires, je dois à la vérité d'affirmer que du 11 messidor, date de son retour, au 9 thermidor il n'a point quitté Paris. D'ailleurs, il n'était pas dans les habitudes de cet âpre jeune homme de dissimuler aucun de ses actes, et s'il avait assez vécu pour expliquer sa conduite dans des Mémoires, il eût fièrement écrit, méprisant le lâche système et les faux-fuyants de son collègue Barère : « J'ai fait tout ce que ma conscience m'a commandé de faire pour l'établissement et le maintien de la République. » L'écrivain sincère doit donc le présenter tel qu'il a été à l'appréciation de ses concitoyens, et non en dessiner un portrait de fantaisie contre lequel, du fond de la tombe, protesterait son modèle; cela même lui donne le droit de réfuter plus sévèrement les diatribes et les sottises des calomniateurs.

Saint-Just ne participa point aux actes les plus rigoureux du Comité de Salut public; nous le prouverons bientôt en mettant les pièces mêmes sous les yeux de nos lecteurs. Dès son arrivée, ne voulant pas laisser exclusivement à ses collègues la direction de la République dans des voies qui ne lui paraissaient pas toujours justes, il retourna au poste où l'avait appelé la confiance de la Convention, et assista assidûment aux séances du Comité, où « il gêna beaucoup par sa présence les autres membres, » (sans doute Billaud, Collot-d'Herbois et Barère) s'écria ingénument Billaud-Varennes, à la Convention, avouant ainsi, sans s'en douter, combien ces autres membres supportaient impatiemment le contrôle de Saint-Just sur la dictature réelle qu'ils s'étaient arrogée.

Nous avons, le premier, je crois, le seul peut-être jusqu'à présent, pu suivre, jour par jour, sur les pièces mêmes du Comité de Salut public, la trace des travaux de Saint-Just, et nous rendre compte de la part qu'il a prise au gouvernement dans la période de temps qui s'est écoulée entre le 11 messidor et le 9 thermidor ; c'est ce qui nous permet aujourd'hui de répondre victorieusement à une foule d'assertions absurdes et mensongères.

Comme nous l'avons dit déjà, il n'est sorte d'accusations qu'après thermidor on n'ait lâchement cherché à faire peser sur Robespierre, Saint-Just, Couthon et le Bas. Tandis qu'on s'attribuait le mérite de tout ce qui s'était fait de bien et d'utile, on tentait de les rendre responsables de rigueurs auxquelles ils étaient restés complétement étrangers. Les accusateurs étaient bien certains que les morts ne se lèveraient pas pour les démentir ; d'ailleurs, quiconque eût osé alors défendre la mémoire des vaincus de thermidor se fût tout simplement frayé un chemin à l'échafaud. David même les renia, David qui, la veille, voulait *boire la ciguë* avec eux. Et la France se croyait débarrassée de la terreur ; bonne France !

Cette terreur, on le sait, naquit d'un concours de circonstances fatales qui la rendirent inévitable et en quelque sorte nécessaire. Elle fut l'œuvre de tous et ne fut l'œuvre de personne. Ceux qui, sans le vouloir, y contribuèrent le plus, furent certainement les auteurs de cette loi des suspects, en vertu de laquelle les prisons s'emplirent, cette loi fameuse contre laquelle s'exerça la verve railleuse de Camille Desmoulins, et dont les auteurs, déjà nommés, sont Merlin (de Douai), un thermidorien! et Cambacérès. Une sorte de folie furieuse s'empara alors de la nation tout entière. Le trop de zèle des uns, la lâcheté des autres firent dépasser le but. « On vit des nobles, des personnes d'un nom connu dans la haute société dénoncer leurs amis, leurs camarades de collége, leurs parents, se glorifier d'être espions du Comité de Salut public et arrêter eux mêmes les individus qu'ils dénonçaient (1). »

J'ai été stupéfait, je l'avoue, quand j'ai eu sous les yeux cette masse de rapports dénonciateurs, adressés jour par jour, de tous les points de la France, au Comité de Salut public, et je me suis demandé comment, en effet, la bonne foi de quelques hommes surchargés de tant de travaux aurait pu ne pas être surprise quelquefois, et comment ils auraient pu ne pas commettre d'involontaires erreurs. Car, ce qu'il n'est pas permis de mettre en doute, c'est leur droiture, leur probité sans exemple, et leur volonté de sauver la patrie.

Dans l'innombrable série de ces dénonciations, comprenant à la fois des contre et des ultra-révolutionnaires, j'en note une qui m'a semblé curieuse. Elle est dirigée contre un individu nommé Bourget, qualifié ex-aristocrate et ultra-révolutionnaire ; il est accusé d'avoir, à la suite d'une orgie, fait jurer à ses compagnons de ne point reconnaître de divinité, proposé de massacrer tous les

---

(1) Montgaillard : *Histoire de France*, t. IV, p. 88.

détenus et de s'être écrié que la probité avait été mise à l'ordre du jour pour opérer la contre-révolution.

Tous les ordres d'arrestation portent en marge : Sur l'avis du comité de surveillance de tel ou tel endroit, sur l'avis de tel ou tel directoire, etc. ; une vingtaine de ces ordres sont revêtus de la signature de Saint-Just, presque toujours en compagnie de celle de Carnot. En voici un du 7 thermidor, signé, pour extrait, de Carnot et de lui :

« Le Comité de Salut public arrête que l'agent national du district de Laigle (Orne) fera sur-le-champ arrêter le nommé Housset-Desroches, prévenu d'être complice du ci-devant marquis de Laigle et de son valet de chambre, arrêtés comme soupçonnés d'avoir répandu de faux assignats. »

En revanche, un grand nombre d'ordres de mise en liberté sont écrits et signés de sa main. Tel est, par exemple, l'arrêté suivant, concernant un homme devenu célèbre :

« Le Comité de Salut public met en liberté le citoyen Drouot, ci-devant chef de brigade au 6e régiment de chasseurs à cheval, détenu injustement à l'Abbaye. »

Voici encore, à la date du 26 messidor, une petite note dont la minute est écrite et signée par lui, sur un petit carré de papier portant le timbre du Comité :

« Le Comité de Salut public renvoie à son poste l'agent national Denanès, persuadé qu'il ne retombera jamais dans la faute que la vivacité de son caractère lui a fait commettre. Il écrira une lettre d'excuses aux représentants du peuple près l'armée de Sambre-et-Meuse. »

Nous trouvons, en passant, l'ordre d'arrestation, pour actes vexatoires et oppressifs, du jeune ami de Danton, Rousselin, depuis Rousselin de Saint-Albin, qui a eu tort d'attribuer plus tard sa captivité à Saint-Just et à Robespierre. L'ordre de son arrestation est signé : Billaud-Varennes, Carnot, Couthon, Collot-d'Herbois et Barère. Il est du 27 messidor.

Il n'est ici question que du Comité de Salut public, et non du Comité de Sûreté générale, qui, ayant plus spécialement dans ses attributions toute la police de la République, a eu bien plus d'arrestations à ordonner. Puisque j'ai prononcé le mot de police, il est important de dire quelques mots du bureau de police générale organisé au sein même du Comité de Salut public, peu après la loi du 22 prairial, et qui datait à peine de quelques jours lorsque Robespierre abandonna les comités.

Quand, après thermidor, les anciens membres des comités furent accusés à leur tour, ils prétendirent que par Couthon et Saint-Just Robespierre avait continué de diriger ce bureau, auquel ils attribuaient tous les excès commis. Mais le girondin Saladin, un des soixante-treize sauvés par Robespierre, proscrivant à son tour, et prenant cette fois en main la défense de leurs victimes, leur répondit avec raison :

« Robespierre présidait-il, dirigeait-il ce bureau pendant le temps que, de l'aveu des membres dénoncés, il était absent du Comité de Salut public? ou si, sans y paraître, son esprit y vivait, son influence y régnait, pourquoi le souffrait-on ? A-t-on oublié d'ailleurs que, pendant cet intervalle de temps, Saint-Just a fait un séjour presque habituel à l'armée du Nord ? »

Puis, pour mieux les confondre, il leur cita ces paroles mêmes de l'homme qui les avait si bien servis en thermidor, de Fouquier-Tinville, qui répondait à Billaud, dans son Mémoire :

« Je n'ai jamais eu connaissance que le bureau de police générale fût un établissement distinct et séparé du Comité de Salut public... D'ailleurs, tous les ordres m'ont été donnés dans le lieu des séances du Comité, de même que tous les arrêtés qui m'ont été transmis étaient intitulés : Extrait des registres du Comité de Salut public, et signés de plus ou moins de membres de ce Comité (1). »

Voici maintenant les explications personnelles fournies par Robespierre, dans la séance du 8 thermidor.

« J'ai été chargé momentanément, en l'absence de mes collègues, de surveiller un bureau de police générale récemment et faiblement organisé au Comité de Salut public. Ma courte gestion s'est bornée à provoquer une trentaine d'arrêtés, soit pour mettre en liberté des patriotes persécutés, soit pour s'assurer de quelques ennemis de la Révolution. Eh bien, croira-t-on que ce seul mot de police générale a suffi pour mettre sur ma tête la responsabilité de toutes les opérations du Comité de Sûreté générale, des erreurs des autorités constituées,

---

(1) Voyez le rapport de Saladin, imprimé par ordre de la Convention, chez Rondonneau, 28 ventôse an III, p. 10 et suiv.

des crimes de tous mes ennemis? Il n'y a peut-être pas un individu arrêté, pas un citoyen vexé à qui l'on n'ait dit de moi :«Voilà l'auteur de tes maux, tu serais heureux » et libre s'il n'existait pas ! » Comment pourrais-je ou raconter ou deviner toutes les espèces d'impostures qui ont été clandestinement insinuées, soit dans la Convention nationale, soit ailleurs, pour me rendre odieux et redoutable? Je me bornerai à dire que, depuis plus de six semaines, la nature et la force de la calomnie, l'impuissance de faire le bien et d'arrêter le mal, m'ont forcé à abandonner absolument mes fonctions de membre du Comité de Salut public, et je jure qu'en cela même, je n'ai consulté que ma raison et la patrie.

» Quoi qu'il en soit, voilà au moins six semaines que ma dictature est expirée et que je n'ai aucune espèce d'influence sur le gouvernement. Le patriotisme a-t-il été plus protégé? les factions plus timides? la patrie plus heureuse? Je le souhaite. Mais cette influence s'est bornée, dans tous les temps, à plaider la cause de la patrie, devant la représentation nationale et au tribunal de la raison publique; il m'a été permis de combattre les factions qui vous menaçaient ; j'ai voulu déraciner *le système de corruption et de désordre qu'elles avaient établi et que je regarde comme le seul obstacle à l'affermissement* de la République. J'ai pensé qu'elle ne pouvait s'asseoir que sur les bases éternelles de la morale. Tout s'est ligué contre moi et contre ceux qui avaient les mêmes principes. »

Quant à Saint-Just, il n'était pas à Paris au moment de l'organisation de ce bureau de police qui, peu de temps après son retour, fut réuni au Comité de Sûreté générale, dont il avait éveillé les susceptibilités et qui, d'ailleurs, comme nous venons de le prouver, a toujours été dirigé en commun par les membres présents du Comité de Salut public. Il est donc évident, pour quiconque veut ouvrir les yeux et étudier de bonne foi cette sombre période de notre histoire, que les véritables pourvoyeurs du Tribunal révolutionnaire ont été ceux qui, pendant quatre décades avant thermidor, ont exercé la dictature en l'absence de Robespierre, et sans prendre garde à Saint-Just, qu'ils laissaient à l'écart, « comme un citoyen sans prétention et qui marchait seul (1). » Comment, d'ailleurs, répéterai-je encore, Saint-Just et Couthon eussent-ils pu imposer leurs volontés à des hommes tels que Billaud-Varennes, Collot-d'Herbois, Carnot, Robert Lindet, Prieur et Barère, et contre-balancer l'influence de ceux-ci, quand il fallait au moins trois signatures pour valider les actes du Comité de Salut public? Et ce nombre, si commode pour trois hommes résolus à s'entendre, quel est celui des membres du Comité de Salut public qui le trouve insuffisant et dangereux pour la liberté? Est-ce Barère? est-ce Carnot? est-ce Robert Lindet? Non; c'est Saint-Just. Il disait, dans son discours du 9 thermidor :

« Je regarderais comme un principe salutaire et conservateur de la liberté publique, que le tapis du Comité fût environné de tous ses membres. Vous avez confié le gouvernement à douze personnes; il s'est trouvé, en effet, le dernier mois, entre les mains de deux ou trois. Avec cette imprudence, on s'expose à inspirer aux hommes le goût de l'indépendance et de l'autorité... Vous devez regarder comme un acte de tyrannie *toute délibération*

---

(1) Dernier discours de Saint-Just.

du Comité qui ne sera pas signée de six membres; vous devez examiner aussi s'il est sage que ses membres fassent le métier de ministres ; qu'ils s'ensevelissent dans des bureaux ; qu'ils s'éloignent de vous, et altèrent ainsi l'esprit et les principes de leur compagnie (1). »

Sont-ce là les paroles d'un homme qui aspire à la tyrannie et qui veut la continuation d'un régime arbitraire? Pourquoi donc l'oublieuse génération qui a suivi la Révolution française, a-t-elle si injustement départi le blâme et l'éloge? Pourquoi, avec l'impardonnable légèreté qui caractérise notre nation, a-t-elle accepté, sans contrôle, des jugements injustes et cruels? Pourquoi a-t-elle attribué tout le mal aux uns, tout le bien aux autres, tandis qu'il eût fallu peser tout dans une balance égale? Pourquoi l'exécration à ceux-là, et l'admiration à ceux-ci? Si Carnot eut l'impérissable gloire d'organiser, du fond de son cabinet, des plans de campagne dignes de tout éloge, Saint-Just eut le mérite de les appliquer et de les rectifier, très-heureusement quelquefois, sur le terrain. Là, sans aucun doute, fut la cause des hostilités qui éclatèrent entre eux au sein du Comité de Salut public. Ainsi, Carnot avait prescrit à Jourdan de détacher dix-huit mille hommes de son armée pour les envoyer à Pichegru; le général démontra le danger de cet ordre à Saint-Just, qui prit sur lui d'en empêcher l'exécution. Or, l'événement a donné raison à Saint-Just, car on était à la veille d'investir Charleroi et de livrer la bataille de Fleurus ; qui sait ce qui serait arrivé, si Saint-Just n'eût pas autorisé Jourdan à conserver la totalité de ses forces?

---

(1) Voyez ce discours, reproduit en entier dans l'*Histoire parlementaire de la Révolution française*, t. XXXIV, p. 6 et suiv.

Déjà, au sujet de l'administration des armes portatives et de celle des poudres et salpêtres, quelques dissentiments s'étaient élevés entre Carnot et Saint-Just : celui-ci reprochait au premier la négligence avec laquelle ces administrations étaient conduites. Dans une discussion très-vive, s'il faut en croire le Mémoire justificatif de Collot, de Barère, de Billaud et de Vadier, Mémoire très-suspect et peu digne de foi en ce qui concerne Robespierre et Saint-Just, Carnot aurait accusé Saint-Just et ses amis d'aspirer à la dictature. Saint-Just, furieux, se serait alors écrié que la République était perdue si les hommes chargés de la gouverner se traitaient ainsi de dictateurs ; qu'il voyait bien le projet de l'attaquer, mais qu'il se défendrait.

Carnot, dans les *Mémoires* fort incomplets publiés sous son nom, ne parle qu'une seule fois de ses démêlés avec Saint-Just, qui, un jour, dit-il, lui reprocha la protection accordée par lui au général O'Moran, accusé de trahison à l'armée du Nord. Sur l'objection de Carnot, que l'accusateur du général était un concussionnaire (1),

---

(1) MM. de Barante et Éd. Fleury, si bien dignes de s'entendre ensemble quant à la manière dont ils comprennent la vérité historique, auraient bien dû se mettre d'accord. « Carnot produisit les preuves des dilapidations, écrit le premier ; on brûla les pièces, car le concussionnaire était un conventionnel. » (*Histoire de la Convention*, t. IV, p. 349.) *Comme si le Comité de Salut public avait ménagé les membres de l'Assemblée convaincus de concussion.* — « Nous pensons qu'il s'agit ici de Thuillier et de Gatteau, dit le second, tous deux amis de Saint-Just et qu'il dut défendre plusieurs fois, même devant la Convention, contre des accusations de concussion. » (Voyez t. II, p. 247.) Quel excès d'impudence ! Saint-Just ne défendit jamais à la tribune de l'Assemblée que le dantoniste Daubigny, qui se montra si ingrat envers la mémoire de son protecteur. Thuillier était un homme fort doux et fort honorable ; il périt après thermidor, victime de son amitié pour Saint-Just.

Saint-Just aurait répondu « que des patriotes ne pouvaient être concussionnaires, puisque tout leur appartenait. » Dans tout ceci, il n'y a certainement de vrai que la discussion relative au général irlandais O'Moran, qui, sans doute, n'était pas innocent, puisqu'il fut condamné à mort, le 16 ventôse de l'an II, à une époque où de pareilles condamnations étaient encore assez rares. Quant aux paroles prêtées à Saint-Just, on ne peut y ajouter aucune foi ; car un pareil langage n'était pas dans les habitudes de l'homme qui a été si terrible aux ultra-révolutionnaires et aux concussionnaires réputés patriotes.

Toujours est-il que Carnot, soit qu'il eût gardé rancune à Saint-Just des démêlés qui s'étaient élevés entre eux, soit qu'il n'eût pas vu grand inconvénient à défendre les vivants au détriment des morts, soit que sa bonne foi eût été surprise par les affirmations de Billaud-Varennes, de Collot-d'Herbois et de Barère, crut devoir se joindre à ceux qui attaquèrent sans ménagement la mémoire de Robespierre et de Saint-Just.

Tandis que, dans la défense de ses anciens collègues, Robert Lindet avait courageusement invoqué, selon les règles de la justice, le principe de la solidarité commune, d'autres, dans la séance du 3 germinal de l'an III, rejetèrent tout le mal commis pendant les jours de la terreur sur Robespierre et sur Saint-Just, et attribuèrent à ce dernier la création du bureau de police, quand il est constant, comme nous l'avons fait observer plus haut, que Saint-Just était à l'armée du Nord à l'époque où fut organisé ce bureau, dirigé en commun par tous les membres du Comité de Salut public, ainsi que nous l'avons démontré par les paroles de Fouquier-Tinville. A l'aide de ces mêmes preuves irrécusables, nous allons également démontrer que Saint-Just n'eut jamais aucun rapport personnel et particulier avec le sinistre accusateur près le Tribunal révolutionnaire :

« Je n'ai jamais concerté avec Robespierre ni avec aucun membre des comités, isolément et particulièrement, pour savoir de quelle manière je dresserais un acte d'accusation... J'ignorais même la demeure de Saint-Just et de Couthon ; quant à Robespierre, j'ai été une seule fois chez lui, le jour de l'assassinat de Collot-d'Herbois, comme je me suis présenté chez ce dernier ; je n'ai eu ni relation, ni correspondance particulière avec ces *conjurés*, j'ai toujours écrit au Comité de Salut public, et je ne leur ai parlé qu'au Comité et comme membres du Comité, et jamais ailleurs, pas même aux Jacobins ; il est impossible de me prouver le contraire... Je n'ai point fourni de liste à Robespierre des personnes qui devaient être mises en jugement chaque jour, ni n'ai jamais reçu sa volonté personnelle à cet égard... Je proteste de nouveau que je n'ai eu aucune relation ni correspondance particulière avec Robespierre, Saint-Just, Couthon ;... il n'en a été trouvé aucune trace dans mes papiers, il n'en sera pas trouvé davantage aucune trace émanée de moi dans les papiers de tous ces *monstres* (1). »

(1) Voyez le *Mémoire* de Fouquier-Tinville, dans l'*Histoire parlementaire de la Révolution française*, par MM. Buchez et Roux, t. XXXIV, p. 234, 239 et 245.

M. Éd. Fleury a donc calomnié Saint-Just avec un rare cynisme en écrivant : « Le soir venu, Fouquier-Tinville lui apportait ses dossiers ; c'est ensemble qu'ils préparaient toutes les affaires à présenter au Tribunal révolutionnaire. » (Voyez t. II, p. 274.) Pourquoi, puisque M. Fleury a admis l'accusation intentée par Billaud, pour le besoin de sa cause, accusation si victorieusement réfutée, n'a-t-il pas reproduit la réponse de Fouquier-Tinville, où la vérité éclate dans tout son jour?

Il fut convenu, en effet, dans les premiers jours qui suivirent thermidor, que Robespierre, Saint-Just et leurs *complices* étaient des *monstres* convaincus « d'avoir voulu arrêter le cours majestueux, *terrible* de la Révolution française (1). »

Au reste, aucun membre des comités n'eut, je crois, de rapports personnels et intimes avec Fouquier-Tinville; aucun, excepté toutefois le thermidorien Vadier, vieux juge endurci de l'ancien régime, qui, dans deux lettres atroces, recommanda tout particulièrement dix prévenus de Pamiers *au courage et à l'adresse de son cher ami* (2).

Quant aux jurés du Tribunal révolutionnaire, un seul avait eu des relations d'amitié avec Saint-Just, c'était le respectable Duplay, qui siégea très-rarement et qui n'était nullement d'un caractère à se laisser dominer. Les autres lui étaient complétement étrangers; plusieurs même lui furent toujours hostiles, et leur animosité perça assez dans le procès de Fouquier pour qu'on puisse tenir pour certain que jamais, dans leurs rigoureuses décisions, ils ne cherchèrent à lui complaire. Je n'ai pas à me prononcer ici sur la manière dont les jurés du Tribunal révolutionnaire ont compris leur cruelle mission. Il y aurait sur ce sujet une longue histoire à faire, pour laquelle il faudrait une plume dégagée de toute passion et de tout esprit de parti. Quant à moi, je ne sache pas de plus affreux supplice que celui d'être l'arbitre de la vie de ses semblables, et je souhaite de n'y être jamais condamné. Trop fragile est la conscience humaine, et trop d'erreurs ont ensanglanté les fastes judiciaires! Mais, en tous cas, les juges des Calas, des Lally, des

---

(1) Paroles de Barère dans la séance du 10 thermidor.
(2) Voyez ces deux lettres à la suite du rapport de Saladin.

Sirven, des Labarre, des Montbailli et de tant d'autres victimes avaient laissé un trop funeste exemple de partialité, de rigueur et de barbarie, et l'on n'était pas encore assez loin d'eux, pour que leurs successeurs pussent être bien doux et bien cléments, surtout en présence des machinations de toutes sortes qui, chaque jour, se dressaient contre la République.

Si les individus traduits au Tribunal révolutionnaire n'ont pas été tous consciencieusement jugés, terrible et profond mystère ! la faute n'en a certainement pas été au Comité de Salut public, qui s'en fiait à l'honnêteté du Tribunal et qui indemnisa généreusement les accusés dont la justice nationale avait proclamé l'innocence en les acquittant. Parmi une foule d'arrêtés concernant ces sortes d'indemnités, je trouve, à la date du 28 messidor, celui-ci, écrit de la main de Saint-Just :

« Le Comité de Salut public arrête qu'il sera délivré au citoyen Claude Thirion, juge de paix du canton d'Halsein, département de la Meurthe, acquitté par le Tribunal révolutionnaire, un mandat, sur la trésorerie nationale, de quinze cents livres, à titre d'indemnité.
» Signé : SAINT-JUST, CARNOT, BARÈRE, COLLOT-D'HERBOIS, BILLAUD-VARENNES. »

Ce gouvernement provisoire du Comité de Salut public savait donc mieux que beaucoup d'autres concilier avec les rigueurs qui lui semblaient indispensables, la juste réparation des erreurs commises et les droits de l'humanité.

Ce mot d'humanité nous force de revenir à Barère. Dans ses Mémoires, il accuse Saint-Just, dont il fait le bouc émissaire de toutes les rigueurs du Comité, d'avoir proposé qu'on n'accordât aux détenus qu'une allocation quotidienne de quinze sous, au lieu de quarante proposés par lui. Pour infirmer ce témoignage de Barère, il me suffirait de rappeler les innombrables erreurs, volontaires ou non, dont fourmillent les Mémoires de cet ancien membre du Comité. Croirait-on, par exemple, qu'il est assez oublieux pour faire retourner le Bas à l'armée du Nord, quelques jours avant la bataille de Fleurus? Il y a bien d'autres bévues et d'autres erreurs, sciemment commises, que nous réfuterons bientôt, comme, par exemple, celles contenues dans les pages si invraisemblables où il prétend qu'un jour Saint-Just demanda, en plein Comité, la dictature pour Robespierre. En rédigeant ainsi ses Mémoires, Barère se répétait sans doute sa trop fameuse phrase : « Il n'y a que les morts qui ne reviennent pas. » Or, l'arrêté qui alloue quarante sous par jour à chaque détenu, est écrit, sans rature, de la main de Saint-Just et signé par lui. Jamais Saint-Just, au contraire, ne comprit les rigueurs inutiles, et, pour preuve, j'en puis citer cet autre arrêté, signé de lui et de le Bas, à l'époque où, étant en mission à Strasbourg, ils crurent devoir ordonner l'arrestation des membres de la municipalité de cette ville :

« Les représentants du peuple envoyés extraordinairement près les armées du Rhin et de la Moselle, ordonnent au directoire du département de la Moselle, séant à Metz, de prendre sur-le-champ toutes les mesures nécessaires pour que les membres des autorités de Strasbourg, détenus à Metz, soient traités avec les soins que réclame l'humanité.

» Strasbourg, le 25 frimaire de l'an ii (1). »

(1) Archives nationales.

Tandis que Saint-Just, absent de Paris, entendait ainsi la dignité de sa mission et tempérait par de pareils ordres la rigueur de certaines mesures, comment quelques membres du Comité, qui plus tard ont voulu revendiquer, à leur profit, le bénéfice de la modération, comprenaient-ils la conduite des représentants en mission, et en quels termes recommandaient-ils à Joseph le Bon, notamment, de ne rien négliger pour le salut de la patrie? Voici trois lettres adressées au proconsul d'Arras; nous allons les mettre sous les yeux de nos lecteurs, non point dans l'intention de récriminer contre ceux qui les ont signées, mais parce que les historiens réactionnaires ayant représenté le Bon comme un séide de Saint-Just, quand il est notoire qu'il n'y eut jamais entre eux de correspondance réciproque (1), il importe de bien constater de qui ce conventionnel tenait ses instructions. Les trois lettres trouvées dans les papiers de Saint-Just et écrites par le Bon à Saint-Just et à le Bas, dans le courant de floréal, à l'époque où ceux-ci étaient commissaires *extraordinaires* dans le département du Nord, ne sont point des réponses, mais des lettres spontanées, rédigées dans un style en rapport avec les passions et les fureurs de l'époque.

Dans la volumineuse correspondance du Comité de Salut public avec les représentants en mission, une seule

(1) Saint-Just ne répondait pas aux lettres qu'il plaisait à Joseph le Bon de lui écrire; et, de cela, nous avons acquis une nouvelle certitude, par une lettre du proconsul d'Arras que nous avons eu la bonne fortune de trouver dans la collection d'autographes de M. Failly. Il y a, en effet, à la fin de cette lettre écrite de Cambrai, à la date du 18 floréal an II, à Saint-Just et à le Bas, lettre où il est question d'un discours au peuple, d'arrestations d'émigrés et du mauvais vouloir des autorités constituées, un post-scriptum ainsi conçu : « *Accusez-moi, du moins, la réception de mes lettres, afin que je sache si elles vous parviennent.* »

minute de lettre à le Bon, en date du 26 messidor, m'a paru être de l'écriture de Saint-Just. Elle ne porte pas de signature et est relative à une fourniture de mauvais pain. On y engage le commissaire de la Convention à prendre tous les renseignements possibles sur une distribution de mauvais pains de munition faite à la division sous Landrecies, à examiner sévèrement le fait, à punir, dans toute la rigueur des lois, les fournisseurs criminels qui ont osé commettre ce délit, et à instruire le Comité des mesures prises à ce sujet.

Citons maintenant les trois lettres de félicitation et de recommandation adressées au citoyen Joseph le Bon, représentant du peuple et commissaire de la Convention dans le département du Pas-de-Calais. Voici la première :

« Le Comité, citoyen collègue, vous fait observer qu'investi de pouvoirs illimités, vous devez prendre dans votre énergie toutes les mesures commandées pour le salut de la chose publique. Continuez votre attitude révolutionnaire; l'amnistie prononcée lors de la Constitution captieuse, et invoquée par tous les scélérats, est un crime qui ne peut en couvrir d'autres. Les forfaits ne se rachètent point contre une République; ils s'expient sous le glaive. Le tyran l'invoqua, le tyran fut frappé. Secouez sur les traîtres le flambeau et le glaive. Marchez toujours, citoyen collègue, sur cette ligne révolutionnaire que vous décrivez avec courage; le Comité applaudit à vos travaux.

» Salut et fraternité.

» Signé : BARÈRE, CARNOT, BILLAUD-VARENNES.

» 26 brumaire, l'an II de la République. »

La seconde est ainsi conçue :

« Le Comité de Salut public, citoyen collègue, a transmis les détails intéressants que vous lui communiquez, au Comité de Sûreté générale ; c'est de lui que vous devez recevoir une réponse relativement à la masse des lettres. *Nous vous observons* que vous pouvez donner des ordres au tribunal criminel pour l'évacuation des prisons. Toutes les mesures révolutionnaires vous sont permises, ou plutôt commandées par vos pouvoirs et par le salut de la patrie.
» Salut et fraternité.
» Signé : BILLAUD-VARENNES, CARNOT. »

Voici enfin la troisième, dont Barère ne s'est pas vanté non plus dans ses Mémoires :

« Le fanatisme s'agite dans la commune de l'Ambre, la superstition lui prépare des armes, le mal est encore à sa source, sache l'arrêter. Étudie l'esprit de ces contrées, éclaire le peuple, il sent le besoin d'instruction, il profitera de tes lumières. Assure-toi de ceux qui l'égarent, arrête et frappe.
» Salut et fraternité.
» Signé : COLLOT-D'HERBOIS, BARÈRE. »

A coup sûr, Robespierre et Saint-Just approuvaient bien peu la façon dont le proconsul d'Arras *secouait sur les traîtres le flambeau et le glaive*, puisque Joseph le Bon déclara lui-même, dans sa défense devant la Convention, que, peu de temps avant thermidor « *le monstre* » avait annoncé publiquement le dessein de le faire guillotiner. Bien mieux ; dans le courant de messidor, on adressa à la Convention de nombreuses plaintes contre Joseph le Bon. Qui prit la parole pour défendre le membre accusé? Fut-ce Robespierre, qui avait déserté les comités, et qui, aux Jacobins, tonnait sans relâche et de toute son indignation contre les représentants continuateurs du déplorable système d'Hébert et de Ronsin? Fut-ce Saint-Just, qui, dans l'isolement où on le laissait, ne cessait de gémir sur l'arbitraire que certains membres du gouvernement poussaient à d'intolérables limites? Non, ce fut Barère, qui demanda l'ordre du jour sur les plaintes soumises à l'Assemblée; et, en effet, la Convention passa à l'ordre du jour (1).

Mais, si Saint-Just demeura complétement étranger aux instructions en vertu desquelles Joseph le Bon crut devoir pousser si loin le zèle révolutionnaire, il ne coopéra pas plus à certaines créations qui contribuèrent à imprimer un mouvement ascensionnel au régime de la terreur. Il était absent quand la commission des administrations civiles, police et tribunaux, fut chargée de rechercher dans les prisons tous les détenus suspects d'avoir trempé dans les diverses factions anéanties par la Convention nationale; il était absent quand fut autorisée par le Comité de Salut public l'installation de cette terrible commission populaire d'Orange; il était absent encore quand, par arrêté du 14 floréal, les Comités de Salut public et de Sûreté générale organisèrent, en exécution d'un décret du 25 ventôse, la commission populaire du Muséum, dont le membre le plus influent, le citoyen Trinchard, était son ennemi personnel.

« Les membres de cette commission, disait l'arrêté, ne perdront jamais de vue le salut de la patrie qui leur

(1) Voyez *le Moniteur* du 22 messidor an II, séance du 21.

est confié et qui doit être la règle suprême de leurs décisions, ils vivront dans cet isolement salutaire qui concilie aux juges le respect et la confiance publique, et qui est le plus sûr garant de l'intégrité des jugements; ils repousseront toutes sollicitations, et fuiront toutes les relations particulières qui peuvent influencer les consciences et affaiblir l'énergie des défenseurs de la liberté. »

Cette commission était spécialement chargée d'examiner s'il se trouvait, dans les prisons de Paris, des patriotes injustement détenus, et de faire le recensement des gens suspects à déporter ou à renvoyer au Tribunal révolutionnaire. Si elle avait sérieusement accompli son mandat, selon les vues de ceux qui en avaient demandé la création dès le mois de ventôse, elle eût pu rendre d'immenses services; bien des erreurs irréparables eussent été évitées, et la conscience de la Révolution ne serait pas si lourdement chargée. Mais les hommes qui la composaient crurent prouver leur patriotisme en déployant un zèle farouche et exagéré; ils commirent précisément le crime, tant reproché par Robespierre et par Saint-Just, de désigner des citoyens inoffensifs et paisibles à la sévérité des comités.

Le Comité de Salut public, surchargé de tant de travaux, était obligé de s'en rapporter aux lumières de la commission du Muséum, et il signait, presque sans examen, les listes de détenus à déporter ou à renvoyer au Tribunal. Eh bien, de toutes les listes de déportation qui sont restées et que j'ai eues sous les yeux, aucune ne porte la signature de Saint-Just, non plus que celles de Robespierre, de Couthon et de le Bas (1).

(1) Voyez ces listes imprimées à la suite du rapport de Saladin. Les

Quant aux listes de détenus à renvoyer devant le Tribunal révolutionnaire, elles ont disparu également pour la plupart, et ont été très-certainement détruites par les thermidoriens, peu après thermidor, quand ils ont vu la réaction grandir et devenir menaçante. Des personnes dignes de foi, qui les ont vues à l'époque où elles furent dressées, ont affirmé qu'elles ne portaient ni la signature de Robespierre, ni celle de Saint-Just. Elles ont même nommé les signataires; je ne les imiterai pas en ceci, parce qu'une simple affirmation ne me paraît pas suffisante (1). Mais la meilleure preuve, suivant nous, qu'elles n'étaient signées ni de Robespierre, ni de Saint-Just, c'est que les thermidoriens les ont anéanties, ce dont ils se seraient bien gardés s'ils avaient pu s'en faire une arme contre ceux à la charge desquels ils ont essayé de mettre toutes les rigueurs de la Révolution. Et si l'on considère que sur les quelques grandes listes qui ont échappé, par miracle, à la destruction, une seule est signée de Saint-Just, on sera entièrement convaincu qu'en effet il est resté à peu près étranger à la confection de ces funèbres inventaires.

Et néanmoins, dans une petite note traîtresse, Barère a écrit triomphalement : « Il a signé seul une liste de cent cinquante-neuf détenus qu'il a renvoyés au Tribunal révolutionnaire (2). » Barère ne manquait pas d'adresse, et il en fait preuve dans cette circonstance, en retournant contre Saint-Just quelques lignes du rapport de la

---

signataires sont : Voulland, Élie Lacoste, Vadier, Amar, Collot-d'Herbois, Billaud-Varennes et Barère, tous thermidoriens !

(1) Voyez, à cet égard, la discussion à laquelle se sont livrés MM. Buchez et Roux dans le tome XXXVI de l'*Histoire parlementaire*, p. 12, 13 et suiv.

(2) *Mémoires* de Barère, t. II, p. 415.

commission des Vingt-et-un dirigées contre lui-même et deux autres membres du grand Comité; mais une simple explication suffira pour réfuter cette nouvelle calomnie. J'ai vu, en effet, dans les cartons du Comité de Salut public, cette liste au bas de laquelle figure le nom de Saint-Just; mais c'est un duplicata de celle qui a été trouvée dans le dossier de Fouquier-Tinville, laquelle, comme le fait observer Saladin, ne porte aucune signature (1). Or, il en fallait trois au moins pour rendre valable un arrêté du Comité de Salut public, et Fouquier ne se fût pas exposé à se mettre en défaut. La minute de cette liste, revêtue de la signature des membres du Comité a donc dû être anéantie, et du nom de Saint-Just, qui se trouve au bas d'une copie qui n'a pas servi, on peut tout au plus conclure qu'il avait avec Barère, Carnot et ses autres collègues, signé l'original de l'arrêté en vertu duquel ces cent cinquante-neuf détenus ont été traduits au Tribunal révolutionnaire (2). La seule liste où figure légalement sa signature, en compagnie de celles de Carnot, de Prieur, de Billaud-Varennes, de Couthon et de Collot-d'Herbois, est une liste de quarante-neuf détenus traduits au Tribunal par arrêté du Comité de

---

(1) *Rapport de Saladin*, p. 164.

(2) Voici la réponse de Billaud à Lecointre, qui l'accusait d'avoir signé cette liste avec Barère, Collot-d'Herbois, Vadier et autres, à l'exclusion de Robespierre. Cette réponse est l'aveu positif qu'en effet, cette liste était signée des membres précités : « C'est donc sur une signature présumée que Lecointre fonde cette accusation ? Mais il est tout aussi présumable que celle de nos autres collègues se trouve jointe à la nôtre, et en supposant qu'un renvoi à un tribunal, conforme à la loi, pût être regardé comme un crime, j'aurais encore à demander à Lecointre pourquoi il ne l'attribue qu'à nous seuls ? Car, si Robespierre n'assistait pas au Comité, Couthon et Saint-Just, *ses deux complices*, y étaient à sa place. » *Réponse de Billaud*, p. 108.

Salut public en date du 2 thermidor. Mais cette épouvantable liste du 3 thermidor contenant trois cent soixante-dix-huit noms, il ne l'a pas signée. Les signataires sont Voulland, Vadier, Élie Lacoste, Collot-d'Herbois, Barère, Philippe Ruhl, Amar, Prieur et Billaud-Varennes, tous thermidoriens. Celle des cent trente-huit détenus, confectionnée, comme la précédente, par la commission du Muséum, n'est pas non plus signée de lui. Cependant il était à Paris, ne quittait pas le Comité de Salut public, et à ces mêmes dates, il a signé plusieurs arrêtés, entre autres celui concernant la mise en liberté de Drouot. Pourquoi donc cette abstention? Était-ce une protestation contre ces listes trop chargées et trop rapidement faites, où se trouvaient confondus tous les rangs de la société, sans distinction d'âge ou de sexe? C'est ce que seul il aurait pu expliquer, si, quelques jours plus tard, il n'eût été renversé par les signataires mêmes de ces listes. Mais son secret n'est pas descendu tout entier dans la tombe avec lui ; les quelques lignes de son dernier discours, où il demande la cessation de l'arbitraire, et les paroles prononcées par lui au sein du Comité de Salut public dans la nuit du 8 au 9 thermidor, sont pour nous la preuve qu'il condamnait ce qu'il y avait d'odieux dans de pareils moyens révolutionnaires.

La tension d'un tel système ne pouvait durer longtemps, et les ferments de discorde qui bouillonnaient au sein des comités rendaient une crise inévitable ; le salut de la République dépendait de la façon dont elle serait résolue. Le malheur de la France voulut qu'elle tournât contre ceux qui travaillaient sincèrement à la fondation d'une République conforme à la modération, à la justice et à la dignité qui conviennent à un grand peuple.

La terreur eût entièrement disparu alors, au lieu de

reparaître sous d'autres formes, avec la plus profonde hypocrisie qui fut jamais. Cependant Robespierre, Saint-Just et leurs amis avaient-ils l'intention d'ouvrir les prisons et de mettre tous les détenus en liberté, comme l'ont pensé beaucoup d'historiens ? Je ne le crois pas. Dans la situation critique où l'on se trouvait, c'eût été fournir aux ennemis de la Révolution le moyen de faire incarcérer les républicains à leur place, comme cela est si bien arrivé après thermidor ; Robespierre et Saint-Just étaient trop habiles pour ne pas prévoir un semblable résultat. Mais ils voulaient la justice, et non la terreur ; mais ils voulaient arrêter l'effusion de sang inutile qui couvrait la France ; mais ils voulaient punir ceux qui en étaient les auteurs, frapper les traîtres et les ennemis actifs, et non cette masse d'indifférents emprisonnés comme suspects et ne demandant à la République que de les laisser vivre « Ici, on calomnie ouvertement les institutions républicaines, disait Robespierre ; là, on cherche à les rendre odieuses par des excès. On tourmente les hommes nuls ou paisibles... » Ce qu'il y a de certain, ce qu'on ne saurait révoquer en doute, ce que nous allons prouver, c'est que Saint-Just, Robespierre, le Bas et Couthon furent abattus comme modérés, comme contre-révolutionnaires, comme ayant voulu *arrêter le cours terrible de la Révolution*, et, pour me servir d'une expression de nos jours, comme hommes d'ordre. Le 9 thermidor fut la revanche de l'*hébertisme* (1).

(1) Saladin, un de ces modérés de la réaction qui ont envoyé tant de victimes à l'échafaud après thermidor, et encouragé tant de massacres, a fait lui-même cette remarque : « Dans les quarante-cinq jours qui ont précédé la retraite de Robespierre du Comité, le nombre des victimes est de 577. Dans les quarante-cinq jours qui l'ont suivie, jusqu'au 9 thermi-

Qu'avait reproché Javogues à Couthon, dans sa dénonciation contre lui ? D'avoir été trop clément à Lyon. « Pendant ton séjour d'un mois et demi à Lyon, disait-il en le prenant à partie, trente rebelles seulement, malgré les réclamations du peuple, sont tombés sous le glaive des lois (1). » Aussi Couthon pouvait-il, à bon droit, s'écrier, la veille même de la journée fatale : « Si je croyais avoir contribué à la perte d'un seul innocent, je m'immolerais de douleur (2). »

Et le 3 thermidor, que répondait Robespierre jeune à ceux qui l'accusaient d'être modéré ? Écoutez :

« Il existe un système universel d'oppression... Tout est confondu par la calomnie ; on espère faire suspecter tous les amis de la liberté. On a eu l'imprudence de dire, dans le département du Pas-de-Calais, qui méritait d'être plus tranquille, que je suis en arrestation comme modéré. Et bien, oui, je suis un modéré, si l'on entend par ce mot un citoyen qui ne se contente pas de la proclamation des principes de la morale et de la justice, mais qui veut leur application ; si l'on entend un homme qui sauve l'innocence opprimée, aux dépens de sa réputation. Oui, je suis un modéré en ce sens : je l'étais encore lorsque je déclarais que le gouvernement révolutionnaire devait être comme la foudre, qu'il devait anéantir en un instant, écraser tous les conspirateurs ; mais qu'il fallait prendre garde que cette institution terrible ne devînt

---

dor, le nombre est de 1,286. » (Rapport de Saladin, p. 100.) Mais après thermidor !!! Nous nous proposons de révéler bientôt ce qu'a coûté de sang à la France la réaction thermidorienne.

(1) Voyez dans *le Moniteur* du 22 pluviôse de l'an II la belle et digne réponse de Couthon à la dénonciation de Javogues.

(2) *Moniteur* du 11 thermidor an II, n° 311.

un instrument de contre-révolution par la malveillance qui voudrait en abuser, et qui en abuserait au point que tous les citoyens s'en croiraient menacés (1). »

Enfin la lutte inégale et acharnée entreprise par Robespierre contre les représentants en mission qui avaient dilapidé les finances de la République, qui avaient noyé à Nantes, fusillé à Marseille, mitraillé à Lyon, contre ces Fréron, ces Tallien, ces Fouché, ces Rovère, qui avaient inondé la France de sang, comme ultra-révolutionnaires, en attendant qu'ils l'en inondassent comme modérés, ne prouve-t-elle pas le désir qu'il avaient d'arrêter ce débordement de passions insensées et féroces. C'est lui qui, dénonçant les misérables agents dont se servait le Comité de Sûreté générale, disait : « En vain une funeste politique prétendrait-elle environner les agents dont je parle d'un certain prestige superstitieux : je ne sais pas respecter des fripons ; j'adopte encore moins cette maxime royale, qu'il est utile de les employer. Les armes de la liberté ne doivent être touchées que par des mains pures. » En même temps, il attaquait violemment Fouché, le digne collègue de Collot-d'Herbois à Lyon, de ce Collot-d'Herbois qui s'était plaint de Couthon parce qu'il avait été trop modéré lors de la prise de Lyon par l'armée républicaine; il attaquait Bourdon (de l'Oise) qui, disait-il ; « s'est couvert de crimes dans la Vendée et joint la perfidie à la fureur ; » il attaquait Rovère et Tallien, qui ne lui pardonnait pas son rappel, et Carrier, dont son jeune ami Julien lui avait décrit les sanglantes turpitudes et qu'il avait également fait rappeler.

---

(1) Discours de Robespierre jeune aux Jacobins. Voyez *le Moniteur* du 9 thermidor an II, n° 309.

Les représentants attaqués s'allièrent à certains membres du Comité de Sûreté générale auxquels Robespierre et Saint-Just reprochaient de *prodiguer les arrestations au moyen d'agents impurs, et de multiplier les actes d'oppression* pour étendre le système de terreur et de calomnie (1). Tandis que les uns les accusaient d'être des modérés, les autres, plus adroits, tentaient avec succès de les charger de la responsabilité de leurs propres méfaits. Écoutez Robespierre lui-même :

« En développant cette accusation de dictature mise à l'ordre du jour par les tyrans, on s'est attaché à me charger de toutes leurs iniquités, de tous les torts de la fortune, ou de toutes les rigueurs commandées par le salut de la patrie. On disait aux nobles : C'est lui seul qui vous a proscrits ; on disait en même temps aux patriotes : Il veut sauver les nobles ; on disait aux prêtres : C'est lui seul qui vous poursuit ; sans lui, vous seriez paisibles et triomphants ; on disait aux fanatiques : C'est lui qui détruit la religion ; on disait aux patriotes persécutés : C'est lui qui l'a ordonné ou qui ne veut pas l'empêcher. On me renvoyait toutes les plaintes dont je ne pouvais faire cesser les causes, en disant : Votre sort dépend de lui seul (2)... »

Mais, au moment du 9 thermidor, avant que les thermidoriens se sentissent enveloppés dans les réseaux d'une réaction sanguinaire, de quoi accusaient-ils surtout Robespierre, Saint-Just, le Bas et Couthon ? D'avoir méprisé Marat, d'avoir voulu opérer la contre-révolution,

(1) Séance des Jacobins du 23 messidor de l'an II.
(2) Discours du 8 thermidor.

d'avoir ordonné l'arrestation du comité révolutionnaire de l'Indivisibilité, « le plus pur de Paris, » disait Billaud-Varennes, c'est-à-dire composé des hommes les plus violents et les plus féroces (1). Ainsi, pour disculper ces grandes victimes, il nous suffit des seules accusations de leurs ennemis.

Que leur reprochait Barère, dans son discours du 10 thermidor ? D'avoir voulu détruire le gouvernement révolutionnaire, d'avoir tenté de *remuer les prisons* et de rendre à l'aristocratie son influence. Puis, après avoir dépeint la situation des faubourgs, il ajoutait :

« Quelques aristocrates déguisés parlaient d'indulgence, comme si le gouvernement révolutionnaire n'avait pas repris plus d'empire par la résolution même dont il a été l'objet; comme si la force du gouvernement révolutionnaire n'était pas centuplée depuis que le pouvoir, remonté à sa source, a donné une âme plus énergique et des comités plus épurés. De l'indulgence! Il n'en est que pour l'erreur involontaire; mais les manœuvres des aristocrates sont des forfaits, et leurs erreurs ne sont que des crimes (2). »

Enfin, après avoir fait un crime à Robespierre d'avoir exercé le despotisme de la parole et dominé l'opinion publique ; après avoir insisté sur la complicité de Saint-Just, de Robespierre jeune, de le Bas et de Couthon, Barère prononça ces paroles, qu'il est bon de répéter pour l'édification du lecteur :

---

(1) Séances des 9 et 10 thermidor.
(2) Voyez ce discours de Barère reproduit en entier dans l'*Histoire parlementaire*, t. XXXIV, p. 79 et suiv.

« Étrange présomption de ceux qui *veulent arrêter le cours majestueux, terrible* de la Révolution française et faire reculer les destinées de la première des nations! »

Et ici, quand les thermidoriens accusent si hautement de modération Robespierre, Saint-Just et leurs amis, ils doivent être crus, car ils étaient loin de penser alors qu'ils travaillaient pour la contre-révolution, et que bientôt, pressés par elle, ils se verraient obligés de rejeter sur ces mêmes hommes la responsabilité de cette terreur dont ils revendiquaient à si bon droit le monopole.

Cela est donc bien constant et hors de doute : Robespierre, Saint-Just, Couthon, le Bas et tous ceux qui leur étaient dévoués voulaient le triomphe de la République d'après les principes de la morale et de l'éternelle justice; mais ils voulaient bannir du gouvernement l'arbitraire et l'oppression; mais ils ne voulaient pas que des ambitieux sanguinaires profitassent du désordre présent pour tourmenter des milliers de citoyens inoffensifs, et s'enrichir en tirant parti de la détresse générale accrue par leurs coupables manœuvres. Voilà ce qu'ils ont tenté. Si cette noble tentative a été la cause de leur défaite et de leur mort, que ce soit aussi leur justification devant l'histoire et leur plus beau titre de gloire à nos yeux.

CHAPITRE VI

Les repas civiques. — La pétition Magenthies. — Morale de Saint-Just et de ses amis. — Comment il défendit Robespierre. — Ce qu'a été leur dictature. — Fausse accusation de Barère. — Sous quelle impression il l'a intentée. — Réunion générale des Comités. — Attitude de Saint-Just. — Menées des thermidoriens. — Inaction de Robespierre et de Saint-Just. — Versatilité de Barère. — Le 8 thermidor. — Discours de Robespierre. — Effet produit. — Imprudente attaque contre Cambon. — Les Jacobins. — Nuit du 8 au 9 thermidor. — Saint-Just lutte seul au Comité contre ses collègues.

« Quel homme sur la terre a jamais défendu impunément les droits de l'humanité?.. Je trouve, au reste, pour mon compte, que la situation où les ennemis de la République m'ont placé n'est pas sans avantage; plus la vie des défenseurs de la liberté est incertaine et précaire, plus ils sont indépendants de la méchanceté des hommes. Entouré de leurs complots et de leurs assassins, je vis d'avance dans le nouvel ordre de choses où ils veulent m'envoyer; je ne tiens plus à mon existence passagère que par l'amour de la patrie et par la soif de la justice. Plus ils sont empressés de terminer ma carrière ici-bas, plus je sens le besoin de la remplir d'actions utiles au bonheur de mes semblables, et de laisser au moins au genre humain un testament dont la lecture fera pâlir les tyrans. »

Ainsi s'exprimait Robespierre, dans son discours du 7 prairial, œuvre de moralisation, s'il en fut jamais, dans laquelle, en essayant de rattacher la République à la religion naturelle des Voltaire et des Rousseau, il demandait hautement le rappel de la justice et de la liberté exilées. Ces sentiments si élevés, si dignes, si profondément *civilisateurs*, Saint-Just et le Bas les avaient professés dans leurs missions; pas une de leurs paroles qui ne soit la glorification éclatante de ce système d'honnêteté et de bonne foi dont ils étaient les apôtres, dont ils devaient être les martyrs. Ils n'allaient pas, séduisant la foule par des promesses chimériques et inexécutables. Rien d'imaginaire dans leurs conceptions, rien de fallacieux, rien d'impossible, rien qui ressemble à ces utopies désastreuses où la liberté humaine est sacrifiée à un désir immodéré d'égalité mal entendue. Tout est pratique chez Robespierre et Saint-Just; le roman dans la Révolution n'arrivera que plus tard, bien plus tard. Ils ne pouvaient concevoir l'égalité sans la liberté, et réciproquement. Aussi combattaient-ils tout ce qui, dans l'avenir, quand le gouvernement régulier eût fonctionné, aurait pu gêner l'une ou l'autre. La sévérité même avec laquelle ils n'ont cessé de poursuivre toutes les excentricités fatales à la Révolution, est une preuve qu'ils ne croyaient la République possible qu'autant qu'elle serait assise sur la raison, la décence et la modération. N'était-ce pas un des leurs, l'agent national Payan, qui, dans ce mois de messidor, engageait ses concitoyens à ne pas prendre part à ces absurdes repas civiques, imaginés par quelques rêveurs en délire, ou peut-être par une poignée d'intrigants salariés pour verser le ridicule sur la Révolution (1)? N'était-ce pas sous leur inspiration que, le 7 thermidor, une députation de la société des Jacobins venait dénoncer à l'Assemblée les misérables qui persécutaient les patriotes et la liberté, au nom même de la patrie, afin qu'elle ne parût puissante et formidable que contre ses enfants, ses amis et ses défenseurs; s'élevait avec indignation contre une pétition insensée, signée du nom de Magenthies, où, entre autres énormités, on demandait la peine de mort contre tout individu qui oserait prononcer ces mots : « Sacré nom de Dieu ; » et exprimait le vœu qu'en faisant trembler les traîtres, les fripons et les intrigants, la justice consolât et rassurât l'homme de bien (2).

Ces austères républicains, ennemis de tous les excès, marchaient entre l'aveugle indulgence qui aurait remis à des mains hostiles les destinées de la République, et les passions désorganisatrices de certains énergumènes dont les instincts destructeurs ne connaissaient pas de bornes. Ah! ce n'étaient pas des courtisans du peuple les hommes qui avaient frappé *le Père Duchesne*, qui avaient si rudement châtié l'insolence et les folies d'Euloge Schneider, et qui poursuivaient dans quelques représentants les continuateurs de ces déplorables révolutionnaires. L'âme de Saint-Just était trop fortement trempée pour se laisser saisir par l'enivrement d'une

(1) Discours de Payan au conseil général de la Commune, séance du 27 messidor.

(2) Voyez *le Moniteur* du 8 thermidor de l'an II, n° 307, séance du 8.

popularité de carrefour. Plus haut tendaient ses aspirations et était son but. Rien n'était méprisable à ses yeux comme cette méthode facile de s'attirer la faveur de la multitude, en flattant ses bas instincts. Et quand ils se dévouaient, ses amis et lui, pour fixer sur cette vieille terre gauloise ces institutions qui devaient assurer les droits de tous et amener pacifiquement, dans l'avenir, une plus juste répartition de la richesse nationale, ils prétendaient, non pas abaisser les sommités de la nation, mais élever les masses à la hauteur des grandes destinées qu'ils leur préparaient. De cette plèbe si méprisée jadis, et qu'ils avaient faite plus glorieuse et plus forte que ne le fut jamais aristocratie au monde, ils entendaient former la démocratie par excellence, le premier peuple de l'univers, marchant en tête des autres comme cette colonne de feu que la légende nous représente guidant les Hébreux dans le désert. Ces ouvriers, ces paysans, tous ces prolétaires oubliés, au sein desquels se retrempent incessamment les forces vives de la nation, ils voulaient les instruire, les moraliser, leur donner la conscience de leurs nouveaux droits et des devoirs qui s'y trouvaient rattachés ; ils les aimaient, en un mot, et c'est pour cela que le peuple gardera à leur mémoire un profond et éternel attachement.

S'il y eut un moment où Robespierre jouit, en effet, d'une sorte de dictature, ce fut à l'époque où il prononça les paroles placées en tête de ce chapitre, quand Boissy d'Anglas, homme d'indépendance et de courage, l'appelait « l'Orphée de la France. » Mais cette dictature était toute morale ; pour imposer à l'Assemblée il n'avait pas un soldat à sa disposition, et il fit bon marché de son ascendant, le jour où, désespéré de la ligue des intrigants et des fripons, ligue formidable et menaçante, il déserta si imprudemment la Convention et les Comités. Pendant qu'il était resté à l'écart, entièrement retiré des affaires publiques, et laissant à ses ennemis l'usage de l'arme terrible qu'il eût fallu manier avec tant de discrétion et de sagesse, la loi du 22 prairial, les accusations de tyrannie n'avaient cessé de pleuvoir sur lui. Avec quelle délicatesse d'expression, avec quelle élévation de sentiments, Saint-Just, qui, durant tout un mois, avait lutté contre les véritables dictateurs, défendait, dans son discours du 8 thermidor, son ami outragé et calomnié :

« L'homme éloigné du Comité par les plus amers traitements, lorsqu'il n'était plus, en effet, composé que de deux ou trois membres présents, cet homme se justifie devant vous ; il ne s'explique point, à la vérité, assez clairement, mais son éloignement et l'amertume de son âme peuvent l'excuser en quelque sorte ; il ne sait point l'histoire de sa persécution, il ne connaît que son malheur. On le constitue en tyran de l'opinion. Il faut que je m'explique là-dessus et que je porte la flamme sur un sophisme qui tendrait à faire proscrire le mérite. Et quel droit exclusif avez-vous sur l'opinion, vous qui trouvez un crime dans l'art de toucher les âmes ? Trouvez-vous donc mauvais que l'on soit sensible ? Êtes-vous donc de la cour du roi Philippe, vous qui faites la guerre à l'éloquence ? Un tyran de l'opinion ! Qui vous empêche de disputer l'estime de la patrie, vous qui trouvez mauvais qu'on la captive ? Il n'est point de despote au monde, si ce n'est Richelieu, qui se soit offensé de la célébrité d'un écrivain. Est-il un triomphe plus désintéressé ? Caton aurait chassé de Rome le mauvais citoyen qui eût appelé l'éloquence, dans la tribune aux harangues, le tyran de l'opinion. Personne n'a le droit de stipuler pour elle; elle se donne à la raison, et son empire n'est pas le pouvoir des gouvernements...

» Le droit d'intéresser l'opinion publique est un droit naturel, imprescriptible, inaliénable ; et je ne vois d'usurpateurs que parmi ceux qui tendraient à opprimer ce droit. Avez-vous des orateurs sous le sceptre des rois? Non, le silence règne autour des trônes; ce n'est que chez les peuples libres qu'on a souffert le droit de persuader ses semblables ; n'est-ce point une arène ouverte à tous les citoyens? Que tous se disputent la gloire de se perfectionner dans l'art de bien dire, et vous verrez rouler un torrent de lumière qui sera le garant de notre liberté, pourvu que l'orgueil soit banni de notre République. Immolez ceux qui sont les plus éloquents, et bientôt on arrivera jusqu'à celui qui les enviait, et qui l'était le plus après eux... On dit aujourd'hui à un membre du souverain : Vous n'avez pas le droit d'être persuasif...»

Cette banale accusation de tyrannie, qui fut le cri de ralliement des thermidoriens, enveloppait aussi Saint-Just et Couthon. Étranges dictateurs, en effet, que ces hommes dont toute l'influence consistait dans la faveur de l'opinion publique, cette opinion si inconstante et qui, à leur égard, changea si brusquement du jour au lendemain. Étranges dictateurs, qui, pouvant former un pouvoir au sein du Comité de Salut public, puisqu'il suffisait de trois signatures, ce qui paraissait monstrueux à Saint-Just, n'ont pas essayé de contre-balancer « l'autorité extrême de quelques membres restés seuls (1). » Sur les innombrables arrêtés du Comité de Salut public,

---

(1) Dernier discours de Saint-Just.

il n'y en a pas dix qui portent les trois seules signatures de Robespierre, de Saint-Just et de Couthon réunies Cependant, le triumvirat est passé, pour ainsi dire, en force de chose jugée, et de longues années se passeront, sans doute, encore avant qu'on parvienne à extirper ce préjugé si profondément enraciné.

Quelques historiens ont vu dans Saint-Just l'étoffe d'un despote plutôt que celle d'un républicain ; ils se sont étrangement trompés. Sa roideur était toute républicaine et n'avait rien de monarchique ; sa fierté était celle de ce représentant de Genève, qui répondait à je ne sais plus quel ambassadeur de France, se vantant de représenter le roi, *son maître* : « Et moi, je représente mes *égaux*. » Quoi qu'il en soit, on s'est très-gratuitement imaginé que Saint-Just, ne se sentant pas de taille à poser sur sa tête la couronne dictatoriale, tenta de la placer sur le front de Robespierre et demanda purement et simplement au Comité de Salut public d'abdiquer tous ses pouvoirs et de les résigner entre les mains « du seul homme capable de sauver la France. » La moindre étude du caractère de Saint-Just, et surtout de la situation des partis à cette époque, eût empêché ces historiens de tomber dans une pareille erreur ; mais on voulait dramatiser son œuvre, intéresser le lecteur, et, sur la foi d'un ancien membre du Comité, on a accepté le fait sans discuter. Examinons donc le pitoyable roman de Barère ; il n'en restera rien, absolument rien, quand nous l'aurons passé au creuset d'une courte et rapide discussion.

Un jour, bien longtemps après thermidor, cet astucieux Barère s'est, à coup sûr, demandé ce que la postérité penserait de son attitude dans cette journée, ce qu'elle penserait de l'appui qu'il avait prêté aux thermidoriens, quand, la veille encore, il faisait un si magnifique éloge de Robespierre et disait à Couthon : « Si l'on t'attaque, je te défendrai. » Il écrivit alors les pages de ses Mémoires, où, se drapant dans une farouche incorruptibilité républicaine et un stoïcisme de parade, il dépeint l'indignation dont ils furent tous saisis à une proposition faite par Saint-Just d'investir Robespierre d'une dictature suprême. Il cite même un petit discours qu'aurait tenu Saint-Just, effort de mémoire fort étonnant de la part d'un homme qui a dénaturé les faits les plus simples et les mieux connus. Mais il a le tort de commencer par une erreur matérielle et grossière, en plaçant la scène dans les premiers jours de messidor, quand Saint-Just était alors à l'armée, fort ignorant de ce qui se passait à Paris ; puis, par une inconséquence inouïe, il ajoute : « Trois jours après, le 8 thermidor, les *dictatoriaux* dressèrent leurs batteries à la Convention (1). » Évidemment, il fait allusion à la réunion des Comités dont parle Saint-Just dans son dernier discours, réunion qui eut lieu peu de temps avant le 9 thermidor, et sur laquelle nous reviendrons tout à l'heure. Mais, si Saint-Just s'était exprimé comme l'a écrit Barère, et s'il avait prononcé le mot de dictature, comment les thermidoriens, qui criaient tant à la tyrannie, n'en auraient-ils rien dit ? Comment ne se seraient-ils pas fait une arme de cette parole mal sonnante, quand c'eût été la légitimation de leur coup d'État et leur absolution devant l'histoire ? Mais c'eût été une bonne fortune pour eux ! et Barère, qui parla si longuement après le crime accompli, et Billaud-Varennes, et Collot-d'Herbois et tous les autres conjurés de thermidor n'eussent pas manqué de rappeler cette imprudente proposition. Or, ils n'en ont pas parlé, et

---

(1) *Mémoires* de Barère, t. II, p. 215 et suiv.

pourtant ils ont arrangé *le Moniteur* après coup, à leur fantaisie. Enfin, quand le 3 germinal de l'an III, Prieur (de la Côte-d'Or) et Ruhl, qui avaient été présents à cette réunion, en évoquèrent le souvenir, ils dirent seulement que Saint-Just avait fait un pompeux éloge de Robespierre attaqué par Amar et par Vadier (1). On le voit donc, cette idée de dictature proposée par Saint-Just n'a germé que longtemps après dans la tête de Barère, qui s'en est servi comme du plus honorable moyen d'expliquer sa conduite au 9 thermidor.

Il y eut, en effet, le 4 ou le 5, une réunion extraordinaire des Comités de Salut public et de Sûreté générale ; et, d'après les assertions mêmes de plusieurs membres de ces Comités, comparées au dernier discours de Saint-Just, on peut se rendre parfaitement compte de ce qui s'y passa. Le témoignage du *Moniteur*, organe des thermidoriens, est suffisant ici, et, par conséquent, irrécusable. Il y eut, de part et d'autre, des récriminations pleines d'amertume. Robespierre était présent : c'était la première fois, depuis plus d'un mois, qu'il assistait à une séance des Comités. En se rendant à la convocation de ses collègues, il espérait, sans doute, qu'une réconciliation serait le résultat de cette réunion, et qu'on éviterait ainsi un nouveau déchirement, fatal à la République ; sans cela, il se serait abstenu. Mais il fut l'objet des attaques très-vives de quelques-uns des membres du Comité de Sûreté générale, dont il avait dénoncé les impurs agents à la tribune des Jacobins ; il se défendit avec beaucoup d'acrimonie ; les haines s'envenimèrent davantage. Saint-Just prit alors la parole en faveur de Robespierre, et termina en disant : « Tout ce qui ne

---

(1) Voyez *le Moniteur* du 7 germinal de l'an III, n° 187.

ressemblera pas au pur amour du peuple et de la liberté aura ma haine. »

Le lendemain eut lieu une seconde réunion générale. Saint-Just parla de nouveau. Il adjura ses collègues de s'expliquer avec franchise, et fit un appel à la conciliation. Ah ! si ce noble appel avait été entendu, trop heureuses eussent été les destinées de la République! Du nord au midi, de l'est à l'ouest, elle était partout triomphante, et le drapeau tricolore flottait à Anvers et à Bruxelles. C'était l'heure où Chénier, dans un élan de patriotique enthousiasme, trouvait cette magnifique inspiration qui s'appelle le *Chant du départ*, et qu'a immortalisée la musique de Méhul. C'était alors qu'on pouvait dire, avec plus de vérité que jamais : « La République est comme le soleil : aveugle qui ne la voit pas! » Hélas, tout fut remis en question par de déplorables malentendus; et cette République, invincible sur ses frontières, allait se déchirer de ses propres mains. C'est bien sur quoi comptait l'ennemi. Saint-Just ne manqua pas d'en avertir ses collègues. Il leur dit qu'un officier suisse, fait prisonnier devant Maubeuge et interrogé par Guyton-Morveau, par Laurent et par lui, les avait informés que les souverains étrangers n'espéraient plus, pour triompher, que dans la destruction de ce gouvernement révolutionnaire qui, en quatorze mois, avait accompli tant de prodiges. Puis, comme certains membres persistaient à diriger de perfides allusions à de prétendus projets de dictature prêtés à Robespierre, il ajouta « que, la République manquant de ces institutions d'où résultaient les garanties, on tendait à dénaturer l'influence des hommes qui donnaient de sages conseils, pour les constituer en état de tyrannie; que c'était sur ce plan que marchait l'étranger, d'après les notes mêmes qui étaient sur le tapis ; qu'*il ne connaissait point de dominateur qui ne se fût emparé d'un grand crédit militaire, des finances et du gouvernement, et que ces choses n'étaient point dans les mains de ceux contre lesquels on insinuait des soupçons* (1). »

Couthon, le Bas et David appuyèrent les paroles de Saint-Just. Un moment on put croire à une réconciliation. Billaud-Varennes lui-même s'approcha de Robespierre, et lui dit : « Nous sommes tes amis, nous avons toujours marché ensemble. » Mais ces paroles furent comme le baiser de Judas. « Elles firent tressaillir mon cœur, » avouait Saint-Just dans son discours du 9 thermidor, et il ajoutait : « La veille, il le traitait de *Pisistrate*, et avait tracé son acte d'accusation ! Il est des hommes que Lycurgue eût chassés de Lacédémone sur le sinistre caractère et la pâleur de leur front ; et je regrette de n'avoir plus vu la franchise ni la vérité céleste sur le visage de ceux dont je parle. »

Les espérances de raccommodement furent anéanties dès le lendemain de cette seconde réunion. Saint-Just avait bien été chargé par ses collègues de rédiger un rapport sur la situation, mais ce fut précisément ce qui inquiéta les quatre ou cinq députés désignés à la vindicte publique par Robespierre et ses amis. Aussi les Tallien, les Rovère, les Fouché, les Fréron, les Carrier, tous ceux qui se sentaient la conscience chargée de crimes, tous ceux dégouttant de meurtres ou de rapines, s'empressèrent d'aller chez l'un, chez l'autre, criant qu'on voulait sacrifier une partie de l'Assemblée, et variant leurs discours suivant l'opinion des membres auxquels ils s'adressaient. Cependant Robespierre et Saint-Just restaient

(1) Discours de Saint-Just du 9 thermidor.

inactifs. Tandis que l'orage grondait ainsi autour d'eux et s'avançait comme une marée montante, ils attendaient patiemment l'heure du combat légal, n'ayant pour alliés que quelques amis dévoués, pour armes que leur parole et leur conscience, se reposant du reste sur la sagesse de l'Assemblée et la justice de leur cause. Car tout leur espoir était dans la Convention pour laquelle ils professaient le plus profond respect; la preuve en est dans ces paroles de Barère, dont le témoignage ici ne saurait être suspect, quand, le 7 thermidor, faisant allusion à quelques propos tenus la veille dans un groupe de citoyens réunis autour de l'Assemblée, entre autres à celui-ci : « Il faut faire un 31 mai, » il disait : « Un représentant du peuple, qui jouit d'une réputation patriotique méritée par cinq années de travaux et par ses principes imperturbables d'indépendance et de liberté, a réfuté avec chaleur les propos contre-révolutionnaires que je viens de vous dénoncer; il a prouvé dans la société populaire que c'était bien mériter de la patrie d'arrêter les citoyens qui se permettraient des propos aussi intempestifs (1). »

Mais Barère changea avec le succès. Comme il arrive trop souvent, la puissance de l'intrigue l'emporta sur la vertu. Des hommes qui jouissaient d'une grande importance craignirent de la perdre, et ils prirent fait et cause pour les ennemis de Robespierre, dont ils jalousaient la popularité. Depuis quatre décades que celui-ci leur avait laissé le champ libre, ils avaient trop subi l'empoisonnement du pouvoir pour ne pas s'unir contre l'homme qui allait demander à la Convention de reprendre en main la direction suprême du gouvernement. Et ils re-

---

(1) Voyez le *Moniteur* du 8 thermidor an II, n° 308, et le t. XXXIII de l'*Histoire parlementaire*, p. 404 et 405.

doutaient tant l'influence que cet homme, en se montrant, devait retrouver sur l'Assemblée et sur le peuple, qu'ils ne purent espérer de l'abattre qu'en le sapant à force de calomnies et de mensonges. Tel était l'état des choses, quand, le 8 thermidor, Robespierre reparut à la Convention et monta à cette tribune où depuis si longtemps sa parole n'avait pas retenti.

« Citoyens, dit-il en commençant, que d'autres vous tracent des tableaux flatteurs, je viens vous dire des vérités utiles. Je ne viens point réaliser des terreurs ridicules répandues par la perfidie; mais je veux étouffer, s'il est possible, les flambeaux de la discorde par la seule force de la vérité. Je vais défendre devant vous votre autorité outragée et la liberté violée. Je me défendrai aussi moi-même; vous n'en serez point surpris; vous ne ressemblez point aux tyrans que vous combattez. Les cris de l'innocence outragée n'importunent point votre oreille, et vous n'ignorez pas que cette cause ne vous est pas étrangère. »

Après cet exorde, l'orateur démontre la supériorité de la Révolution française, dont l'unique but était l'établissement de la morale et de la justice, sur toutes les révolutions mentionnées dans l'histoire, et dont l'ambition avait presque toujours été l'unique mobile. Démasquant ensuite les ennemis de la République, qui essayaient de la déshonorer par des excès, sous prétexte de la servir, il montre le triomphe des scélérats condamnant les bons citoyens au silence. Sa pensée n'est point d'intenter d'accusation particulière : loin de là, il veut étouffer les ferments de discorde, et demande à l'Assemblée de réprimer les abus qui les ont fait naître. Il proteste de son ardent dévouement pour la Convention; et rappelle qu'il a toujours été comme elle le point de mire de tous les partis hostiles à la Révolution. Cependant on les peint comme redoutables aux patriotes, ses amis et lui, quand ils ne cessent de réclamer la liberté des patriotes injustement détenus.

« Est-ce nous, s'écrie-t-il, qui les avons plongés dans les cachots? Est-ce nous qui avons porté la terreur dans toutes les conditions? Ce sont les monstres que nous avons accusés. Est-ce nous qui, oubliant les crimes de l'aristocratie et protégeant les traîtres, avons déclaré la guerre aux citoyens paisibles, érigé en crimes ou des préjugés incurables, ou des choses indifférentes, pour trouver partout des coupables et rendre la Révolution redoutable au peuple même? Ce sont les monstres que nous avons accusés. Est-ce nous qui, recherchant des opinions anciennes, fruit de l'obsession des traîtres, avons promené le glaive sur la plus grande partie de la Convention nationale, demandions, dans les sociétés populaires, la tête de six cents représentants du peuple? Ce sont les monstres que nous avons accusés. Aurait-on déjà oublié que nous nous sommes jetés entre eux et leurs perfides adversaires? »

Robespierre faisait allusion ici aux soixante-treize députés girondins qu'il était parvenu à sauver de la fureur des enragés. Et que répondaient les Amar, les Vadier et les Voulland à cette vive et amère critique de la terreur? Que parmi les milliers d'individus emprisonnés, il n'y avait pas un patriote sur douze cents. Mais ce que reprochaient avec tant de raison Robespierre, Saint-Just et Couthon à tous ces suppôts de la terreur, c'était « de trouver partout des coupables » et d'incarcérer avec une déplorable légèreté une foule de gens inoffensifs.

Puis, l'orateur se plaignait de ce système affreux de calomnie à l'aide duquel on était parvenu à effrayer un certain nombre de représentants en leur persuadant que leur perte était résolue ; et, revenant alors sur les soixante-treize Girondins dont le salut lui était imputé à crime, il disait :

« Ah! certes, lorsque, au risque de blesser l'opinion publique, ne consultant que les intérêts sacrés de la patrie, j'arrachais seul à une décision précipitée ceux dont les opinions m'auraient conduit à l'échafaud, si elles avaient triomphé; quand, dans d'autres occasions, je m'exposais à toutes les fureurs d'une faction hypocrite, pour réclamer les principes de la stricte équité envers ceux qui m'avaient jugé avec plus de précipitation, j'étais loin, sans doute, de penser que l'on dût me tenir compte d'une pareille conduite ; j'aurais trop mal présumé d'un pays où elle aurait été remarquée et où l'on aurait donné des noms pompeux aux devoirs les plus indispensables de la probité ; mais j'étais encore plus loin de penser qu'un jour on m'accuserait d'être le bourreau de ceux envers qui je les ai remplis, et l'ennemi de la représentation nationale que j'avais servie avec dévouement; je m'attendais bien moins encore qu'on m'accuserait à la fois de vouloir la défendre et de vouloir l'égorger. Quoi qu'il en soit, rien ne pourra jamais changer ni mes sentiments ni mes principes... Je ne connais que deux partis : celui des bons et des mauvais citoyens ; le patriotisme n'est point une affaire de parti, mais une affaire de cœur; il ne consiste ni dans l'insolence, ni dans une fougue passagère, qui ne respecte ni les principes, ni le bon sens, ni la morale, encore moins dans le dévouement aux intérêts d'une faction. Le cœur flétri par l'expérience de tant de trahisons, je crois à la nécessité d'appeler surtout la probité et tous les sentiments généreux au secours de la République. Je sens que partout où l'on rencontre un homme de bien, en quelque lieu qu'il soit assis, il faut lui tendre la main, et le serrer contre son cœur. Je crois à des circonstances fatales, dans la Révolution, qui n'ont rien de commun avec les desseins criminels ; je crois à la détestable influence de l'intrigue et surtout à la sinistre puissance de la calomnie. Je vois le monde peuplé de dupes et de fripons ; mais le nombre des fripons est le plus petit : ce sont eux qu'il faut punir des crimes et des malheurs du monde. »

Après ce morceau d'une si mâle et si entraînante éloquence, Robespierre repousse de toutes ses forces, et avec des arguments sans réplique, cet absurde reproche de dictature que ne cessent de lui jeter à la tête tous les ennemis avoués ou secrets de la Révolution, reproche moins injurieux pour lui, qui le dédaigne, que pour la Convention, qu'on paraît croire soumise aux volontés d'un seul homme.

« Comment croire, dit-il, qu'un citoyen français, digne de ce nom, puisse abaisser ses vœux jusqu'aux grandeurs coupables et ridicules qu'il a contribué à foudroyer ?... Ah ! elle existe, poursuit-il, je vous l'atteste, âmes sensibles et pures, elle existe cette passion tendre, impérieuse, irrésistible, tourment et délices des cœurs magnanimes ; cette horreur profonde de la tyrannie, ce zèle compatissant pour les opprimés, cet amour sacré de la patrie ; cet amour plus sublime et plus saint de l'humanité, sans lequel une grande révolution n'est qu'un crime éclatant qui détruit un autre crime ; elle existe, cette ambition généreuse de fonder sur la terre la première république du monde ; cet égoïsme des hommes non dégradés qui trouvent une volupté céleste dans le calme d'une conscience pure et dans le spectacle ravissant du bonheur public. Vous le sentez, en ce moment, qui brûle dans vos âmes ; je le sens dans la mienne... Ils m'appellent tyran. Si je l'étais, ils ramperaient à mes pieds, je les gorgerais d'or, je leur assurerais le droit de commettre tous les crimes, et ils seraient reconnaissants ! Si je l'étais, les rois que nous avons vaincus, loin de me dénoncer (quel tendre intérêt ils prennent à notre liberté !) me prêteraient leur coupable appui ; je transigerais avec eux. Dans leur détresse, qu'attendent-ils, si ce n'est le secours d'une faction protégée par eux, qui leur vende la gloire et la liberté de notre pays ? On arrive à la tyrannie par le secours des fripons ; où courent ceux qui les combattent ? Au tombeau et à l'immortalité. Quel est le tyran qui me protége ; quelle est la faction à qui j'appartiens ? C'est vous-mêmes, c'est le peuple, ce sont les principes. Voilà la faction à laquelle je suis voué, et contre laquelle tous les crimes sont ligués. »

Il se demande ensuite quels sont les hommes qui doivent l'emporter, de ceux qui parlent sans cesse au nom de la raison, ou de ceux qui poursuivent le peuple dans la personne de ses défenseurs, corrompent la morale publique, sont toujours en deçà ou au delà de la vérité et prêchent tour à tour la modération perfide de l'aristocratie et la fureur des faux démocrates ; et, après avoir tracé le tableau des outrages dont il est abreuvé depuis quelque temps, il pousse ce cri douloureux du juste calomnié : « Otez-moi ma conscience, je suis le plus malheureux des hommes. » Nous avons cité déjà les passages de son discours où il dépeint les manœuvres affreuses employées pour le présenter comme l'auteur de toutes les atrocités commises par ses ennemis mêmes. Ce qui en ressort clairement, c'est qu'il ne veut pas, non plus que Saint-Just, l'abolition du gouvernement révolutionnaire et des mesures sévères commandées par la fatalité des circonstances; mais il veut, il le répète sans cesse, que la justice nationale ne s'égare pas et frappe à tort et à travers, trompée par des ennemis couverts d'un masque de patriotisme.

Après avoir fait, avec lyrisme, l'éloge du décret relatif à l'Être suprême, et rappelé que l'intrigue et les factions s'étaient plus remuées depuis ce jour, que de cette époque dataient les tentatives d'assassinat et les plus criminelles calomnies, il se plaint amèrement d'avoir été l'objet de grossières insultes, de la part de quelques représentants du peuple, le jour même de la fête ordonnée par ce décret. Suivant lui, l'affaire de cette malheureuse Catherine Théot n'a été imaginée que pour jeter du ridicule sur cette fête célèbre. Il blâme énergiquement alors la persécution « aussi atroce qu'impolitique » dirigée contre les esprits faibles ou crédules, imbus de quelque ressouvenir superstitieux. Puis il accuse, avec une vérité qui n'est pas contestable quand on songe que, sous la Restauration, certains hommes se sont vantés d'avoir poussé à tous les excès pour abîmer plus vite la Révolution, il accuse les auteurs de ces excès d'être les mêmes que ceux qui déclament contre le gouvernement et qui prodiguent les attentats pour en accuser le Comité de Salut public. Il se plaint ensuite de ce que la trésorerie nationale a suspendu les payements, et dénonce le nouveau système de finances comme de nature à mécontenter les petits créanciers de l'État. Après avoir peint, comme s'il avait la prescience de l'avenir, tous les lâches qui tantôt lui prêtaient les vertus de Caton et tantôt étaient prêts à le dénoncer comme un Catilina ; après avoir établi que depuis six semaines il avait été absolument étranger à tous les actes du gouvernement, il ajoute :

« En voyant la multitude des vices que le torrent de la Révolution a roulés pêle-mêle avec les vertus civiques, j'ai craint quelquefois, je l'avoue, d'être souillé aux yeux de la postérité par le voisinage impur des hommes pervers qui s'introduisent parmi les sincères amis de l'humanité, et je m'applaudis de voir la fureur des Verrès et des Catilinas de mon pays tracer une ligne profonde de démarcation entre eux et tous les gens de bien. J'ai vu dans l'histoire tous les défenseurs de la liberté accablés par la calomnie ; mais leurs oppresseurs sont morts aussi. Les bons et les mauvais disparaissent de la terre, mais à des conditions différentes. »

Il déclare ensuite qu'il faut ramener le gouvernement révolutionnaire à son principe ; diminuer la foule innombrable de ses agents ; les épurer surtout, de façon à rendre la sécurité au peuple, non à ses ennemis, par l'intégrité de ceux à qui est confiée la justice nationale ; qu'en conséquence, il faut punir sévèrement ceux qui abusent des principes révolutionnaires pour vexer les citoyens. Selon lui, il y a eu conspiration de la part de tous ceux qui, soit par ambition personnelle, soit par haine déguisée, sont parvenus à exaspérer une foule de citoyens contre le gouvernement et la Convention, et leurs complices sont tous les agents criminels dont on se sert pour causer le mal. Il engage donc l'Assemblée à reprendre en main la direction suprême de la République.

« Laissez flotter un moment les rênes de la Révolution, dit-il, vous verrez le despotisme militaire s'en emparer et le chef des factions renverser la représentation nationale avilie. Un siècle de guerre civile désolera notre patrie, et nous périrons pour n'avoir pas voulu saisir un moment marqué dans l'histoire des hommes pour fonder la liberté ; nous livrerons notre patrie à un siècle de calamités, et les malédictions du peuple s'attacheront à notre mémoire, qui devait être chère au genre humain. Nous n'aurons pas même le mérite d'avoir entrepris de grandes choses par des motifs vertueux. On nous confondra avec les indignes mandataires du peuple qui ont déshonoré la représentation nationale, et nous partagerons leurs forfaits en les laissant impunis. L'immortalité s'ouvrait devant nous, nous périrons avec ignominie... Quelle justice avons-nous faite envers les oppresseurs du peuple? poursuit Robespierre. Quels sont les patriotes opprimés par les plus odieux abus de l'autorité nationale qui ont été vengés? Que dis-je? quels sont ceux qui ont pu faire entendre impunément la voix de l'innocence opprimée? Les coupables n'ont-ils pas établi cet affreux principe que dénoncer un représentant infidèle, c'est conspirer contre la représentation nationale? L'oppresseur répond aux opprimés par l'incarcération et de nouveaux outrages. Cependant, les départements où les crimes ont été commis, les ignorent-ils, parce que nous les oublions? et les plaintes que nous repoussons ne retentissent-elles pas avec plus de force dans les cœurs comprimés des citoyens malheureux?... »

On comprend qu'à ces accents accusateurs de la vertu indignée, les Tallien, les Fréron, les Barras, les Bourdon, les Fouché, les Dumont et tous ceux qui se sentaient atteints par ces brûlantes paroles, aient frémi et dès lors conspiré la mort de celui qui leur reprochait si énergiquement leurs infamies.

« Peuple, disait Robespierre en terminant, souviens-toi que si, dans la République, la justice ne règne pas avec un empire absolu, et si ce mot ne signifie pas l'amour de l'égalité et de la patrie, la liberté n'est qu'un vain mot. Peuple, toi que l'on flatte et que l'on méprise ; toi, souverain reconnu, qu'on traite toujours en esclave, souviens-toi que partout où la justice ne règne pas, ce sont les passions des magistrats, et que le peuple a changé de chaînes et non de destinées.

» Souviens-toi qu'il existe dans ton sein une ligue de fripons, qui lutte contre la vertu publique, qui a plus d'influence que toi-même sur tes propres affaires, qui te redoute et te flatte en masse, mais te proscrit en détail dans la personne de tous les bons citoyens... Sache que tout homme qui s'élèvera pour défendre ta cause et la morale publique, sera accablé d'avanies et proscrit par les fripons ; sache que tout ami de la liberté sera toujours placé entre un devoir et une calomnie ; que ceux qui ne pourront être accusés d'avoir trahi, seront accusés d'ambition ; que l'influence de la probité et des principes sera comparée à la force de la tyrannie et à la violence des passions ; que ta confiance et ton estime seront des titres de proscription pour tes amis. Tel est l'empire des tyrans armés contre nous, telle est l'influence de leur ligue avec tous les hommes corrompus, toujours portés à les servir. Ainsi donc les scélérats nous imposent la loi de trahir le peuple, à peine d'être appelés dictateurs. Souscrirons-nous à cette loi? Non; défendons le peuple, au risque d'en être estimés; qu'ils courent à l'échafaud par la route du crime, et nous par celle de la vertu... »

Il concluait enfin, sans nommer personne (ce fut là son plus grand tort), en disant qu'il existait une coalition criminelle au sein même de la Convention; que cette coalition avait des complices dans le Comité de Sûreté générale, dans les bureaux de ce Comité et que des membres du Comité de Salut public y étaient également entrés. Il proposait donc de punir les traîtres, de renouveler les bureaux du Comité de Sûreté générale, d'épurer le Comité lui-même et de le subordonner au Comité de Salut public; d'épurer ce dernier Comité, et de constituer l'unité du gouvernement sous l'autorité suprême de la Convention nationale, centre et juge de tout, pour élever sur les ruines des factions la puissance de la justice et la liberté (1).

Tel est, en résumé, cet immense et important manifeste. Nous avons dû l'analyser avec quelques détails, parce que le discours prononcé le lendemain par Saint-Just n'en fut que le développement pratique, et que, d'ailleurs, au moment où nous en sommes, l'existence de Saint-Just et celle de Robespierre se trouvent unies par des liens si étroits, qu'il est impossible de séparer leurs actes et leurs paroles.

La sensation fut profonde dans l'Assemblée, et l'agita-

(1) Ni ce discours, ni celui de Saint-Just ne se trouvent au *Moniteur*. Ils sont, l'un et l'autre, reproduits dans l'*Histoire parlementaire de la Révolution française*, par MM. Buchez et Roux; le premier, dans le t. XXXIII, p. 406 et suiv.; le second, dans le t. XXXIV, p. 6 et suiv.

tion prolongée. La demande d'impression du discours, proposée par Lecointre (de Versailles), fut vivement discutée. Combattue par Bourdon (de l'Oise) et Billaud-Varennes, soutenue par Barère et par Couthon, elle fut enfin votée à une immense majorité. Mais le décret d'envoi aux communes, qui avait été rendu en même temps, fut rapporté à la fin de la séance.

Il ne faut pas chercher dans *le Moniteur* une appréciation exacte des débats qui eurent lieu dans les journées du 8 et du 9 thermidor; les thermidoriens, nous l'avons dit déjà, ont arrangé à leur guise le compte rendu qui eût été tout autre si Robespierre l'avait emporté. Mais il résulte de la lecture des journaux qui ont parlé de cette séance du 8, avant qu'on supposât qu'elle dût être si rapidement suivie de la chute de Saint-Just et de Robespierre, qu'elle fut pour celui-ci un dernier triomphe; triomphe qui aurait été complet, sans nul doute, si son discours n'eût pas été plein de ce vague fatal que, le lendemain, Saint-Just ne manqua pas de lui reprocher. Une autre faute non moins grave fut d'avoir critiqué trop amèrement le système de finances adopté. Ce n'était pas là le lieu. Un sentiment d'amour-propre froissé jeta Cambon dans les rangs des thermidoriens, dont il devint involontairement l'auxiliaire. Sous l'attaque intempestive de Robespierre, il bondit comme un lion blessé, et sa vive défense, bien plus que les déclamations de quelques représentants, méprisables et méprisés, contribua à faire rapporter le décret d'envoi du discours de Robespierre à toutes les communes de France.

Dans une telle situation, sans précédents dans l'histoire, et où une question de vie ou de mort était en jeu, il eût été indispensable de laisser de côté toute réticence, et de désigner clairement, hautement les quelques députés qui avaient démérité de la patrie, de la justice et de l'humanité. Les membres qui se savaient menacés profitèrent habilement de cette faute irréparable, ils colportèrent de prétendues listes de proscription; parvinrent à mettre dans leur ligue les membres des comités dont la conduite avait été l'objet des critiques de Robespierre, et passèrent toute la nuit à recruter des alliés dans cette masse de représentants incolores composant ce qu'on appelait le *marais*, toujours prête à se donner au parti qui paraissait le plus fort, et dont le vote seul pourtant pouvait décider la victoire.

Tandis que ses ennemis se préparaient ainsi, non à la lutte, mais à l'assassinat du lendemain, Robespierre se contentait de relire son discours aux Jacobins qui l'accueillaient avec un indescriptible enthousiasme. Et ensuite, comme s'il eût été saisi par un funèbre pressentiment, et s'il faut en croire une tradition très-accréditée, il leur dit : « Frères et amis, c'est mon testament de mort que vous venez d'entendre... Jamais je ne me suis senti plus ému en vous parlant, car il me semble que je vous adresse mes adieux... Vous verrez avec quel calme je boirai la ciguë (1). » — « Je la boirai avec toi ! » s'écria alors David. Mais le lendemain, la ciguë parut amère, et l'on repoussa le calice.

Hâtons-nous de dire que ces appréhensions ne sont guère d'accord avec la réponse faite par Robespierre à son hôte Duplay, qui lui témoignait quelque inquiétude

(1) Nous devons prévenir le lecteur que ces détails ne se trouvent dans aucun document de l'époque; ils ont été transmis sur la foi de quelques témoins. Quant à la célèbre exclamation de David, c'est parce qu'elle n'a jamais été démentie, je crois, par l'illustre peintre, que nous lui avons donné place dans cette histoire.

au sujet de la prochaine séance de la Convention : « La masse de l'Assemblée est pure; rassure-toi, je n'ai rien à craindre. » Robespierre, en effet, devait compter sur la sagesse et l'impartialité de la majorité de la Convention; et celle-ci ne tourna contre lui et ses amis que par un de ces retours subits et inexplicables qui dérangent toutes les prévisions humaines. Ce qu'il y a de certain, au témoignage même des thermidoriens, c'est qu'il fut, aux Jacobins, l'objet d'une bruyante ovation, et que Billaud-Varennes et Collot-d'Herbois, qui assistaient à la séance, en furent honteusement chassés.

Furieux, ces derniers se rendirent au Comité de Salut public, où se trouvaient en séance presque tous leurs collègues des Comités de Salut public et de Sûreté générale. Saint-Just était présent; indifférent au bruit qui se faisait autour de lui, il achevait de rédiger son rapport. Il était alors près de minuit. Que se passa-t-il? Nous n'en savons que ce qu'ont bien voulu dire les thermidoriens qui ne se sont pas fait faute de peindre les choses sous le jour le plus favorable pour eux. A cette heure, ils devaient être assurément fort inquiets; car rien, dans la journée du 8, n'avait été de nature à leur présager leur triomphe inespéré du lendemain. En voyant Saint-Just écrire, leur crainte dut s'accroître encore, et il fut tout naturel de leur part de lui demander communication du rapport qu'il préparait. Tout cela est fort croyable jusqu'ici; voici qui l'est moins. Suivant quelques-uns des vainqueurs de thermidor, Collot-d'Herbois aurait pris Saint-Just à partie, l'aurait accusé de vouloir les faire assassiner et lui aurait dit avec un doute plein d'anxiété, ce qui est assez remarquable et prouve que les thermidoriens redoutaient encore le bon sens de la Convention : « *Peut-être*, nous parviendrons à vous démasquer. »

Barère se prête des paroles superbes qu'il n'a certainement pas prononcées. Sur quoi, Saint-Just, interdit, aurait tiré de sa poche et déposé sur la table « quelques papiers » que chacun se serait refusé à lire ; chose tout à fait invraisemblable. Reprenant alors son rapport, il aurait promis de le soumettre le lendemain à ses collègues, avant d'en donner lecture à la Convention, et de le sacrifier s'ils ne l'approuvaient pas. Je cite, pour mémoire seulement, de prétendues voies de fait auxquelles Collot-d'Herbois se serait livré sur Saint-Just, et dont celui-ci, dans son rapport, n'eût pas manqué de faire un texte d'accusation contre son collègue, si, en effet, ce dernier s'en était rendu coupable.

Ce qu'il y a de probable, ce qu'il y a de vrai, suivant nous, c'est que Saint-Just, qui était de marbre, au dire de Collot-d'Herbois, et qui n'était pas d'un caractère à se laisser intimider, refusa net de communiquer à ses collègues un rapport dans lequel deux d'entre eux étaient sérieusement inculpés. Le contraire eût été certainement plus prudent, car, en lisant son discours au Comité, Saint-Just aurait calmé l'inquiétude de plusieurs membres qui se croyaient menacés ; il eût apaisé ainsi bien des colères. Mais il ne voulut que prendre la Convention pour juge, et, à cinq heures du matin, il se retira afin d'aller prendre un peu de repos.

Eh bien, dans cette orageuse séance, dans cette lutte inégale d'un homme seul, n'ayant pour lui que sa bonne foi, son courage et sa conscience, contre dix de ses collègues dont la crainte doublait l'irritation, de quel côté avaient été le sang-froid, la convenance et la modération ? Demandons-le aux thermidoriens eux-mêmes.

Il y a, dans une des notes faisant suite au *Mémoire des anciens membres des Comités*, notes auxquelles nous avons emprunté les détails précédents, il y a, dis-je, un aveu précieux, sur lequel nous appelons la sérieuse attention de tous nos lecteurs impartiaux. Nous avons soutenu, à l'aide des preuves les plus péremptoires, que Saint-Just avait été l'adversaire constant des mesures exagérées qui tendaient à exaspérer une foule de gens inoffensifs; qu'il avait lutté, au sein des Comités, contre les membres qui, arbitrairement, persistaient dans un système de proscription en masse ; qu'enfin, tout en maintenant la justice sévère et inflexible contre les ennemis de la République, il avait toujours réclamé l'abolition de cette terreur exercée sans frein, et dont l'exercice était livré aux mains les plus impures. Or, en voici une nouvelle preuve, tirée du témoignage même des hommes qui ont essayé de le rendre responsable des rigueurs dont ils ont été les suprêmes ordonnateurs : « ... Lorsqu'on faisait le tableau des circonstances malheureuses où se trouvait la chose publique, chacun de nous cherchait des mesures et proposait des moyens. Saint-Just nous arrêtait, jouait l'étonnement de ne pas être dans la confidence de ces dangers, et se plaignait de ce que tous les cœurs étaient fermés; suivant lui, qu'il ne connaissait rien, *qu'il ne concevait pas* cette manière prompte d'*improviser la foudre* à chaque instant, et il nous conjurait, au nom de la République, *de revenir à des idées plus justes, à des mesures plus sages*. C'est ainsi, ajoute Barère, par une interprétation singulière de la conduite de Saint-Just, c'est ainsi que le traître nous tenait en échec, paralysait toutes nos mesures, et *refroidissait notre zèle* (1). »

(1) Voyez la note 7, à la suite de la *Réponse des membres des deux anciens Comités de Salut public et de Sûreté générale*, p. 105, 106, 107 et 108.

Et maintenant, n'est-il pas clair comme le jour que, dans cette veille du 9 thermidor, Saint-Just, fidèle à ses principes, parla au nom de la sagesse, du bon sens et de la modération? Quelles preuves plus convaincantes en veut-on que les paroles mêmes de ses ennemis, que nous venons de citer? Et voilà l'homme, qu'ainsi que que Robespierre, le Bas et Couthon, on se disposait à attaquer comme ayant ourdi une conspiration contre la République et la liberté. Singuliers conjurés, qui, au lieu de profiter de leur popularité, de se concerter avec la Commune, d'essayer de gagner des partisans parmi leurs collègues, s'en vont, l'un relire son discours aux Jacobins, l'autre rédiger son dernier rapport, le plus net et le plus modéré qui soit sorti de la main des hommes de la Révolution! Singulier conjuré que ce prétendu dictateur qui, seul contre tous, ne craint pas de s'élever contre cet intolérable système « *d'improviser la foudre à chaque instant,* » qui supplie les membres des Comités « de revenir *à des idées plus justes, à des mesures plus sages,* » et qui, enfin, laissant la place à ses ennemis, libres de dresser leurs batteries dans le secret, et d'organiser leur complot homicide, quitte le Comité à cinq heures du matin, pour aller prendre quelques heures de sommeil! Les conspirateurs, eux, ne dormirent pas!

CHAPITRE VII

Le 9 thermidor. — Saint-Just commence à la Convention un discours qui est interrompu par Tallien. — Analyse de ce discours. — Robespierre, Saint-Just et Couthon sont décrétés d'accusation. — Dévouement de Robespierre jeune et de le Bas. — Les vaincus à la barre. — Attitude de la Commune. — Elle se réunit en séance extraordinaire. — Les prisonniers délivrés. — On délibère au lieu d'agir. — Triomphe des thermidoriens. — Saint-Just au Comité de Sûreté générale. — Le 10 thermidor. — Exécution de Robespierre, de Saint-Just et de Couthon. — Épilogue.

Il se leva, radieux comme pour un jour de fête, ce soleil du 9 thermidor, dont les derniers rayons devaient éclairer la chute des plus sûrs appuis de la République. Dès la matinée, une vague inquiétude circula dans Paris, émue encore des impressions de la veille; mais on était loin de présager l'effroyable tempête qui allait éclater dans l'Assemblée. Rien, d'ailleurs, n'annonçait au dehors le drame dont la Convention devait être le théâtre.

Aucune mesure n'avait été prise par la Commune, avec laquelle ni Robespierre, ni Saint-Just, ni Couthon, quoi qu'on en ait dit, n'avaient eu un seul instant l'idée de se concerter. Cela est si vrai, et les thermidoriens étaient si loin de penser qu'elle pourrait faire alliance avec leurs adversaires, que nous les verrons bientôt charger le maire Fleuriot-Lescot et l'agent national Payan, de l'exécution des décrets rendus dans la journée.

Eux seuls étaient à peu près certains de l'issue de la bataille qui était sur le point de s'engager. Mais, que parlé-je de bataille ? C'était à un guet-apens que couraient Saint-Just et ses amis. Les thermidoriens, en effet, étaient parvenus à s'adjoindre les membres les plus marquants du côté droit ; et ceux-ci, après de longues hésitations pourtant, avaient promis leur appui, sachant bien que tout dépendait d'eux, et qu'une fois le parti de Robespierre abattu, ils auraient facilement raison de la République. Peu avant l'ouverture de la séance, Bourdon (de l'Oise), apercevant Durand-Maillane dans la galerie, courut à lui et lui prit la main en s'écriant : « Oh! les braves gens que les gens du côté droit (1) ! » De cette monstrueuse alliance des membres les plus sanguinaires et les plus impurs de la Convention, avec cette masse de réactionnaires déguisés, dévorés, eux aussi, d'une soif ardente de pouvoir, naquit la force brutale qui écrasa Saint-Just et ses amis. Vadier, Amar, Collot-d'Herbois, Tallien, Courtois, Carrier, Rovère et Fréron, ce fou furieux qui, dans le Midi, s'en était pris aux monuments publics, et qui, dès le lendemain de thermidor, demandait qu'on rasât l'hôtel de ville de Paris, tels étaient les principaux meneurs.

(1) *Mémoires* de Durand-Maillane, ch. X.

« Tels étaient, dit Charles Nodier, les chefs de cet exécrable parti des thermidoriens, qui n'arrachait la France à Robespierre que pour la donner au bourreau, et qui, trompé dans ses sanguinaires espérances, a fini par la jeter à la tête d'un officier téméraire, de cette faction, à jamais odieuse devant l'histoire, qui a tué la République au cœur dans la personne de ses derniers défenseurs, pour se saisir sans partage du droit de décimer le peuple, et qui n'a pas même eu la force de profiter de ses crimes (1) ! »

Les acteurs sont connus; levons maintenant le rideau sur cette sombre tragédie.

« L'injustice a fermé mon cœur, je vais l'ouvrir tout entier à la Convention nationale (2). » C'est en ces termes que, par je ne sais quel sentiment chevaleresque, Saint-Just prenait soin d'avertir ses collègues réunis au Comité de Salut public, qu'il se disposait à monter à la tribune et à prendre le pays pour juge entre eux et lui. Il était midi environ quand il commença de parler.

« Je ne suis d'aucune faction, dit-il, je les combattrai toutes. Elles ne s'éteindront jamais que par les institutions qui produiront les garanties, qui poseront la borne de l'autorité, et feront ployer sans retour l'orgueil humain sous le joug de la liberté publique.

» Le cours des choses a voulu que cette tribune aux harangues fût peut-être la roche Tarpéienne pour celui qui viendrait vous dire que les membres du gouvernement ont quitté la route de la sagesse. J'ai cru que la

---

(1) *Souvenirs de la Révolution*, éd. Charpentier, t. I, p. 296.
(2) *Réponse des membres des anciens Comités à Lecointre*, note 7, p. 108.

vérité vous était due, offerte avec prudence, et qu'on ne pouvait rompre avec pudeur l'engagement pris avec sa conscience de tout oser pour le salut de la patrie.

» Quel langage viens-je vous parler ? Comment vous peindre des erreurs dont vous n'avez aucune idée ? et comment rendre sensible le mal qu'un mot décèle, qu'un mot corrige ?

» Vos Comités de Sûreté générale et de Salut public m'avaient chargé de vous faire un rapport sur les causes de la commotion sensible qu'avait éprouvée l'opinion publique dans ces derniers temps. La confiance des deux Comités m'honore ; mais quelqu'un, cette nuit, a flétri mon cœur, et je ne veux parler qu'à vous... »

Au moment où il prononçait ces derniers mots, Tallien l'interrompit brusquement et demanda la parole pour une motion d'ordre. C'était le premier coup de poignard. Malgré la protestation de Saint-Just, Thuriot, complice des hommes de thermidor, et dont la mémoire sera souillée dans l'avenir pour sa conduite dans cette journée, Thuriot, qui occupait le fauteuil, donna la parole à Tallien. Mais, avant de poursuivre la description de cette lamentable séance, arrêtons-nous un moment sur la dernière production où palpita le génie de Saint-Just. Bien que, dans les chapitres précédents, nous ayons déjà fait connaître les plus importants passages de ce discours, il nous reste à l'analyser dans son ensemble. Nos lecteurs pourront se rendre compte ainsi de l'impression qu'il eût produite sur l'Assemblée si la voix de l'orateur n'avait pas été étouffée dès le début.

Saint-Just continuait ainsi :

« J'en appelle à vous de l'obligation que quelques-uns

semblaient m'imposer de m'exprimer contre ma pensée. On a voulu dire que le gouvernement était divisé; il ne l'est pas. Une altération politique que je vais vous rendre a seulement eu lieu.

» Ils ne sont point passés tous les jours de gloire, et je préviens l'Europe de la nullité de ses projets contre le gouvernement.

» Je vais parler de quelques hommes que la jalousie me paraît avoir portés à accroître leur influence et à concentrer dans leurs mains l'autorité, par l'abaissement ou la dispersion de ce qui gênait leurs desseins... C'est au nom de la patrie que je vous parle; j'ai cru servir mon pays et lui éviter des orages, en n'ouvrant mes lèvres sincères qu'en votre présence. C'est au nom de vous-mêmes que je vous entretiens, puisque je vous dois compte de l'influence que vous m'avez donnée dans les affaires... La circonstance où je me trouve eût paru délicate et difficile à quiconque aurait eu quelque chose à se reprocher; on aurait craint le triomphe des factions qui donnent la mort. Mais certes ce serait quitter peu de chose qu'une vie dans laquelle il faudrait être le complice ou le témoin muet du mal.

» J'ai prié les membres dont j'ai à vous entretenir de venir m'entendre; ils sont prévenus à mes yeux de fâcheux desseins contre la patrie, je ne me sens rien sur le cœur qui m'ait fait craindre qu'ils ne récriminassent, je leur dirai tout ce que j'ai sur le cœur, sans pitié ! »

Après cet exorde d'une rare convenance et d'une grande dignité, il déclare qu'il y a eu un projet de détruire le gouvernement révolutionnaire, qu'un membre du Comité de la section du Muséum avait été arrêté comme complice de ce complot, et se trouvait en ce moment détenu à la Conciergerie; qu'on répandait dans toute l'Europe le bruit que la royauté allait être rétablie, et que le gouvernement était divisé. « On se trompe, ajoute-t-il ; les membres du gouvernement étaient dispersés. » Puis, comme pour répondre d'avance à ceux qui devaient l'accuser un jour d'avoir proposé la dictature, il s'écrie :

« Dieu ! vous avez voulu qu'on tentât d'altérer l'harmonie d'un gouvernement qui eut quelque grandeur, dont les membres ont sagement régi, mais n'ont pas voulu toujours en partager la gloire; vous avez voulu qu'on méditât la perte des bons citoyens. Je déclare avoir fait tout mon possible pour ramener tous les esprits à la justice et avoir reconnu que la résolution ardente de quelques membres s'y était opposée. Je déclare qu'on a tenté de mécontenter et d'aigrir les esprits pour les conduire à des démarches funestes, et l'on n'a point espéré de moi, sans doute, que je prêterais mes mains pures à l'iniquité. Ne croyez pas au moins qu'il ait pu sortir de mon cœur l'idée de flatter un homme : je le défends parce qu'il m'a paru irréprochable, *et je l'accuserais lui-même, s'il devenait criminel.* »

Ensuite il dépeint les manœuvres employées pour faire croire aux membres du Comité de Sûreté générale qu'on veut les dépouiller de l'autorité dont ils ont été investis par la Convention ; il dépeint les terreurs qu'on a cherché à inspirer à certains représentants, terreurs telles, que ceux-ci avaient pris le parti de ne plus coucher chez eux. Après avoir attesté que Robespierre avait toujours été le ferme appui de la Convention et n'avait jamais parlé qu'avec ménagement de porter atteinte à quelques-uns de ses membres, il présente Collot-d'Herbois et Billaud-Varennes comme livrés depuis quelque temps à des intérêts et à des vues plus particulières. « Quand celui-ci prend la parole, dit-il, c'est pour déclamer contre Paris, contre le Tribunal révolutionnaire, contre les hommes dont il paraît souhaiter la perte (1). » Il lui reproche sa dissimulation et son amour de dominer; il lui reproche d'avoir appelé *tel homme* absent Pisistrate, tandis qu'il le flattait présent.

« Mais, poursuit-il, si on examine ce qui pourrait avoir donné lieu à la discorde, il est impossible de le justifier par le moindre prétexte d'intérêt public. Aucune délibération du gouvernement n'avait partagé les esprits; non pas que toutes les mesures absolument eussent été sages, mais parce que ce qu'il y avait de plus important, et surtout dans la guerre, était résolu et exécuté en secret. Un membre s'était chargé, trompé peut-être, d'outrager sans raison celui qu'on voulait perdre, pour le porter apparemment à des mesures inconsidérées, à se plaindre publiquement, à s'isoler, à se défendre hautement, pour l'accuser ensuite des troubles dont on ne conviendra pas qu'on est la première cause. Ce plan a réussi, à ce qu'il me paraît, et la conduite rapportée plus haut a tout aigri. »

Puis, après avoir critiqué la manière dont, à l'intérieur,

---

(1) Quand Billaud parlait contre le Tribunal révolutionnaire, c'était évidemment pour lui reprocher son modérantisme. Que voulait-il de plus? M. Michelet a pensé le contraire. (T. VII, p. 407.) Mais il n'y a, pour s'en convaincre, qu'à se rappeler la fameuse discussion de la nuit, dans laquelle Saint-Just reprochait à ses collègues d'*improviser la foudre à chaque instant*. (Voyez le chapitre précédent.)

avaient été dirigées certaines parties de l'administration militaire ; après s'être plaint de l'ordre donné, sans l'avertir, lui ni ses collègues, de détacher dix-huit mille hommes de l'armée de Sambre-et-Meuse, ordre qui eût été si fatal s'il avait été exécuté; après s'être plaint de la façon dont avait été reçu au Comité un agent envoyé pour demander des munitions, alors que les soldats étaient sans pain, sans poudre et sans canons, et avoir rendu cette justice à Prieur, qu'il avait paru sensible aux besoins de l'armée, il s'écriait : « Il fallait vaincre, on a vaincu ! »

« La journée de Fleurus, continuait-il, a contribué à ouvrir la Belgique. Je désire qu'on rende justice à tout le monde, et qu'on honore les victoires, mais non point de manière à honorer davantage le gouvernement que les armées ; *car il n'y a que ceux qui sont dans les batailles qui les gagnent*, et il n'y a que ceux qui sont puissants qui en profitent. Il faut donc louer les victoires et s'oublier soi-même. Si tout le monde avait été modeste et n'avait point été jaloux qu'on parlât plus d'un autre que de soi, nous serions fort paisibles ; on n'aurait point fait violence à la raison pour amener des hommes généreux au point de se défendre pour leur en faire un crime. »

Il dépeint alors, en traits d'une sombre éloquence, les factions, nées de l'orgueil, et le plus terrible poison de l'ordre social.

« Lorsqu'elles règnent dans un État, dit-il, personne n'est certain de l'avenir, et l'empire qu'elle tourmentent est un cercueil. Elles mettent en problème le mensonge et la vérité, le vice et la vertu, le juste et l'injuste; c'est la force qui fait la loi. Si la vertu ne se montrait parfois, le tonnerre à la main, pour rappeler tous les vices à l'ordre, la raison de la force serait toujours la meilleure. Ce n'est qu'après un siècle que la postérité plaintive verse des pleurs sur la tombe des Gracques et sur la roue de Sydney. Les factions, en divisant un peuple, mettent la fureur de parti à la place de la liberté; le glaive des lois et le poignard des assassins s'entre-choquent; on n'ose plus ni parler, ni se taire; les audacieux qui se placent à la tête des factions, forcent les citoyens à se prononcer entre le crime... et le crime... C'est pourquoi le vœu le plus tendre pour sa patrie que puisse faire un bon citoyen, le bienfait le plus doux qui puisse descendre des mains de la Providence sur un peuple libre, le fruit le plus précieux que puisse recueillir une nation généreuse, de sa vertu, c'est la ruine, c'est la chute des factions. Quoi! l'amitié s'est-elle envolée de la terre? La jalousie présidera-t-elle aux mouvements du corps social? et par le prestige de la calomnie perdra-t-on ses frères parce qu'ils sont plus sages et plus magnanimes que nous? La renommée est un vain bruit. Prêtons l'oreille sur les siècles écoulés, nous n'entendrons plus rien. Ceux qui, dans d'autres temps, se promèneront parmi nos urnes, n'en entendront pas davantage. Le bien, voilà ce qu'il faut faire à quelque prix que ce soit, en préférant le titre de héros mort, à celui de lâche vivant! »

Que doit donc faire, suivant lui, la Convention, pour empêcher le crime de triompher et tout le monde de trembler sans distinction? Garder pour elle la suprême influence; réduire tout à la règle froide de la justice; dicter des lois impérieuses à tous les partis, en sorte que

« personne n'entreprenne de s'élever sur les débris de la liberté publique par les lieux communs de Machiavel. » Puis il demandait quelques jours encore à la Providence pour appeler sur les institutions républicaines les méditations du peuple français et de tous les législateurs, et il disait :

« Tout ce qui arrive aujourd'hui au gouvernement, n'aurait point eu lieu sous leur empire; ils seraient vertueux peut-être, ceux dont j'accuse ici les prétentions orgueilleuses. Il n'y a pas longtemps, peut-être, qu'ils ont laissé la route frayée par la vertu. »

Ensuite il rappelait l'état du gouvernement à son dernier retour de l'armée, exposait qu'on l'avait, pour ainsi dire, laissé à l'écart, et se plaignait que l'autorité eût été alors exercée par deux ou trois membres seulement, les autres étant ou en mission ou ensevelis dans leurs bureaux. Il parlait aussi des tentatives de conciliation infructueusement faites par lui. Les membres des deux Comités l'avaient bien honoré de leur confiance en le chargeant d'un rapport, mais on s'opposait à ce qu'il parlât de l'immortalité de l'âme, de la sagesse, de la Providence « seul espoir de l'homme isolé. »

« C'était au même instant, poursuivait Saint-Just, que la pétition de Magenthies parut, tendante à caractériser comme blasphème et à punir de mort des paroles souvent entendues de la bouche du peuple. Ah! ce ne sont point là des blasphèmes. Un blasphème est l'idée de faire marcher devant Dieu les faisceaux de Sylla; un blasphème, c'est d'épouvanter les membres de la Convention par des listes de proscription, et d'en accuser l'innocence. »

Puis, après avoir, en quelques phrases énergiques et fières, réfuté les niaises calomnies répandues sur Robespierre, il blâmait son ami du vague qui régnait dans son discours de la veille.

« Le membre qui a parlé longtemps hier à cette tribune, ne me paraît point avoir assez nettement distingué ceux qu'il inculpait. Il n'a pas à se plaindre et ne s'est pas plaint non plus des Comités, car ces Comités me semblent toujours dignes de votre estime ; et les malheurs dont j'ai tracé l'histoire sont nés de l'isolement et de l'autorité extrême de quelques membres restés seuls. »

Saint-Just lui, avec sa franchise stoïque, précisait nettement, sans pitié, son accusation. Les membres qui, suivant lui, sous le masque de désintéressement, avaient tenté de tout ramener à eux, étaient Billaud-Varennes et Collot-d'Herbois. Contre deux autres membres qu'il ne nommait pas, il se contentait de diriger quelques épigrammes, comme celle, par exemple, où il reprochait à Barère de mettre trop de pompe en annonçant des victoires et des combats auxquels il n'avait pris aucune part.

« Les affaires publiques, disait-il en terminant, ne souffriront point de cet orage ; la liberté n'en sera pas alarmée, et le gouvernement reprendra son cours par votre sagesse... Les membres que j'accuse ont commis peu de fautes dans leurs fonctions... Je ne conclus pas contre ceux que j'ai nommés, je désire qu'ils se justifient et que nous devenions plus sages.

» Je propose le décret suivant : La Convention nationale décrète que les institutions qui seront incessamment présentées, présenteront les moyens que le gouvernement, sans rien perdre de son ressort révolutionnaire, ne puisse tendre à l'arbitraire, favoriser l'ambition et opprimer ou usurper la représentation nationale. »

Il n'était guère possible d'être plus convenable, plus habile, plus modéré, et de dire avec moins de fiel ce qu'on avait sur le cœur. Là, point d'attaques intempestives : point de ces critiques acerbes de nature à indisposer certains membres dont le caractère pouvait ne pas sympathiser avec celui de l'orateur, mais dont le républicanisme était pur, ardent et convaincu ; nul fanatisme : tout était pesé au poids de la raison et du bon sens, et dénotait l'admirable génie pratique de Saint-Just. Ah ! s'il eût été permis à la Convention d'entendre ce noble discours, tout autres, sans nul doute, auraient été les résultats de la séance. Les membres des deux Comités, étonnés de la modération de leur jeune collègue, ne se seraient pas montrés sourds à cet appel à la concorde ; quelques représentants impurs ; honte de l'humanité, auraient été sacrifiés ; mais d'une immense réconciliation, acclamée par tout ce que la France comptait de généreux citoyens, serait sortie la certitude d'un avenir de liberté et de dignité dont l'espérance allait bientôt s'enfouir dans d'épaisses et sanglantes ténèbres. Car les thermidoriens, prévoyant l'effet des paroles de Saint-Just, résolurent d'étouffer la voix de ceux qu'ils voulaient perdre ; tel était leur plan ; il eut, hélas ! trop de succès.

Billaud-Varennes succéda à Tallien, à ce Tallien à la

face de qui, deux mois auparavant, il avait craché cette flétrissante insulte : « Tallien ment avec une impudence extrême (1). » Le Bas, dont le cœur s'était soulevé d'indignation en écoutant les calomnies articulées par les deux membres précédents, demande vivement la parole; on la lui refuse, il insiste : un rappel à l'ordre et des cris sauvages lui ferment la bouche. Alors se précipitent dans l'arène Delmas, Vadier, Collot-d'Herbois, Bourdon (de l'Oise), Élie Lacoste, Charles Duval, Fréron. Tout ce que la lâcheté humaine peut enfanter déborde de toutes parts comme une écume impure. Contre cette masse de furieux, dont les gens de la *plaine* se firent ce jour-là les serviles exécuteurs, que pouvaient, malgré leur courage, les deux Robespierre, Saint-Just, Couthon et le Bas? En vain ils tentèrent de lutter, tentative héroïque, mais vaine! Trop nombreux étaient les assaillants. Le malheur voulut que les meilleurs républicains et les plus énergiques fussent alors en mission. Parmi ceux qui se trouvaient dans la Convention, les uns, aveuglés, approuvèrent ou restèrent muets; les autres se turent, il faut bien le dire, par peur.

Ah! Romme, Duquesnoy, Goujon, Soubrany, Bourbotte, Duroy, pauvres martyrs, vous vous souviendrez de thermidor quand, victimes à votre tour de la réaction, vous tournerez contre vos nobles poitrines le poignard de Caton. Vous vous souviendrez de thermidor, vous tous que la contre-révolution emportera à Cayenne ou à Sinnamary, et qui passerez sur la terre d'exil les restes d'une vie consacrée pourtant au triomphe de la plus sainte et de la plus juste des causes. Ne sentiez-vous donc pas qu'on battait en brèche la République

---

(1) Voyez *le Moniteur* du 26 prairial de l'an II, n° 266.

elle-même, quand on s'acharnait ainsi contre ses plus dévoués défenseurs?

Ce fut un tumulte indescriptible, une orgie sans frein et sans nom. Au milieu d'injures niaises et plates, se croisaient les accusations les plus contradictoires. Tandis que Billaud-Varennes reprochait à Robespierre de s'être levé comme un furieux, le jour où lui, Billaud, avait, pour la première fois, dénoncé Danton au Comité, et de s'être écrié qu'on voulait perdre les meilleurs patriotes, Garnier (de l'Aube) criait au membre ainsi inculpé : « Le sang de Danton l'étouffe! » Lui, cependant, s'usait en efforts désespérés pour obtenir la parole; mais chaque fois qu'il ouvrait la bouche, la masse compacte des conjurés entonnait son refrain sinistre : « Non, non, à bas le tyran! »

Barère vint ensuite qui, dans un discours habilement modéré, se ménageait une porte de sortie, au cas où le vent viendrait à changer. Il ne nommait ni Saint-Just, ni Couthon, ni Robespierre; il est vrai qu'il prit amplement sa revanche, quand ceux-ci furent définitivement abattus. Sur la proposition des Comités, l'Assemblée décréta qu'il n'y aurait plus, dans la garde nationale, de grade supérieur à celui des chefs de légion, lesquels commanderaient en chef à tour de rôle. La Convention chargeait en même temps le maire de Paris et l'agent national de veiller à la sûreté de la représentation, et les rendait responsables, sur leurs têtes, des troubles qui pourraient survenir dans Paris.

Mais le but des thermidoriens n'était pas atteint. Après la lecture d'une insignifiante proclamation au peuple français, Tallien recommence l'attaque, encouragé par le rire bienveillant avec lequel l'Assemblée venait d'accueillir quelques lâches sarcasmes du vieux Vadier.

Robespierre essaye encore de répondre. Voyant toute la Montagne l'abandonner, il se tourne vers la droite, qui lui devait quelque reconnaissance : « C'est à vous, hommes purs, que je m'adresse, et non pas aux brigands. » Il est violemment interrompu. Alors, apostrophant le président : « Pour la dernière fois, président d'assassins, je te demande la parole. » Mais, efforts superflus ! le président, continuant de jouer son rôle infâme, lui répond ironiquement : « Tu ne l'auras qu'à ton tour. » Enfin, sur la proposition d'un montagnard obscur, un décret d'arrestation est rendu contre Robespierre, *par cela seul qu'il a été dominateur*, avait dit l'auteur de la proposition. Robespierre jeune, indigné, déclare qu'il est aussi coupable que son frère ; qu'il a partagé ses vertus et qu'il veut partager son sort. Quelques membres s'émeuvent à peine à ce dévouement magnanime, qui est lâchement accepté. En vain Maximilien veut protester contre ce dévouement fraternel, et sauver l'innocente victime ; on ne l'écoute pas. Rien d'humain n'était resté dans le cœur de ces bourreaux. Et, comme la salle retentissait des cris de *Vive la Liberté ! vive la République !* poussés par les thermidoriens, ivres de leur triomphe : « La République, dit amèrement Robespierre, elle est perdue, car les brigands triomphent. » Ah ! comme il pressentait bien l'avenir !

Cependant on déclare qu'on a entendu décréter à la fois l'arrestation des deux Robespierre, de Saint-Just et de Couthon. Alors, au milieu de cette épouvantable scène, et pour l'honneur de la France, une voix fière et fermement accentuée s'éleva, dominant le tumulte, et fut à elle seule l'écho de tout ce qu'il y avait encore de courageux et d'honnête dans l'Assemblée. « Je ne veux pas partager l'opprobre de ce décret ! s'écria le Bas, l'ami, le frère de Saint-Just, je demande aussi l'arrestation. » Jamais pareil cri de la conscience n'était sorti d'une poitrine humaine. Cherchez dans les âges héroïques, cherchez dans les temps modernes, cherchez partout l'exemple d'un acte semblable, vous ne le trouverez pas. Tout ce que la terre promet de sérénité et de bonheur attachait ce jeune homme à la vie. Ni l'amour d'une jeune femme adorée, ni les premiers sourires de son fils, de cet enfant destiné à devenir une des illustrations de notre pays, ne purent entrer en balance contre ce qu'il considérait comme un devoir, ni l'empêcher de provoquer un décret qui équivalait à un arrêt de mort. Certes, il fallait que la cause à laquelle il se dévouait ainsi fût bien celle de la vertu, de la justice et de la patrie ; l'amitié ne venait qu'en seconde ligne. Ce dévouement ne sera pas perdu pour l'avenir, et la postérité, ratifiant la conduite de ce doux et illustre Philippe le Bas, refusera comme lui de partager l'opprobre d'un décret qui a conduit au tombeau les grands citoyens à la vie desquels tenait le triomphe de la République.

Saint-Just, Couthon, le Bas, Maximilien Robespierre et son frère, décrétés d'accusation, descendirent à la barre ; la première partie de l'horrible tragédie était jouée.

S'il faut en croire le compte rendu du *Moniteur*, arrangé par les thermidoriens, et par conséquent plus que suspect, Saint-Just n'ouvrit plus la bouche depuis le moment où il fut interrompu par Tallien jusqu'à la fin de la séance. Supposons donc que, en présence de la formidable coalition, il jugea son parti perdu, qu'il ne voulut pas s'abaisser à réfuter des calomnies auxquelles leurs auteurs mêmes ne croyaient pas, et rappelons seulement l'attitude calme, altière et méprisante que lui a prêtée la tradition ; aussi bien, quand la lutte est impossible, le dédain convient-il mieux que d'inutiles et violentes apostrophes. Après avoir déposé sur le bureau le manuscrit de son discours, il se rendit à la barre, la tête haute, le regard assuré et serein, s'honorant d'une telle défaite, et n'opposant à ses implacables adversaires que le bouclier du mépris.

Ainsi triomphaient à la fois, dans des vues si différentes, et les misérables pour qui la France était, avant tout, une immense proie à dévorer, prêts à mettre au service de la réaction leurs sanglants instincts, et ceux qui allaient être l'avant-garde de cette réaction furibonde, et enfin d'aveugles républicains que poursuivra longtemps le remords de cette fatale victoire. Tout le secret de la conduite de ces derniers est dans ces paroles de Barère : « Il ne faut pas, dans une république, qu'un homme s'élève au-dessus d'un autre homme (1). » Le 9 thermidor n'eut pas d'autre signification à leurs yeux ; ce fut l'ostracisme d'Aristide.

Dès que ces nouvelles parvinrent à la Commune, l'agent général Payan et le maire Fleuriot-Lescot, qui, après la chute des hébertistes, avait remplacé Pache à la mairie, se rangèrent sans hésiter du parti des vaincus,

---

(1) Voyez *le Moniteur* du 12 thermidor ; séance du 10, n° 312.

Il faut dire qu'il y eut un moment où la conscience revint à Barère, moment solennel où rarement le mensonge s'échappe des lèvres de l'homme : ce fut dans les souffrances d'une longue maladie. Il dit à l'illustre David (d'Angers), en lui parlant de Robespierre : « Depuis, j'ai réfléchi sur cet homme ; j'ai vu que son idée dominante était l'établissement du gouvernement républicain ; qu'il poursuivait, en effet, des hommes dont l'opposition entravait les rouages de ce gouvernement.,. C'était un homme pur, intègre, un vrai républicain. Ce qui l'a perdu, c'est sa vanité, son irascible susceptibilité et son injuste défiance envers ses collègues... Ce fut un grand malheur ! » (*Notice sur Barère*, par MM. Carnot et David (d'Angers), t. I des *Mémoires*, p. 119.

préférant mille fois la défaite et la mort avec ceux-ci à l'infamie de la victoire avec les thermidoriens. Malgré le décret de la Convention qui les chargeait de veiller à la sûreté de l'Assemblée et les rendait responsables des troubles qui pourraient survenir, ils convoquèrent tous les membres du conseil général et se réunirent en séance extraordinaire; il était cinq heures et demie du soir. Immédiatement, les mesures les plus vigoureuses furent proposées et adoptées. On connaît l'histoire de cette dramatique séance; le cadre dans lequel nous sommes obligé de nous restreindre ne nous permet que d'en décrire les scènes les plus saillantes. Des commissaires furent dépêchés pour délivrer les représentants décrétés d'arrestation et qui avaient été déposés dans les différentes prisons de la ville. Robespierre, refusé au Luxembourg par le concierge, avait été, sur sa demande expresse, conduit à l'administration de police. Ce fut là que Coffinhal le délivra presque de force. Son frère était à Saint-Lazare, Couthon à la Bourbe, le Bas à la maison de justice du département, et Saint-Just aux Écossais.

Robespierre jeune parut le premier. En quelques mots, il raconta ce qui s'était passé dans la journée à la Convention nationale, rejetant sur quelques scélérats seulement la responsabilité de la persécution qui les atteignait. Peu d'instants après, Maximilien Robespierre, Saint-Just et le Bas furent amenés en triomphe au sein du conseil général où les accueillirent les plus chaudes et les plus sincères acclamations. Un moment on put croire que le sort allait pencher en faveur des vaincus et que la cause de la justice l'emporterait. D'instant en instant des députations de la société des Jacobins se rendaient à la Commune et promettaient de déjouer les coupables manœuvres des membres perfides de la Convention qui se répandaient dans les sections et essayaient de les tromper sur la véritable cause des événements du jour. D'autre part, une proclamation de la Commune invitait les bons citoyens à se réunir à leurs magistrats et à les aider à sauver la patrie et la liberté. Mais il eût fallu, pour soulever les faubourgs, pour réveiller le patriotisme de la multitude et lui montrer ses vrais ennemis, des hommes jouissant d'une haute influence populaire, et surtout un chef militaire qui inspirât une grande confiance. Payan, Fleuriot-Lescot et Coffinhal déployèrent une rare énergie, mais ils ne purent suffire à tout, et Henriot n'était pas à la hauteur des circonstances. Le peuple, qui semblait avoir donné sa démission, et qui pour longtemps se trouva frappé avec Robespierre et Saint-Just, ne bougea guère. D'ailleurs, des émissaires du Comité de Sûreté générale étaient allés colporter dans les faubourgs le bruit que les députés proscrits étaient des conspirateurs royalistes et qu'on avait trouvé chez eux des cachets à fleurs de lis. Une colonne du faubourg Saint-Marceau, se rendant à l'appel de la Commune, avait rétrogradé, trompée par cet ignoble mensonge. C'est ce qu'Amar appelait « éclairer le peuple. » Quant à la garde nationale, composée d'une foule de gens dès longtemps fatigués de la Révolution, il ne fallut pas grand effort aux thermidoriens pour qu'elle abandonnât son général et se donnât tout entière à la réaction.

Cependant la Convention était rentrée en séance à sept heures du soir; elle venait de mettre hors la loi les officiers municipaux et tous ceux qui, décrétés d'arrestation ou d'accusation, se seraient soustraits au décret. Tandis que Léonard Bourdon et Barras, à la tête des forces imposantes qu'ils étaient parvenus à gagner, se rendaient à la Commune pour la faire sauter de vive force, la délibération continuait, ardente et animée, au sein du conseil général qu'entouraient de rares défenseurs. Au lieu de délibérer, il eût fallu agir. Au moment où les assassins montaient, Robespierre donnait une dernière preuve de son respect pour la Convention. Couthon, qui, rentré chez lui en sortant de la Bourbe, s'était, malgré les instances de sa femme, rendu à la Commune sur un billet très-pressant de Robespierre et de Saint-Just, venait de proposer d'adresser une proclamation au peuple et à l'armée. « Au nom de qui? demanda Robespierre. — Au nom de la Convention, elle est partout où nous sommes, » répondit Saint-Just. Lui, au moins, voulait mourir en combattant, et il engagea son ami à signer un appel rédigé par un des membres de la Commune. Mais, dans sa déférence pour une assemblée qui les avait condamnés, lui et ses amis, sans les entendre, Robespierre refusa, après une courte hésitation, et rejeta la plume avec laquelle il avait commencé de signer trois lettres de son nom. « Nous n'avons plus qu'à mourir! » s'écria alors Couthon.

Au même instant des pas précipités se font entendre, des crosses de fusil retentissent sur les marches des escaliers, et bientôt une foule de gens armés pénètrent dans la salle de l'Égalité où siégeait le conseil général de la Commune. Aussitôt le Bas, ne voulant pas tomber vivant au pouvoir des assassins, arme un de ses pistolets et se tue. Ce fut la mort de Caton. Robespierre jeune se jette par une fenêtre; mais, moins heureux que son ami, il se blesse seulement, et est ramassé tout sanglant sur le pavé. Un gendarme du nom de Merda, à qui l'on avait désigné Maximilien Robespierre, venait de lui tirer à bout portant un coup de pistolet, et lui avait brisé la mâchoire. Au milieu de cette inexprimable confusion, Couthon et Saint-Just étaient restés immobiles; ils se laissèrent prendre sans résistance par ceux qui étaient chargés de les arrêter au nom de la Convention. Saint-Just leur remit même un petit couteau dont il était porteur, aimant mieux léguer la honte de sa mort à ses lâches ennemis, que de leur éviter un nouveau crime en se frappant.

Les blessés, jetés sur des brancards, furent transportés au Comité de Sûreté générale; Saint-Just, les mains liées, avait suivi à pied les corps mutilés de ses amis, fier et impassible comme s'il se fût agi d'une victoire. On connaît les derniers outrages dont fut abreuvé Robespierre, tandis qu'agonisant il gisait sur une table du Comité; on sait aussi avec quelle sérénité d'une conscience qui se sent pure, il affronta ces insultes. Ah! quand les honnêtes gens triomphent, ils ne déshonorent pas ainsi leur victoire! Il était deux heures du matin. Saint-Just fut déposé dans la salle d'audience du Comité. Ses regards se portèrent sur le tableau des Droits de l'Homme, placé dans cette salle; alors apparut à sa pensée le souvenir de tout ce qu'il avait fait pour cette Révolution, dont il avait été l'incarnation même et qui le laissait périr aujourd'hui, et à la vue de ce tableau, qui se trouvait là comme une dérision du sort, il ne put retenir cette exclamation amère : « C'est pourtant moi qui ai fait cela. » Ce furent les seules paroles qu'il prononça.

Vers les dix heures, tous ces grands proscrits furent transférés à la Conciergerie. On dit qu'en entrant sous les voûtes de la sombre prison, Saint-Just rencontra le général Hoche, et que celui-ci, attendri, serra affectueusement la main du jeune représentant avec qui, six mois auparavant, il avait sauvé la République sur le Rhin.

Les thermidoriens avaient hâte de boire le sang de leurs victimes. Justement le Tribunal révolutionnaire vint en aide à leur impatience. Il parut à la barre dans la matinée du 10 thermidor, félicita l'Assemblée *sur la gloire dont elle s'était couverte* et se déclara prêt à exécuter ses ordres. On peut voir par là comme ce Tribunal était dévoué à Robespierre et à Saint-Just. Deux de ses membres seulement, Dumas et Coffinhal, s'étaient associés à la fortune des vaincus. Quant à Fouquier-Tinville, un petit scrupule l'arrêtait : il n'y avait plus, pour mettre à mort les proscrits, qu'à constater leur identité devant deux officiers municipaux de la Commune ; or, la Commune en masse ayant été enveloppée dans le décret de mise hors la loi, l'accusateur public demanda à l'Assemblée de lever la difficulté (1). Elle fut bientôt aplanie par l'entremise du Comité de Sûreté générale, qui dispensa purement et simplement le Tribunal des formalités ordinaires. Puis Thuriot fit décréter que la tête de Robespierre et les têtes de *ses complices* tomberaient dans la journée même. Jamais assassinat ne fut combiné et accompli avec autant de cynisme. Nous touchons au dernier acte de cette sombre tragédie, où le bouffon le dispute à l'horrible.

Après l'identité constatée devant le Tribunal révolutionnaire, l'exécution du décret de mise hors la loi fut requise par Fouquier-Tinville, et vers quatre heures, vingt-deux victimes, parmi lesquelles Saint-Just, Robespierre et son frère, Couthon, Payan, Fleuriot-Lescot et Dumas, premier holocauste offert à la réaction, furent

---

(1) Voyez *le Moniteur* du 12 thermidor, séance du 10, n° 312.

conduites sur la place de la Révolution, où, ce jour-là, avait été rétabli l'échafaud. Une foule immense d'enragés, composée d'ultra-révolutionnaires et de contre-révolutionnaires, suivit les charrettes fatales en couvrant d'imprécations les généreux patriotes qui allaient mourir. Autour des chariots funèbres dansèrent, plus joyeuses que de coutume, les furies de la guillotine ; là, vinrent parader ces gens sans aveu et sans foi, lie de l'humanité, qu'aux jours néfastes la société vomit de tous ses rangs pour aboyer après les grandes infortunes.

Saint-Just, debout, la tête découverte, contemplait d'un œil stoïque ce spectacle immonde. Pas une plainte, pas un mot de reproche ne sortit de sa bouche; il ne démentit pas un instant la dignité dont sa courte vie avait offert un si bel exemple; la pitié et le mépris furent sa seule réponse aux stupides anathèmes dont ses amis et lui étaient l'objet.

Arrivés au lieu du supplice, les vaincus montèrent d'un pas ferme les degrés de l'échafaud; tous moururent gravement, sans forfanterie et sans faiblesse, en hommes qui avaient la conscience de la sainteté de la cause pour laquelle ils périssaient. Ah! quand Saint-Just livra au bourreau cette tête où rayonnait tant de génie, de jeunesse et de beauté, plus d'une larme furtive fut sans doute essuyée dans la foule; mais il fallait cacher sa douleur, car les larmes étaient criminelles et pouvaient devenir un arrêt de mort. Saint-Just avait vingt-sept ans moins un mois.

Le lendemain, la boucherie recommença. Cent et quelques victimes, immolées en trois jours, dont la plupart étaient entièrement inconnues à Robespierre et à Saint-Just, et n'avaient même pas pris part aux délibérations de la Commune ; la femme de Duplay, étranglée par d'odieuses mégères; la veuve de le Bas, durement emprisonnée avec son enfant à la mamelle; son père, plus qu'octogénaire, jeté dans un cachot, *comme complice des émigrés;* tous les amis et les parents des proscrits, persécutés, traqués et embastillés, tels furent les préludes du prétendu système de modération qui allait s'établir sur les ruines de la Révolution abattue.

Tandis que le peuple voyait avec une sorte d'indifférence l'immolation de ses plus chers amis, de ceux qui lui avaient consacré tout ce que la nature leur avait départi de talent et de courage, il se passait, à quelques lieues de Paris, un fait presque inconnu jusqu'à ce jour, et que l'histoire ne doit pas dédaigner. M. Laromiguière, depuis professeur de philosophie à la faculté des lettres de Paris, membre de l'Institut, ancien membre du Tribunal, ayant appris la mort de Robespierre, alla l'annoncer à son frère aîné, qui était en ce moment à la campagne, occupé à visiter une ferme. Du plus loin qu'il aperçut son frère, il s'écria : « Robespierre a été guillotiné! » Cette nouvelle était à peine annoncée, que la jeune fermière, qui se trouvait alors assise dans la basse-cour, ayant un petit enfant sur ses genoux, se leva d'un mouvement extrêmement rapide, comme électrique, laissa tomber dans ce mouvement son jeune enfant à terre et s'écria, en levant les yeux et les mains vers le ciel : *O qu'os nes finit pol bounheur del paouré pople. On a tuat o quel que l'aimabo tant.* — Oh! c'en est fini pour le bonheur du pauvre peuple; on a tué celui qui l'aimait tant.

Ainsi une pauvre fermière fut à elle seule, en ce jour, la conscience du peuple ; seule, elle comprit la signification des événements qui venaient de s'accomplir. En effet, avec Robespierre et Saint-Just finit la grande période révolutionnaire, pendant laquelle la France, à deux doigts de sa perte, avait accompli, pour son salut, ces prodiges qui forceront éternellement à l'admiration tous les hommes à qui la patrie est chère. Du grandiose terrible, la République allait tomber dans le grotesque terrible ; du sublime dans l'intrigue ; aux passions les plus pures, les plus désintéressées et les plus élevées allaient succéder les passions jalouses, étroites, personnelles et meurtrières de la réaction, et l'ère des vengeances particulières allait remplacer l'ère des vengeances nationales.

Saint-Just, Robespierre et son frère, Couthon et le Bas avaient été les continuateurs de ces bourgeois du XIVe siècle et de 89 qui ne séparaient point la bourgeoisie du peuple, et qui voulaient entre elle et lui cette alliance intime, si logique entre hommes dont le sang et les intérêts sont les mêmes et que l'ancien régime avait confondus dans un égal mépris.

Les thermidoriens, ultra-révolutionnaires ou réactionnaires, excepté deux ou trois peut-être, représentèrent la bourgeoisie dans ce qu'elle a de passions viles, égoïstes et mesquines. Du peuple, il n'en sera plus question, si ce n'est pour lui reprendre, une à une, les conquêtes de 91 et de 93 et pour le décimer quand il s'avisera de réclamer la Constitution votée par ses représentants et sanctionnée par lui. Alors, pour courir sus à tous les citoyens suspects d'être attachés aux grands principes professés par les Robespierre et les Saint-Just, vont s'organiser ces compagnons de Jéhu et du Soleil, ramassis d'assassins et de voleurs salariés par la réaction et trafiquant avec elle.

Alors allait commencer cet épouvantable système d'agiotage dont le résultat devait être l'entier discrédit des assignats qui étaient encore au pair au 9 thermidor ; alors bourgeois et ci-devant allaient se ruer à la curée des biens nationaux, sans plus se soucier de l'intérêt général et de la République que si la France n'avait jamais existé. Et lorsque chacun se sera bien gorgé et repu, on cherchera à mettre à l'abri le produit des rapines ou *des bonnes affaires* et l'on applaudira à outrance, de la voix et du geste, quand un général, jadis protégé par Robespierre jeune, couvrira du manteau d'un despotisme constellé de gloire, tant de honte et d'ignominie.

Voilà quelles furent les conséquences de la mort de Saint-Just et de ses amis.

Avant de fermer le livre auquel depuis quinze mois nous avons consacré tant de veilles et tant d'efforts, arrêtons-nous un moment encore sur la grande figure de l'homme qui eût été assez puissant pour prévenir ce débordement d'impuretés, et qui, une fois la République fondée, n'eût demandé qu'à s'ensevelir dans le calme et dans l'oubli d'une laborieuse retraite.

Né dans une condition modeste, sorti d'une de ces familles où les mœurs sont austères, presque patriarcales, et où le sang bouillonne de séve, Saint-Just avait eu de bonne heure la conscience de sa force et de son génie. « Je me sens de quoi surnager dans le siècle, » avait-il écrit, à l'aurore de la Révolution, dans une lettre confidentielle. Dès qu'il fut en âge de comprendre cet exécrable ancien régime, dont il devait être un des plus fougueux adversaires, son cœur frémit, son bon sens s'indigna, et il lui jura cette haine vertueuse qui, depuis, dirigea tous les actes de sa vie.

Aussitôt que le combat fut engagé entre le monde ancien et le monde nouveau, il se précipita dans l'arène, en combattant passionné, décidé à faire triompher le droit ou à périr à l'œuvre. Insensé! disaient les uns, qui laisse la vie facile et riante de la jeunesse pour s'aventurer dans les voies perdues de la politique et tenter de diriger la Révolution vers le port!... Héros, diront les autres, qui, dédaignant les plaisirs de son âge et les séductions auxquelles l'exposaient un esprit charmant et une rare beauté, préféra l'étude aride, et sacrifia sa vie à quelques idées de justice, de grandeur et d'honnêteté!

Député à la Convention nationale, il se fit remarquer, dès le début, par l'inflexibilité de ses principes, dont il ne dévia jamais; poursuivant avec une égale âpreté et les ennemis de la Révolution et ceux qui la poussaient aux excès; anathématisant sans relâche l'arbitraire; flétrissant tous ces vils agents du gouvernement, qu'on voit, sous tous les régimes, s'ériger en tyrans subalternes, et ne laissant aucune trêve aux fripons.

Membre du Comité de Salut public, il prit part aux mesures les plus vigoureuses auxquelles la République dut son triomphe; mais, à travers le fanatisme qui éclate çà et là dans ses Rapports, quel amour de l'humanité! quelle affection pour les classes souffrantes! quelle pitié pour les malheureux! quelle science des rapports sociaux! comme le bon sens et la raison y circulent, et comme il devine et embrasse l'avenir du monde!

Chargé par ses collègues des missions les plus importantes et les plus difficiles qui aient été accomplies, il y fut ce que la sagesse, la justice et l'impérieux salut de la patrie lui commandèrent d'être ; là surtout brillèrent dans tout leur éclat les admirables qualités dont l'avait doué la Providence. Il fut l'étonnement de ses ennemis mêmes, et ses missions resteront comme un monument de gloire impérissable. Saint-Just fut enfin une de ces puissances de la création que la nature enfante dans ses jours de prodigalité, et je ne saurais mieux terminer l'histoire de sa vie que par ces paroles d'un illustre historien : « La France ne se consolera jamais d'une telle espérance ; il était grand d'une grandeur qui lui était propre, ne devait rien à la fortune, et seul il eût été assez fort pour faire trembler l'épée devant la loi (1). »

(1) Michelet : *Révolution française*, t. VII, p. 250.

FIN DU SECOND VOLUME

TABLE DES MATIÈRES

LIVRE TROISIÈME (SUITE)

CHAPITRE IV

État des armées dans le département du Bas-Rhin. — Saint-Just et le Bas à Strasbourg.—Proclamation aux soldats.— Mesures extraordinaires. —La redoute d'Hohenheim.— Destitution de l'adjudant général Perdieu. — Les troupes vêtues et soignées. — La discipline rétablie. — Affaire de Reschfeld. — Héroïque réponse des représentants à un parlementaire prussien. — Précautions prises à l'intérieur. — Emprunt sur les riches. — Arrestation des administrateurs du Bas-Rhin et de Strasbourg. — Le maire Monet. — Lettre à la société populaire. — Nouveaux commissaires nommés par la Convention. — Fondation des écoles primaires dans le département du Bas-Rhin. — Succès de nos armes. — L'ennemi contraint de lever le siége de Bitche. — Lettre de le Bas à sa femme. — Voyage à Paris 5

CHAPITRE V

Retour en Alsace. — Réactionnaires et ultra-révolutionnaires. — La Propagande et Charles Nodier. — Euloge Schneider. — Son mariage — Sa chute. — Souvenir du général Donzelot. — L'émigration expliquée. — Lettre à Robespierre. — Appel de la commune de Strasbourg après thermidor. — Arrêté contre les agioteurs. — Opérations militaires. — Hoche et Pichegru. — Affaire de Kaiserslautern. — Lettres de Saint-Just et de le Bas au général Hoche. — Il est investi du commandement en chef. — Victoire de Geisberg. — Reprise des lignes de Wissembourg. — Landau délivré. — J.-B. Lacoste et Baudot. — Une lettre du citoyen Gatteau. — Fin de la mission dans le Bas-Rhin. 47

LIVRE QUATRIÈME

CHAPITRE I

Coup d'œil funèbre. — Les anecdotes de M. de Barante. — Calomnies et réfutations. — Encore Charles Nodier. — *Le Vieux Cordelier*. — Saint-Just et les Jacobins. — Projet de censure républicaine. — Saint-Just au Comité de Salut public. — Départ pour l'armée du Nord 77

CHAPITRE II

Première mission dans le Nord. — Saint-Just et le Bas à Lille, à Réunion-sur-Oise, à Maubeuge.— L'Anglais Faëding.— Il faut des armes! — Pichegru est nommé général en chef de l'armée du Nord. — Sa lettre aux Jacobins. — Le général Jourdan. — Lettre de Saint-Just au Comité de Salut public. — Le maître de poste de Saint-Pol. — Arrêté contre les ci-devant nobles. — Saint-Just et André Dumont. 91

CHAPITRE III

Modérés et ultra-révolutionnaires. — Saint-Just est nommé président de la Convention nationale. — Actes de sa présidence. — Réclamations contre la détention des patriotes. — Rapport de Saint-Just. — La Convention adopte le décret présenté par lui.—Mode d'exécution de ce décret — La confiscation.— Les Girondins et les Montagnards. — Une lettre du roi Charles IX. — De la douceur monarchique.. 107

CHAPITRE IV

Coup d'œil sur l'hébertisme. — Du respect du peuple. — L'évêque Gobel et l'évêque Grégoire. — Le culte de la Raison. — Ses vrais adorateurs. — Séance des Cordeliers. — Vigilance du Comité de Salut public. — Rapport de Saint-Just. — Décret à la suite. — Enthousiasme de Legendre. — Arrestation des hébertistes. — Leur supplice. 129

CHAPITRE V

Danton menacé. — Arrestation de Hérault-Séchelles et de Simond. — Saint-Just en rend compte à l'Assemblée. — Robespierre accuse le parlement d'Angleterre. — Conduite de Danton. — Avertissements inutiles. — Les trois Comités de Salut public, de Sûreté générale et de Législation se réunissent. — Arrestation des dantonistes.— Les notes de Robespierre et le rapport de Saint-Just. — Séance du 11 germinal. — Lecture du rapport de Saint-Just à la Convention. — Danton, Camille Desmoulins, Philippeaux et Lacroix sont décrétés d'accusation. — Leur procès. — Embarras du tribunal. — Conspiration des prisons. — Nouveau rapport de Saint-Just. — Exécution des dantonistes. — Conclusion. 151

LIVRE CINQUIÈME

CHAPITRE I

Principal grief contre Robespierre et Saint-Just.— On invite Legendre et Bourdon (de l'Oise) à les assassiner. — Lucile Desmoulins. — Travaux du Comité de Salut public. — Barère et ses *Mémoires*. — Rapport de Saint-Just sur la police générale de la République.— Loi du 27 germinal. — Saint-Just est de nouveau envoyé à l'armée du Nord 179

CHAPITRE II

Calomnies des thermidoriens sur Robespierre, Saint-Just et leurs amis. — Barras moraliste! — Les libellistes de la Restauration. — Madame de Sainte-Amaranthe. — Odieuses calomnies. — Une lettre de M. Philippe le Bas (de l'Institut). — Défense de Saint-Just. — Une page des *Mémoires* de Levasseur. — Les *Mémoires* de Senar. — Alexis Dumesnil, auteur de l'*Esprit des religions*. — Affaire de la famille de Sainte-Amaranthe. — Bonne foi d'un prétendu biographe de Saint-Just. — Conclusion. 203

CHAPITRE III

Retour à l'armée du Nord. — Saint-Just et Bonaparte. — Les lettres de le Bas. — Prise de Landrecies. — Premières mesures des commissaires. — Désorganisation de l'armée. — Arrêtés sévères de Saint-Just et de le Bas. — La discipline est rétablie. — Lettre de Carnot. — Combat sur la Sambre. — Échec et succès. — Lettre au Comité de Salut public. — Le représentant Levasseur (de la Sarthe). — Combats des 2 et 3 prairial. — Nos troupes repassent la Sambre. — Décret de la Convention. — Inquiétudes du Comité de Salut public. — Retour de le Bas. — Apparition de Saint-Just à Paris. 227

CHAPITRE IV

Quelques mots sur la fête à l'Être suprême et la loi du 22 prairial. — Germes de division. — Rôle de Barère. — Saint-Just à Marchienne-au-Pont. — Arrêté concernant les vivres de l'armée. — Rigueurs déployées envers quelques officiers. — Promotions faites par Saint-Just. — Absurde calomnie. — Marguerite Bontems. — Siége de Charleroi. — Échec du 28 prairial. — Mot de Saint-Just. — La Sambre repassée. — Reprise des travaux. — Propositions du gouverneur de la place. — Réponses de Saint-Just. — Reddition de Charleroi. — Bataille de Fleurus. — Retour de Saint-Just. 254

CHAPITRE V

Un mot de Cambacérès sur le 9 thermidor. — Discussion à ce sujet. — Robespierre abandonne les Comités. — Situation personnelle de Saint-Just. — Aveu de Billaud-Varennes. — Saint-Just au Comité. — Arrêtés signés de lui. — Le bureau de police. — Les thermidoriens et Fouquier-Tinville. — Saint-Just attaque l'arbitraire des Comités. — Réfutations. — Encore les *Mémoires* de Barère. — Trois lettres au représentant Joseph le Bon. — Diverses créations révolutionnaires. — La commission du Muséum. — Les Listes. — Conjuration contre Robespierre et ses amis. — Comment ceux-ci comprenaient la République. — Saint-Just jugé par les thermidoriens 277

CHAPITRE VI

Les repas civiques. — La pétition Magenthies. — Morale de Saint-Just et de ses amis. — Comment il défendit Robespierre. — Ce qu'a été leur dictature. — Fausse accusation de Barère. — Sous quelle impression il l'a intentée. — Réunion générale des Comités. — Attitude de Saint-Just. — Menées des thermidoriens. — Inaction de Robespierre et de Saint-Just. — Versatilité de Barère. — Le 8 thermidor. — Discours de Robespierre. — Effet produit. — Imprudente attaque contre Cambon. — Les Jacobins. — Nuit du 8 au 9 thermidor. — Saint-Just lutte seul au Comité contre ses collègues. 311

CHAPITRE VII

Le 9 thermidor. — Saint-Just commence à la Convention un discours qui est interrompu par Tallien. — Analyse de ce discours. — Robespierre, Saint-Just et Couthon sont décrétés d'accusation. — Dévouement de Robespierre jeune et de le Bas. — Les vaincus à la barre. — Attitude de la Commune. — Elle se réunit en séance extraordinaire. — Les prisonniers délivrés. — On délibère au lieu d'agir. — Triomphe des thermidoriens. — Saint-Just au Comité de Sûreté générale. — Le 10 thermidor. — Exécution de Robespierre, de Saint-Just et de Couthon. — Épilogue. 339

FIN DE LA TABLE DES MATIÈRES

HISTOIRE
DE
L'IMPRIMERIE
ET
DE LA LIBRAIRIE.

Où l'on voit son origine & son progrés,
jusqu'en 1689.

DIVISE'E EN DEUX LIVRES.

A PARIS,

Chez JEAN DE LA CAILLE, ruë Saint Jacques,
à la Prudence.

M. DC. LXXXIX.
AVEC PRIVILEGE DU ROY.

PREFACE.

L'HONNEUR *que m'a fait un des premiers Magistrats de France, de m'avoir chargé de la Recherche des Privileges, Exemptions, Statuts, Réglemens & Arrests, concernant l'Art de l'Imprimerie & de la Librairie, dont on a donné un Recüeil au Public, m'a insensiblement engagé à travailler à cette Histoire. Je sçay que l'entreprise est au-dessus de mes forces; mais le zele que j'ay de faire connoître à la Posterité les Grands Hommes à qui nous devons la découverte & le progrez de ce bel Art, n'a pû être détourné par la crainte de la critique qu'on en pourroit faire; & si j'ose entreprendre de faire revivre tant d'Illustres Morts: c'est seulement pour fournir des materiaux aux Sçavans pour la composition d'un aussi grand Ouvrage; ce sera assez pour moy, si je puis les exciter à rendre parfait ce que j'ay seulement ébauché. Ce seroit un travail utile à tous les gens de Lettres, où mesme les Libraires & les Imprimeurs pourroient apprendre les lieux & les temps des Editions, celles qui sont les plus correctes, & les Livres les plus rares & les plus recherchez; mais comme rien ne plaist davantage qu'un Ouvrage methodique, voicy l'ordre que j'ay tenu dans cette Histoire.*

J'explique dans le premier Livre la naissance de cet Art; ce que les Historiens en ont écrit; les Noms des Imprimeurs